JN124942

中世学研究 3

中世学研究会 編

高志書院

目　次

序　論……中澤克昭　5
1　「城と聖地」論のアウトライン　5
2　「城と聖地」をめぐる論点の整理　9
中世前期武士団の本領と霊場……高橋　修　18
はじめに　18
1　湯浅宗重の時代　19
2　湯浅の町場の起源　24
3　石崎屋敷　29
4　白方宿所　31
5　湯浅城の位置　33
おわりに　35

目次

戦国城館の構造と聖地……斎藤慎一 38

はじめに 38

1 戦国城館と聖地 39

2 聖地の理解 55

3 本拠のモデルと聖地 70

4 展　望 74

中世山城と山岳霊場……岡寺　良 84

はじめに 84

1 南北朝～室町前期の山城と山岳霊場 85

2 戦国期の山城と山岳霊場―北部九州を事例に― 95

守護・戦国大名の居城と聖地……中井　均 112

はじめに 112

1 寺社と共存する守護の城 115

2 戦国時代の山城と聖山 128

3 各地の中小規模の山城 134

4 怖れの場としての聖なる場 138

5　織田信長の居城と聖地　140
6　地を鎮める　148
おわりに　149

織田信長の自己神格化とその舞台装置・安土城……山下　立　156

1　本稿の視座　156
2　宗教思想・美術から見た人神化の様態　157
3　武将神格化と城郭　165
4　織田信長の自己神格化をめぐって　170
5　信長神の鎮座する安土山　183
6　信長神の試行と挫折、安土城の意義　202

近世東アジアにおける城と〝聖地〟……………………………井上智勝　220

序　220
1　大陸部諸国の城と〝聖地〟　222
2　島嶼部諸国の城と〝聖地〟　242
結　246

序論

中澤克昭

1 「城と聖地」論のアウトライン

(1) 皇国史観と戦後歴史学

在地領主と地域の信仰の場との関係について考えようとする時、戦時体制下で実証的な研究を続けた奥田眞啓の一連の論考を見逃すことはできない。一九四一年に、「武士の氏寺の研究」と題する長大な論文を発表しているとおり、寺院との関係についても詳細に調査していた奥田だが［奥田 一九四一］、一九三九年に刊行された初めての著書のタイトルが『武士團と神道』だったのは、やはり時局の制約があったのだろう。しかし、そのサブタイトル「武家神道の社会的研究」に偽りはなく、隅田党と隅田八幡宮の研究に代表される中世武士団と神社との関係を探った論考の数々は、思想や信仰が在地領主の社会的な基盤であったことを描き出している［奥田 一九三九］。

大類伸との共著『日本城郭史』をはじめ、城に関する数多くの著作で知られる鳥羽正雄は、一九四一年に「敬神崇祖と城郭」と題する論説を発表していた［鳥羽 一九四一］。鳥羽は、一九三六年に神宮皇學館教授から内務省神社局考証官に転じ、一九四〇年の皇紀二六〇〇年記念に際して神社局が神祇院に昇格すると、引き続き同院の考証官をつとめた(「鳥羽正雄先生略年譜と著作目録」『中京大学教養論叢』第一五巻第一号、一九七四年)。「敬神崇祖」は、神社局・神祇院のスローガンそのものであったから、鳥羽の「敬神崇祖と城郭」は城郭史研究が皇国史観にからめとられようとしていたことを如実に示すものと言えよう。ただ、鳥羽があげている城内に祀られる神仏や城と結び付いた寺社の事例は、城と聖地の関係を考える上で興味深いものばかりである。

奥田の『武士團と神道』が他の論考とあわせて『中世武士団と信仰』として再刊されたのも、鳥羽の「敬神崇祖と城郭」が『日本城郭史の再検討』に再録されたのも一九八〇年のことであった[奥田 一九八〇、鳥羽 一九八〇]。皇国史観と対峙し、「科学的」な研究を標榜した戦後歴史学において、戦前・戦中に発表された奥田や鳥羽の論考は好まれなかったのだろうが、そもそも戦後の日本中世史研究は、領主制論を基調としながらも、奥田のように神仏に対する信仰を在地領主の社会的な基盤のひとつとみる視座を欠いていたのではないだろうか。「伊勢神宮と武家社会」をはじめ[河合 一九五五]、中世武士の「精神生活」に関する論考を発表した河合正治などは例外的で、在地領主の拠点と地域の信仰の場との関係を問おうとする研究はほとんどなかったと言って良いだろう。河合にしても、一九六〇年代以降は、武士の「教養」や狭義の「文化」の研究に向かってしまったように見える[河合 一九七三]。

(2)「社会史」とともに

網野善彦『無縁・公界・楽』の増補版が刊行された一九八七年、市村高男は網野が多用した「都市的な場」と城館とを「聖域」という特質で結び付けようとする発想のもとに、中世前期の「城郭」は「寺院・神社の境内などを意識的に占拠する形で構えられる場合が多く、占拠する空間=「場」を一種の「聖域」としようという意図を読み取ることができる」と指摘した[市村 一九八七]。短い文章で発表されたこともあって、その後の研究ではあまり参照・引用されていないが、城と聖地の関係を考える研究の先駆として忘れることはできない。

一九九〇年には網野と石井進が、北海道上ノ国の勝山館をめぐる鼎談で、沖縄のグスクが聖地でもあり墓でもあることや、アイヌのチャシも同じような機能を持っていることに言及して、勝山館の聖地性を強調し、日本の城について軍事的な構築物としてとらえるだけでなく、その本質を考え直す必要があると説いた［網野・石井・福田 一九九〇］。時はいわゆる「社会史ブーム」の真っただ中である。資料（史料）や方法の多様化が進み、城館遺構も中世史研究の資料として脚光を浴びるようになっていたが、縄張りから城をめぐる政治（とりわけ軍事）について考える城郭研究者の多くは、聖地との関係に無関心（あるいは冷淡）であった。

しかし、中野豈任が、墓・塔婆、出土品などのモノから中世の人々の心意に迫り、古い地名や伝承なども総合して、「忘れられた霊場」あるいは「中世の在地霊場」と称される地方の信仰の場を復元したのも一九八〇年代のことだった［中野 一九八八］。この地域霊場論の登場によって、在地領主の拠点と信仰の場との関係もリアリティを増した。後の研究に与えた影響は大きく、特に東北地方では、地域霊場論の方法が着実に継承されていくことになる。考古学の立場からは飯村均が、猪久保城をはじめとする東北地方の事例をもとに城と聖地の関係を論じた［飯村 一九九四・一九九七］。その後も、東北中世考古学会の『中世の聖地・霊場』［東北中世考古学会 二〇〇六］や山口博之の「城館と霊場」［山口 二〇一七］などに結実していく。

筆者も、こうした諸先学の影響をうけ、中世前期の城郭を空間として把握し、山岳修験を中心とする聖地との関係について探った［中澤 一九九九］。さらに、二〇〇六年には齋藤慎一が、丹念な現地調査をふまえて中世前期の東国武士の本拠のモデルを提示した。居館のみで論じられがちだった武家の本拠について、寺院・墓地などの宗教的な装置、道、湧水点、田畠などで構成される空間全体を本拠として捉え、「城とは何か」と問いなおしている［齋藤 二〇〇六］。

(3) 近年の動向と問題の所在

このように研究が積み重ねられてきたものの、城と聖地の関係をめぐる議論は必ずしも活発ではなかった。たとえば、拙著では籠城主体の心性を描き出そうとしたが、「心性」の説明は曖昧で、聖地の定義もできていない。飯村は、網野・石井と同様、支配の正当化という見方を堅持していたが、筆者の駄文はその点への言及も不十分で、議論を深めることはできなかった。これまでの研究の蓄積も「城とは何か」と問いなおす問題意識も、多くの研究者に共有されたとは言い難い。

二〇一四年の守護所シンポジウムにおいて仁木宏は、武家の本拠地が「山の寺」などの寺院を取り込んでいることについて、軍事的な城郭とするのに適当な場所に先行する「山の寺」があったため、その場を「乗っ取った」と考えることもできるが、武家は「山の寺」がもっていた「遠方からも人々を引き寄せる聖地性」を求めたのではなかろうか、と述べている[仁木 二〇一四]。「軍事的」/「聖地性」の二元論だが、中世社会はいたるところに信仰と呪術が内在していたのであって、軍事でさえも信仰や呪術と無関係にはありえなかった[黒田 一九八〇、平 一九九二・二〇〇五、久野二〇〇一など]。そうしたことを前提にして、聖地と城郭の重複、寺社と城館の密接な関係が指摘されてきたのであるし、齋藤が提示した中世前期の本拠のモデルは、守護所や戦国城下町のプロトタイプとみることもできるように思われる。「城とは何か」を問いなおそうとするこれまでの研究がふまえられていれば、「軍事」か「信仰」かといった二者択一的な議論にはならないのではないだろうか。

しかし、この頃から、新たな研究段階を予感させる動向もあらわれる。二〇一四年、滋賀県立安土城考古博物館で特別展「安土城への道―聖地から城郭へ―」が開催された。山岳霊場に築造された城郭に、神仏に対する既存の信仰を取り込み自身の権威を高めて権力を強固にしようとする領主(武家)の「神の権威と格を自分の権威と格にすり替える戦略」を読み取り、城郭には軍事的側面だけでなく聖なる山の信仰を包摂して支配を正当化するという側面があることを描き出そうとする刺激的な展示であった〔安土城考古博物館 二〇一四〕。

二〇一五年には竹井英文が、『歴史評論』の特集「歴史学の焦点」に寄稿した「城郭研究の現在」において、「城郭研究の新たな課題」のひとつとして「城とは何か」という問題をとりあげた〔竹井 二〇一五〕。「軍事施設」のイメージのみで中世の「城」を語ることができるのか、という根本的な問いが、ようやく研究課題として共有されようとしている。竹井は、好著『戦国の城の一生』のなかで、城と聖地の関係についても言及し、「個々の聖地の実態、それに対する信仰の実態などを深く掘り下げて検討」する必要性を指摘しているが〔竹井 二〇一八〕、そのとおりであろう。中世の霊場に関する研究も進展し、「聖地」と「霊場」の概念区分の重要性が指摘され〔時枝 二〇一四〕、地域霊場についても概念規定や類型化も含めて、再検討が必要になっている。

二〇一六年に刊行された齋藤と中井均の共著『歴史家の城歩き』では、城館史研究を牽引する二人が、城を見る際に聖地との関係にも留意するべきだということを確認している。筆者も、あらためてこの問題に取り組み、近世への見通しについてまとめ〔中澤 二〇一五・二〇一六〕、齋藤の近業についても批判的に検討した〔中澤 二〇一七〕。

2 「城と聖地」をめぐる論点の整理

課題は山積しているが、城館と聖地、領主の拠点と信仰の場との間には、いつからどのような関係があるのか、聖地を包摂することで支配を正当化しようとしたのか、地域の信仰の場を守るのも領主の責務だったのか、そして武家はみずからの本拠に聖地性を求めなくなっていくのか、といった問題にしぼって論点を整理しておきたい。

(1) 在地領主の本拠と地域霊場の成立

佐藤弘夫は、古代から中世への転換期とされる十一〜十二世紀、各地に霊場が出現し、人々の巡礼・参詣が始まったと指摘している［佐藤 二〇〇三］。そうした霊場が在地領主の本拠とどのようにかかわっていたかは、その地域における中世の始まりを考える際に重要な問いになるだろう。齋藤は、東西方向に道を通し、それを軸として屋敷・寺社などが展開するという中世武士の本拠の空間構造を描き出し、そのルーツは京都にあったとみて、「京都で生まれた論理が平泉や鎌倉、そして衣笠など各地の武家の本拠にまで影響していた」と指摘した［齋藤 二〇〇六］。そうだとすれば、やはり十一世〜十二世紀に、各地に寺社を組み込んだ武士の本拠がみられるようになったということになろう。

こうした見方の妥当性の検討も含めて、当該期の在地領主の本拠について議論を深めなければならないが、その際、紀伊国の湯浅氏と一族出身の高僧明恵を軸に、武士団結合の契機や社会的機能を探った高橋修の研究成果は重要だろう［高橋 二〇〇〇・二〇一六］。中世前期の地域社会における信仰の場が、一族結合や領主支配にいかなる意味をもったのか、その多元的な存在形態の全体像がこれほど具体的に解明されているフィールドは少ない。こうした事例を共有して考えたい。

なお、この時代の「城」については、その存在形態をどのように認識するかが問われよう。かつて村田修三は、「中世前期は「館」と「防塁・阻塞類」の時代」と説いたが、拙論で批判したとおり［中澤 一九九九・二〇一七］、「館」・「防塁・阻塞類」ではこの時代の城郭の実態を理解することができない。先述した市村の指摘によって、この時代の城郭は合戦・紛争などの非日常的事態に際し立て籠もるために創出された特異な空間として考察することができるようになった。中世前期に「城」・「城郭」と称されたものの多くは、戦時、山岳、道路・坂、寺社などに構築された非日常的な空間だったのであり、そうした「城」と化す場が日常的にはどのような場であったのかを探るとともに、臨時に構築された城と信仰の場、霊場との関係はいかなるものだったのかが問われなければならないだろう。

(2) 関係とその意味をめぐって

かつて網野・石井も飯村も、領域支配の正当化に資する、いわば支配の装置として、城と聖地の関係を論じた。二〇一四年の安土城考古博物館の展示でも、「神の権威と格を自分の権威と格にすり替える戦略」が強調されているのだが、実はそうした「戦略」すなわち領主の意図を、同時代の史料で確認するのは難しい。領主の本拠に寺社が含まれている、あるいは城と聖地が重複していることは確認できても、それは何故だったのか、という問いの答えは自明ではない。それを問いかえさなければならないだろう。

ここでも想起されるのは、中野豈任がのこした地域の信仰の対象を守るのも領主の責務であったという指摘であるが[中野 一九八八]、まずは領主の屋敷・館と鎮守や仏堂との関係を確認したい。山城に「神の権威」の利用を見ようとする場合も、それ以前からあった領主と領民の信仰の場との関係を山城に持ち込んだケースがあるのではないかと予想されるからである。浄土の観念が肥大化した中世において、極楽浄土への往生を究極の目標とする人々が増えた。それ故、霊場は彼岸への回路としての聖地となり、人々はそれへの結縁を求めたのだろう。齋藤も、阿弥陀堂などの極楽浄土を再現する場が、地域民衆に開かれていた可能性を示唆している。

山本隆志は、足利氏の鑁阿寺一切経会や宇都宮家と宇都宮神宮寺一切経会など、東国武士が主催する法会や祭礼を復元し、その執行が地域の秩序を保つ機能を担っていたと指摘した[山本 二〇一二]。そうした法会や祭礼には地域の諸階層も参加したことから、それによって武家は地域社会の公的な権力へと成長できたとみる。擬制的な一族結合の維持のためにイデオロギー的な外皮が必要だったとみる高橋修も、祈禱によって地域社会に安寧がもたらされると考えられていた中世社会においては、武士団がそれを挙行することで地域住民に公的な権力として承認されるという構造があったことを指摘している［高橋 二〇一六］。苅米一志も、民衆の宗教的欲求から在地領主の存在意義を検討し、地頭御家人は館に備わる氏神によって長者＝神主として開発・勧農に関与でき、荘鎮守の神事に地域社会を代表して参加することで、宗教的な紐帯が形成されたのではないかと述べている［苅米 二〇〇四］。氏寺などの在地領主の寺社が、民衆の宗教的な欲求を充足させる場としても機能していたという指摘は重要だろう。

こうした関係が室町・戦国期、城内に持ち込まれるのかどうかについては、各地の事例を慎重に検討しなければならないが、そこに神仏に対する畏怖が影響した可能性を指摘しておきたい。吉田家の兼右や兼見の日記には、畿内周辺の武家が、城内の鎮守を動かしたところ病気になったので鎮札が欲しいと求めている記事がいくつも見える［中澤 二〇一五］。上醍醐に築城を計画した足利義昭に対し、上醍醐の僧たちは「呪詛」をちらつかせた。築城が実現しなかった理由も、「怪異」に対する恐怖だったらしい［福島 二〇〇六］。安土城考古博物館が特別展「武将が縋った神仏たち」で描き出したように［安土城考古博物館 二〇一一］、武家にも神仏に対する畏怖があったはずで、それが城の存在形態や聖地との関係に如何に影響したか、その点にも注意したい。

(3) 中世から近世へ

戦国時代が日本史上の一大転換期であること、しかもその転換は古代的な社会から近代的な社会へ、呪術から合理主義へという大きな転換であったことは、内藤湖南をはじめとして、すでに多くの研究者が指摘してきた［網野 一九七八、勝俣 一九九四］。中世、「王法と仏法は車の両輪」といわれるほど、寺社勢力は強大だったが、やがて武家が寺社を圧倒し、俗権力の支配体制にくみいれ、政教分離の近世国家が成立した、といった歴史認識は多くの研究者に共有されている。近世城下町の中心部すなわち俗権力の城は、軍事力、武威の象徴である、という見方も常識と化していると言ってよいだろう［伊藤 二〇〇五・二〇一〇］。「宗教施設が都市の中心部から排除されている」ことが、「ヨーロッパやイスラムなどの諸都市にはない日本の近世城下町最大の特徴である」とも評される［玉井 二〇一三］。

日本の近世城下町が、そうした世界史的にみて特異な性格をもっているとしても、戦国期までは武家も本拠に「聖地性」を求めることがめずらしくなかった。近世城郭の嚆矢とされる安土城でさえ、城内に寺院を併設し、中心部には「神殿」とも評される高層建築（天主）をそびえ立たせていた。都市の中心部から宗教施設を排除したとすれば、それはいつどのように進んだのであろうか。仁木は、「16世紀末期に一気に進み、寺町形成にいたる」と述べている［仁木 二〇一四］。近世城下町の多くが、その外縁部に「寺町」を形成したことは確かであろうが、「聖地性」を求めていた武家の城は、どのように変化したのだろうか。城の中にあった宗教施設はどうなってしまうのであろうか。

城へ宗教施設を取り込むことがなくなる、あるいはそれが排除される過程は、呪術からの脱却と軌を一にしている、という見方が一般的であろう。しかし、この問題は単純ではない。中世から近世に向かう中で、神仏への畏怖や呪術が弱まっていく、あるいは呪術から脱却する、といった見方が妥当かどうか、そこから問いかえす必要がある。中世から近世まで連続している信仰や呪術はなかったのか、戦国時代や江戸時代に発達した信仰や呪術はなかったのか、確認しなければならない。

たとえば、室町・戦国期に、古今伝授や吉田神道といった神秘主義の発達が顕著であることをどのように理解すればよいのだろうか。さらに、秀吉や家康の神格化をはじめ［朝尾 二〇〇四、大桑 二〇〇二、高木 二〇〇三など］、近世の権力も様々な宗教的権威をまとっていた［大桑 二〇〇三・二〇一五、井上 二〇一二など］。近年、研究が進んでいる近世における俗人の神格化［高野 二〇一八、井上 二〇一九ほか］についても視野に入れて考えるならば、近世の政治も信仰や呪術と深くかかわっていたことはあきらかである。近世城郭が、単なる軍事施設ではなく、政庁あるいは宮殿とでも言うべき性格を有していたことは衆目の一致するところであろうが、武家はそうしたみずからの本拠に人々を引き付ける「聖地性」を必要としなくなったのだろうか〔中澤 二〇一五・二〇一六・二〇一七〕。「神・儒・仏の時代」と称される近世へいたる道程において、城と聖地の関係はどのように変化したのか。議論すべき問題は多い。

参考文献

朝尾直弘　一九九四『将軍権力の創出』岩波書店（のち『朝尾直弘著作集』第3巻、岩波書店、二〇〇四）

安土城考古博物館　二〇〇八「平成20年秋季特別展　天下人を祀る―神になった信長・秀吉・家康―」図録

安土城考古博物館　二〇一一「平成23年秋季特別展　武将が縋った神仏たち」図録

安土城考古博物館　二〇一四「平成26年春季特別展　安土城への道―聖地から城郭へ―」図録

網野善彦　一九七八『無縁・公界・楽―日本中世の自由と平和―』平凡社（増補版一九八七）

網野善彦・石井 進・福田豊彦　一九九〇『沈黙の中世』平凡社

飯村 均　一九九四「山城と聖地のスケッチ」『帝京大学山梨文化財研究所研究報告』5（のち同『中世奥羽のムラとマチ―考古学が描く列島史―』東京大学出版会、二〇〇九）

飯村 均　一九九七「「聖地」の考古学」『大航海』一四（のち同『中世奥羽の考古学』高志書院、二〇一五）

飯村 均　二〇〇七「館と寺社」小野正敏・五味文彦・萩原三雄編『中世寺院 暴力と景観』高志書院（のち同『中世奥羽の考古学』高志書院、二〇一五）

市村高男　一九八七「中世城郭論と都市についての覚書」『歴史手帖』第一五巻四号

伊藤 毅　二〇〇五「近世都市の成立」シリーズ都市・建築・歴史5『近世都市の成立』東京大学出版会

伊藤 毅　二〇一〇「移行期の都市イデア」吉田伸之・伊藤編『伝統都市①イデア』東京大学出版会

井上智勝　二〇一二「近世日本の国家祭祀」『歴史評論』七四三（特集「近世日本の治者の宗教、民の宗教」）

井上智勝　二〇一九「書評 高野信治著『武士神格化の研究』」『日本史研究』六七八

茨 志麻　一九九六「近世城下町名古屋の形成について―遷府以前の様相とその都市建設の手法を中心に―」都市史研究会編『年報都市

史研究』4　山川出版社
内堀信雄・鈴木正貴・仁木　宏・三宅唯美編　二〇〇六『守護所と戦国城下町』高志書院
内堀信雄　二〇一四「小牧山城・岐阜城・安土城」萩原三雄・中井均編『中世城館の考古学』高志書院
大桑　斉　二〇〇三「日本近世の聖なるもの―徳川王権と都市―」『大谷学報』八二―二
大桑　斉　二〇一五『近世の王権と仏教』思文閣出版
奥田眞啓　一九三九『武士團と神道』白揚社
奥田眞啓　一九四一「武士の氏寺の研究(一)」『社会経済史学』十一―一、「同(二・完)」『同』一一―二
奥田眞啓　一九八〇『中世武士団と信仰』柏書房
小和田哲男　一九九八『呪術と占星の戦国史』新潮社
勝俣鎭夫　一九九四「一五―一六世紀の日本」岩波講座『日本通史』一〇(中世4)　岩波書店(のち同『戦国時代論』岩波書店、一九九六)
苅米一志　二〇〇四「荘園社会における地頭御家人と寺社」『荘園社会における宗教構造』校倉書房
河合正治　一九五五「伊勢神宮と武家社会」『広島大学文学部紀要』七
河合正治　一九六二「鎌倉武士の精神生活とその基盤」『広島大学文学部紀要』二一
河合正治　一九六三「中世武士団の氏神氏寺」小倉豊文編『地域社会と宗教の史的研究』柳原書店
河合正治　一九七三『中世武家社会の研究』吉川弘文館
神田千里　二〇一〇『宗教で読む戦国時代』講談社(選書メチエ)
神田千里　二〇一六『戦国と宗教』岩波書店
黒田俊雄　一九八〇『寺社勢力』岩波書店
齋藤慎一　二〇〇二『中世東国の領域と城館』吉川弘文館
齋藤慎一　二〇〇六『中世武士の城』吉川弘文館
齋藤慎一・中井均　二〇一六『歴史家の城歩き』高志書院
狭川真一編　二〇一六「特集 中世の納骨信仰と霊場」『季刊考古学』一三四　雄山閣
佐藤弘夫　二〇〇三『霊場の思想』吉川弘文館
平　雅行　一九九二『日本中世の社会と仏教』塙書房
平　雅行　二〇〇五「中世寺院の暴力とその正当化」『九州史学』一四〇

平　雅行　二〇一〇「中世仏教における呪術性と合理性」『国立歴史民俗博物館研究報告』一五七
高木昭作　二〇〇三『将軍権力と天皇―秀吉・家康の神国観―』青木書店
高野信治　二〇一八『武士神格化の研究』吉川弘文館
高橋　修　二〇〇〇『中世武士団と地域社会』清文堂出版
高橋　修　二〇一六『信仰の中世武士団―湯浅一族と明恵―』清文堂出版
竹井英文　二〇一五「城郭研究の現在」『歴史評論』七八七号
竹井英文　二〇一八『戦国の城の一生―つくる・壊す・蘇る―』吉川弘文館
玉井哲雄　二〇一三「東アジアのなかの城下町」『中世都市研究』一八（中世都市から城下町へ）　山川出版社
東北中世考古学会編　二〇〇六『中世の聖地・霊場―在地霊場論の課題―』高志書院
時枝　務編　二〇〇六「特集 中世寺院の多様性」『季刊考古学』雄山閣
時枝　務　二〇一四『霊場の考古学』高志書院
時枝　務　二〇一八『山岳霊場の考古学的研究』雄山閣
鳥羽正雄　一九四一「敬神崇祖と城郭」『みちびき』三九―四一（のち同『日本城郭史の再検討』名著出版、一九八〇）
中澤克昭　一九九九『中世の武力と城郭』吉川弘文館
中澤克昭　二〇一五「戦国・織豊期の城と聖地」齋藤慎一編『城館と中世史料』高志書院
中澤克昭　二〇一六「城郭と聖地 再考」岩下哲典他編『城下町と日本人の心性』岩田書院
中澤克昭　二〇一七「城と聖地―近年の「城とは何か」論にふれて―」小野正敏ほか編『遺跡に読む中世史』高志書院
中野豈任　一九八八『祝儀・吉書・呪符―中世村落の祈りと呪術―』吉川弘文館
中野豈任　一九八八『忘れられた霊場―中世心性史の試み―』平凡社
仁木　宏　二〇一四「守護所・戦国城下町の空間構造と社会の全体構造」新・清洲会議実行委員会編『守護所シンポジウム2@清洲　資料集』
久野修義　二〇〇一「中世日本の寺院と戦争」歴史学研究会編『戦争と平和の中近世史』青木書店
福島克彦　二〇〇六「洛中洛外の城館と集落」高橋康夫編『中世のなかの「京都」』新人物往来社
松崎憲三編　二〇一四『人神信仰の歴史民俗学的研究』岩田書院
三鬼清一郎　一九八七「普請と作事」『日本の社会史』８（生活感覚と社会）　岩波書店

山口博之　二〇一七「城館と霊場」『中世奥羽の墓と霊場』高志書院
山本隆志　二〇一一「東国における武士と法会・祭礼との関係―足利鑁阿寺・宇都宮神宮寺の一切経会を中心に―」『歴史人類』三九（のち同『東国における武士勢力の成立と展開』思文閣出版、二〇一二）
横田冬彦　一九九三「城郭と権威」岩波講座『日本通史』一一（近世1）　岩波書店

中世前期武士団の本領と霊場

——紀州湯浅氏と湯浅荘を事例として——

高橋　修

はじめに

十一世紀以降、地域社会では諸階層による私領の形成が進んだ。その担い手の中核に、武士勢力があったことは間違いない。国家や国衙の公認により免税の特権を得て、そこに「地主職」のような強固な在地領主権が設定される場合もあった。朝廷周辺との人間関係の構築により、院や摂関家への私領の寄進が成功し、荘園として立券されれば、寄進者は荘官としての地位を確保することができた。

こうして武士(在地領主)の所領が成立する。所領形成の起点となった私領(開発領)の規模は狭小であり、たとえ立券に成功しても荘園全体に均質な支配権を及ぼすことができたわけではないようだが、武士(在地領主)は、流通・交通の結節点を押さえることにより、地域住民諸層の職能や生活に密着した人的ネットワークを掌握し、所領やそれを越えた広域に及ぶ影響力を及ぼすことができた[高橋 二〇〇二]。彼らは複数の所領をもつこともあり、そのもっとも主要な所領が本領となる。本領は、その領域を越えて広がる地域社会全体の政治・経済・交通・文化の中核となり、地域支配を成り立たせるための諸機能を担う屋敷や寺社、城郭等の拠点施設を中核部に備える場合があった。

本稿は、武士（在地領主）の所領、特に本領における支配拠点のあり方を、その宗教的性格に注目しつつ、復元的に考えようとするものである。ここで、検討の素材とするのは、紀伊国の湯浅荘（現和歌山県有田郡湯浅町）を本領とし、有田郡から紀北各地にまで一族結合を広げた湯浅氏の事例である。まずは湯浅氏の成立時期を確定し、次に苗字の地となった湯浅荘におけるその拠点施設のあり方を現地景観の中に復元する作業に取り組みたい。

1 湯浅宗重の時代

湯浅氏の本領となる湯浅荘が院領荘園として立券されたのは、諸系図がいずれも一族の始祖と位置付ける宗重の時代である。まずは彼の活動について、年代を追って概観しておこう。

「殊勝の八重桜」を見出し粉河寺に寄進したことにより子孫に「繁盛」をもたらしたと「粉河寺縁起」に語られる藤原宗永は（『続群書類従』二八上）、上山家旧蔵「湯浅氏系図」が一族の始祖宗重の父とする「宗長」に当たる可能性が高い〔高橋 二〇〇〇〕。同系図は、湯浅氏の系譜を秀郷流藤原氏に接続している。

湯浅宗重は、平治元年（一一五九）、平治の乱勃発に際し、熊野詣の途次にあった平清盛のもとに駆け付け、直ちに入京することを進言したという（『平治物語』上、『愚管抄』五）。それ以来、宗重は平家の家人として平氏政権に協力した（『平家物語』一二等）。宗重の女子の一人が、小松家の有力な家人藤原忠清の一族かと思われる伊藤重国の妻となっており、重国はその子・薬師丸（後の明恵）を小松家に仕えさせたいと考えたという（「高山寺明恵上人行状（仮名行状）」、「同〔漢文行状〕」いずれも『明恵上人資料』）。また後述するように、治承・寿永内乱期に宗重は維盛の子忠房を奉じて挙兵したと伝えられており、平家一門の中でも、特に重盛の家（小松家）に家人として仕えていたようである。

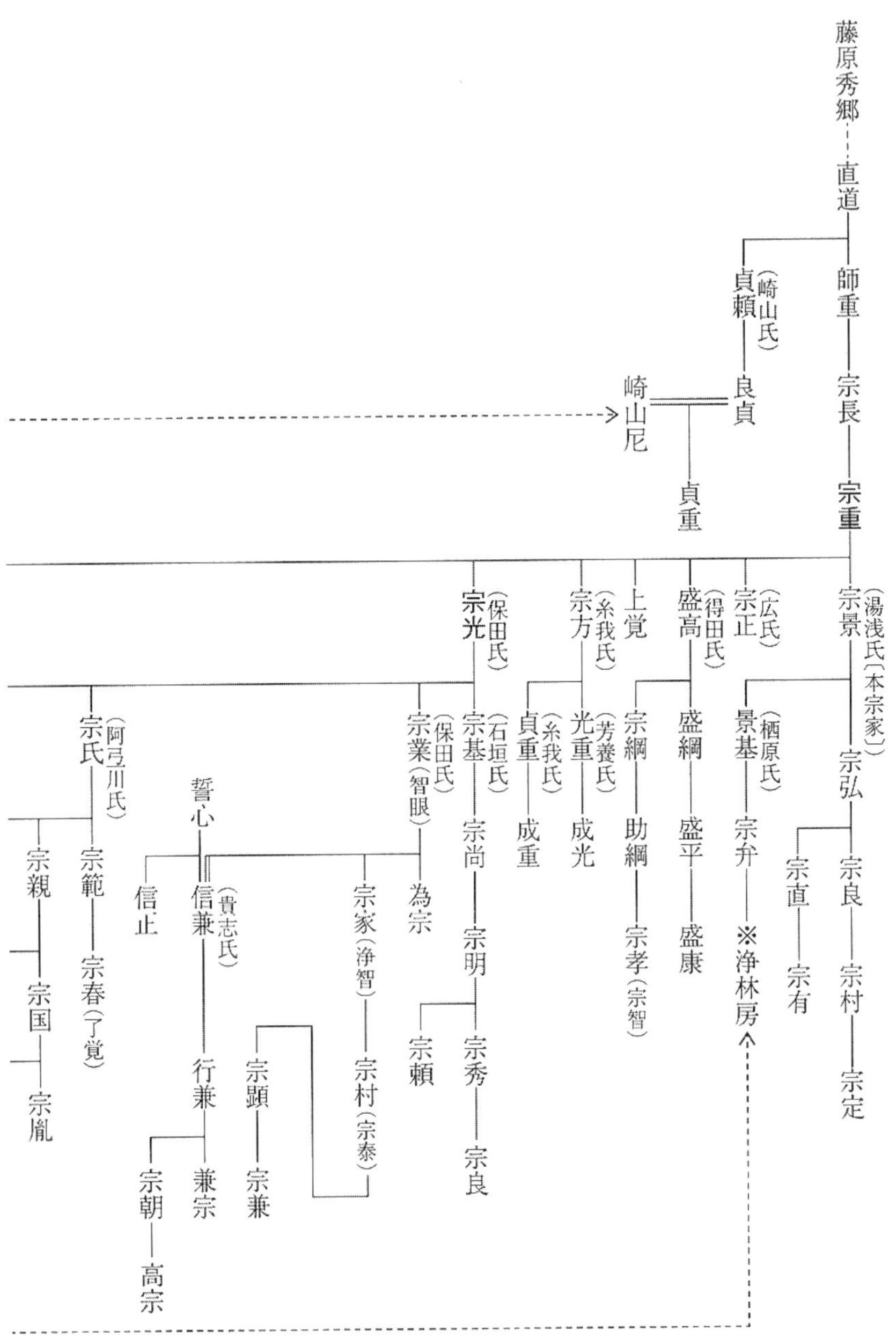

図1　湯浅党略系図（高橋 2016 より転載）

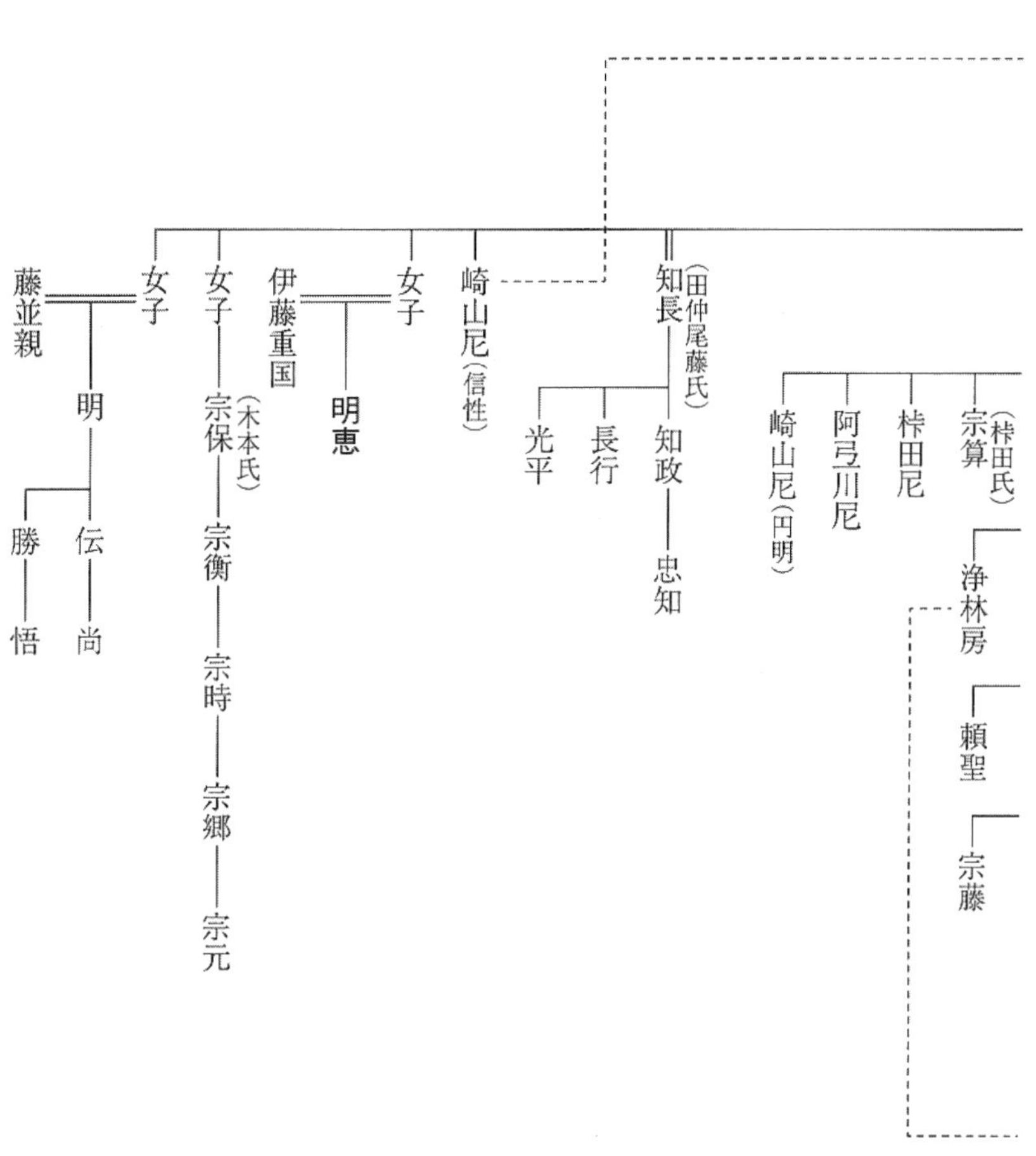
女子
女子
女子
崎山尼（信性）
知長（田仲尾藤氏）
藤並親
明
伝
尚
勝
悟
宗保（木本氏）
宗衡
宗時
宗郷
宗元
伊藤重国
明恵
光平
長行
知政
忠知
崎山尼（円明）
阿弖川尼
柞田尼
宗算（柞田氏）
浄林房
頼聖
宗藤

一方で宗重は、遅くとも仁安三年（一一六八）までには、文覚と関係をもち、その支援者となっている。この年、京都高雄の神護寺に止住した文覚に従う二人の弟子の一人が、宗重の子上覚（行慈）であった（『高雄山神護寺文書集成』一二六）。宗重の子孫の多くが神護寺に入り、彼らは、仏道に精進するとともに、一族の京都における窓口としての役割を果たしていた［高橋 二〇〇〇］。

承安四年（一一七四）九月には、湯浅荘が後白河院領荘園として立券される（『吉記』同年同月十七日条）。同年同月、熊野参詣の往路にあった後白河院の近臣吉田経房を、宗重は湯浅荘に迎えている。この立券の前提には、宗重による湯浅荘内開発地の寄進があったものと推測される。また安元元年（一一七五）、宗重は伊都郡に桛田荘領家職（預所職）を譲得し（「角田文衛氏所蔵文書」『平安遺文』三七一〇）、同荘は、寿永元年（一一八二）、復興が許された神護寺に、後白河院から寺領として寄進されている（「神護寺略記」『高雄山神護寺文書集成』）。宗重は文覚との親交を深めることにより、後白河院やその周辺との関係を深め、所領の確立・集積を図っていたのである。

治承・寿永の内乱の渦中、宗重は紀州に留まっていた（「崎山家文書」二―ロ『和歌山県史』中世史料二）。これは平氏政権中枢と距離を保つ小松家の家人たちの動向と共通するものである［角田 一九八二］。内乱末期の元暦二年（一一八五）、平家の屋島の陣中から離脱した平忠房（維盛の子）は、紀州の湯浅宗重を頼り、宗重は忠房を奉じて湯浅城（湯浅三城）に挙兵したという（その真偽を含め後に詳述）。籠城戦の中で宗重は文覚を通じて頼朝からの説得を受け、忠房を差し出して降伏し、御家人の列に加わることになる。一方で、宗重は、内乱を捉えた積極的な軍事活動を在地で展開していた。高野山使者（下司）となった長安・助光兄弟が阿弖川荘を実力で占有しようとする動きをみせると、宗重は領家寂楽寺からの要請を盾に二百余人の軍勢を率いて荘内に進み、兄弟を追い出している（『高野山文書』『鎌倉遺文』八〇〇七）。この時期の宗重の軍事活動の全体像は把握できないものの、内乱を契機として在地での勢力拡大を図ったものと考えられる。

なお宗重は、治承・寿永の内乱後、文治二年(一一八六)に所領を子息らに譲与し、頼朝による安堵を受けている(「崎山家文書」二―二)。「宗重之処分状」は伝わらないが、その後の領有状況から推測すれば、その時の譲与は次のようになるだろう。

宗景(長男・嫡男)―湯浅荘(有田郡)
宗正(次男)―広荘(有田郡)
盛高(三男)―石垣荘河南(有田郡)
宗方(六男)―糸我荘(有田郡)
宗光(七男)―保田荘(有田郡)、石垣荘河北(同)、阿弖川荘(同)、桛田荘(伊都郡)等

さらに宗重の世代の内には、次のように、近隣武士団の当主を、養子や女子の婿として一族に包摂していった。

藤並氏(宗重女子が藤並親の女婿となった)―藤並荘(有田郡)
崎山氏(宗重女子(崎山女房)を妻とし女婿となった)―田殿荘(有田郡)
木本氏(宗重女子に始まるとされる)―木本荘(海部郡)
田仲尾藤氏(知長が宗重の養子となった)―田仲荘(那賀郡)

宗重の男子に起源する一族を「一門」、宗重の養子や姻族に起源する一族を「他門」と呼ぶ。「一門」「他門」の分布は、有田郡の領域をはるかに超えるが、それをあえて「郡内一家」と総称する場合もあった。その構成メンバーの総体は、寛喜三年(一二三一)四月日付湯浅景基寄進状の署判に見事に表れている(「施無畏寺文書」一『和歌山県史』中世史料二)。

宗重の嫡流を継ぐ湯浅本宗家(後には宗光の子孫の保田氏)を惣領として、族縁的に結ばれたこの武士団を「湯浅党」と呼ぶことにする。ただし当時の史料において「湯浅党」の呼称は一般的なものではない。それは、鎌倉末の内乱期に、楠木合戦注文等の中にわずかに検出できるにすぎない(「光明寺残篇」『群書類従』二五)。当時の呼称としては、むしろ「湯浅御家人」「湯浅の人々」「湯浅輩」等の方が一般的であろう。いずれにせよ単に惣領の名を挙げるだけでは表現しえない、横への広がりをもった武士団として、当時の人々が彼らを認識していたことは間違いないようである。

以上のように、湯浅荘が開発され院領として立券され、湯浅氏の本領となり、武士団を形成する起点となったのは、始祖・宗重の時代であることが明らかになった。次節以下では、本領・湯浅荘の中に形成された町場がいかなる施設を備え、湯浅氏の地域支配においてどのような機能を果たしていたのか、考察したい。

2　湯浅の町場の起源

ここでは、まず湯浅荘の中核に形成された町場の起源を確定する作業を行う。湯浅氏の本領・湯浅荘の中核には、近世、有田郡最大の町場「湯浅荘町」が発展していた。紀州藩領内においては、和歌山城下に次ぐ都市といっても過言ではない。『紀伊続風土記』(一八三九年成立)から引用しておこう。

○湯浅荘

此荘区域広からす、村数も少けれとも、湯浅一箇村の戸口の数、尋常の村四五十箇村にも勝るへし、海口川裔砂土を流し出し、又海潮も退縮せし故、四野を開墾し、慶長間湯浅村民家西に移て、今の村居をなし、益海陸輻湊の地となり(中略)、富戸・豪商軒を並へ町衢皆市廓をなし、四方の諸貨あらさる所なく、遂に郡中の一都会とな

れり、其風俗情態都会商売の風にして村中撲実の風絶えてなし、

〇湯浅村

元和・寛永の頃に至りて人家千戸に及ひ、商売市街をなし、湯浅荘町の名起る、

では現湯浅町の市街地の町並みにつながる景観の形成は、どこまで遡ることができるのであろうか（以下、図2参照）。現在も存続する寺院の伝える起源・移転に関する伝承から、十五世紀には道町あたりまで、十六世紀には鍛治町・中町あたりまで人家の集中が進んでいたことが推測される。東から西に、海岸部の造成が進んだのである。その上で、寛文元年（一六六一）に新屋敷町が整えられた［以上、湯浅町教委 二〇〇一］。すなわちここで対象とする中世前期以前にまで遡る可能性がある町場の範囲は、道町以東に限られることになる。おそらく後述する熊野道に沿って町在家や寺社が集まるような景観を想像すべきであろう。

ではこうした湯浅の町場の起源は、中世を越えて古代

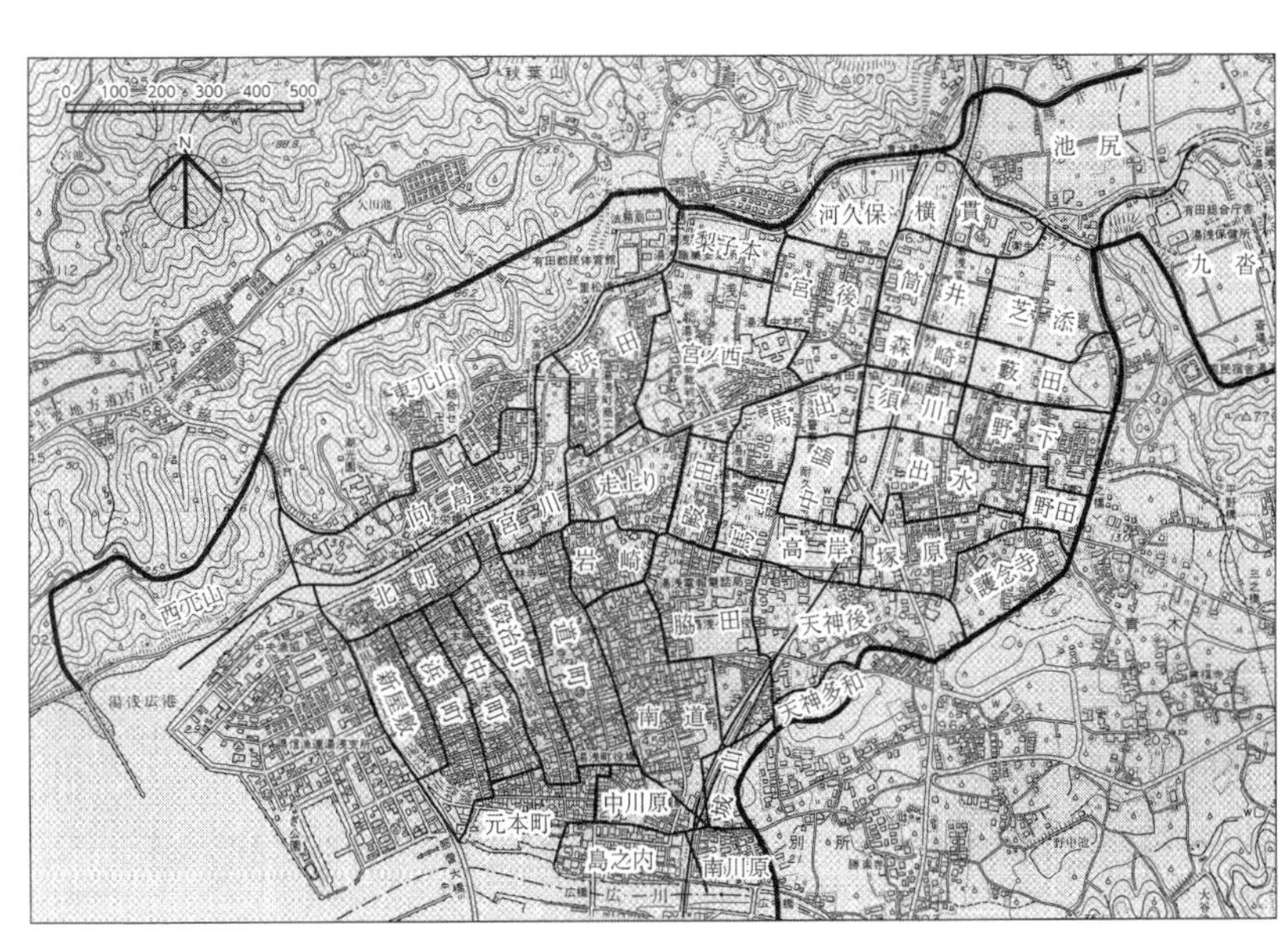

図２　湯浅町小字図（高橋 2016 より転載、タイトルは変更）
原図：湯浅町発行「湯浅町管内図」1：10,000

まで遡るものであろうか。次の引用は、『万葉集』巻九の大宝元年(七〇一)の文武天皇・持統上皇白浜行幸の際の和歌である(以下、図3参照)。

①紀の国の　昔弓雄の　響矢用ち　鹿獲り靡けし　坂の上にそある

②由良の崎　潮干にけらし　白神の　磯の浦廻を　敢へて漕ぐなり

①は、今も現地に「鹿打坂」として、その伝承が伝えられている。糸我から栖原へ下る山中の古道を今も辿ることができる。また②では、栖原の白神磯から海路を由良崎へ向かう航路が題材となっている。文武・持統の辿った行程が、有田郡から南を目指す場合の一般的ルートであったとすれば、古代の旅人は、栖原から海路を南下していたのであり、後に湯浅の町場が展開する辺りを通ってはいなかったことになる。

では『万葉集』の時代までは遡らないとすれば、湯浅に町場(宿)が開かれる起源は、どこまでなら遡りうるのか。次に明恵の私歌集『遺心和歌集』(『明恵上人集』)に収められた、白上峰での修行の際に詠まれた和歌をみてみたい。

カテ(糧)タヘ(絶)テ　ヤマ(山)ノヒカシ(東)ヲ　モトム(求)トテ　ワマチ(町)ヘユカ(行)ヌ　コ□(事)(ト)ソカナシ(悲)キ

この場合の「わ町」とはどこを指すのか。明恵は、自身のアイデンティティーにかかわる対象について、一人称の所有格に愛情を込めて、この「わ」を用いている。例えば白上峰での修行の最中に、身をやつすため、亡母の面影をみていた仏眼仏母像の前で右耳を切り落とした際には、「モロトモニ　アハレトヲホセ　ワ仏ヨ　キミヨリホカニシル人モ□(ナ)シ」という和歌を画像に書き付け、「我が仏よ」と呼びかけている(高山寺蔵「仏眼仏母像」)。こうした使用例を踏まえれば、白上峰の東側にあり、しかも明恵が「私の町よ」と呼びかける対象となりうる町は、湯浅荘の町場を措いて他には考えられない。敬意を懐く外祖父であり、紀州での修行の庇護者となってくれた宗重が、その開発に関与して成立した町場だからこそ、明恵はこれを「わ町」と呼んだのである。

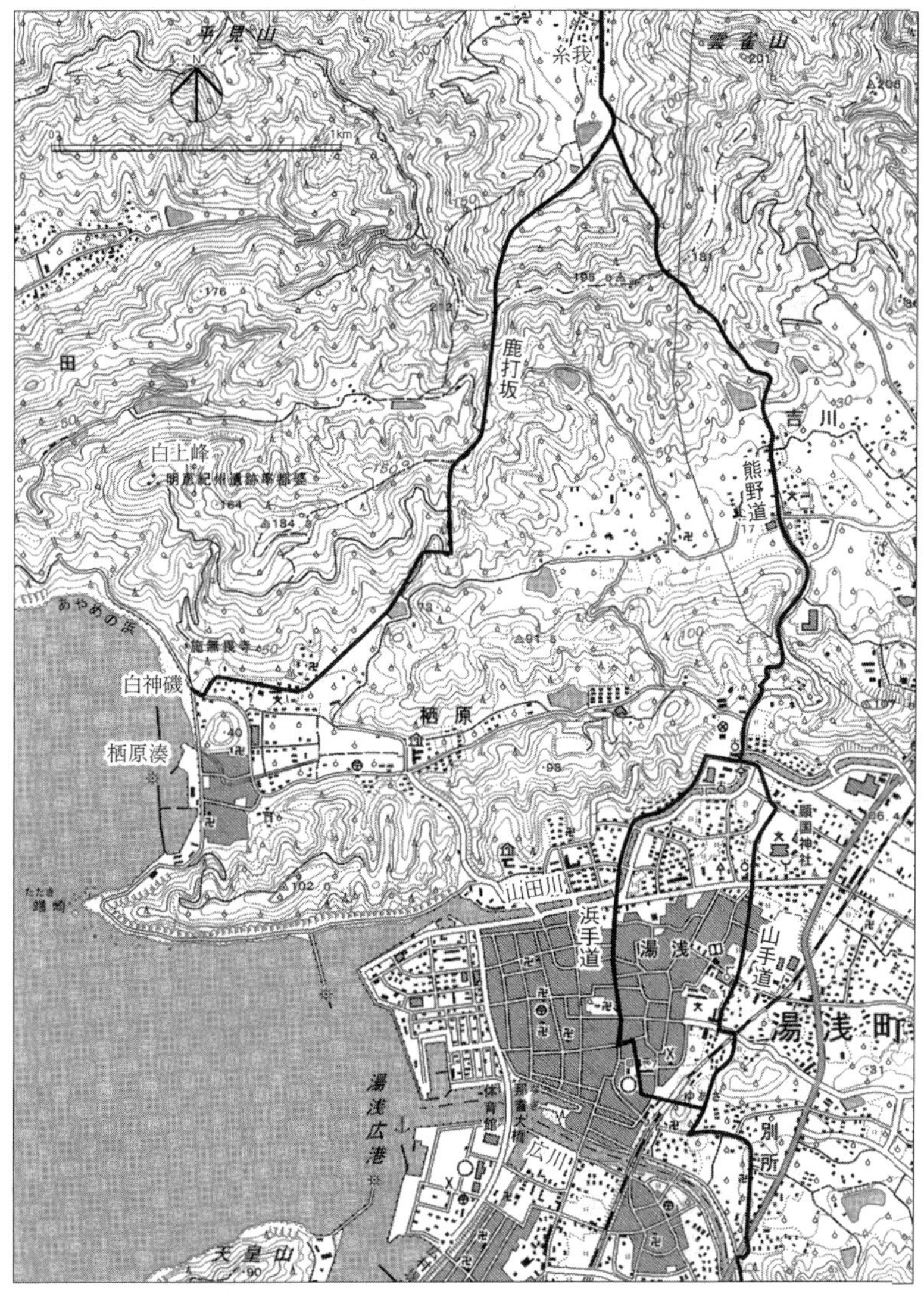

図３　熊野道と湯浅の町場（高橋 2016 より転載、タイトルは変更）
原図：国土地理院発行地形図「湯浅」1：25,000

明恵の和歌の検討から、湯浅の町場の起源が、明恵が白上峰での修行を敢行した建久年間までは確実に遡ることが明らかになった。ではこの後の湯浅における町場の形成過程は、どのように復元できるであろうか。そのため次に貴紳の熊野参詣にかかわる記録・文書の検討を行いたい。ここでは湯浅が熊野を目指す旅人の宿泊地になっているかどうかを検討する。

『大御記』永保元年(一〇八一)九月二十七日条・同年十月十日条、および『中右記』天仁二年(一一〇九)十月十七日条・同年十一月五日条では、往復とも宮原に宿泊している。特に前者では「湯浅里」を通り過ぎたことが明記されている。ところが久安三年(一一四七)二月十五日および翌年二月二十八日の熊野詣雑事支配状(「神護寺文書」『高雄山神護寺文書集成』)以降、熊野詣の一行はほぼ確実に湯浅に宿泊地を設定している。これは、湯浅荘の中核部に町場が形成され、貴紳の宿泊地を設定することに便宜が得られるようになったためと推測することができる。

その時代は、十二世紀半ばから後半にかけての、湯浅宗重の青年期から壮年期に当たる。湯浅荘立券の前提となる開発が宗重一族によって進められたものとすれば、町場の整備や後述するその拠点施設の構築も、彼の世代に進行したものと考えられる。

なおここでいう中世前期の町場とは、当然ながら町並みを伴うようなものではない。街道沿いに町在家が一定のまとまりは持ちながらもまばらに展開するような、「疎塊村的な街村」と表現すべき景観を想像すべきであろう[保立 一九八六]。都市的な場の成立については、自然発生したアジールとしての市が町場となり都市に発展するようなシェーマが提示され影響力をもったこともあったが[網野 一九七八]、それは疑問である。自然発生的な市が、湯浅氏のような地域権力による「開発」を受けることによって、はじめて町場へ、さらに都市的な場へと展開する条件をもつのである[高橋 二〇〇二]。

3　石崎屋敷

十二世紀半ば以降、湯浅宗重によって開発されたものと推測される湯浅荘の町場には、湯浅氏の支配拠点となる施設が整備されていた。次に、それら諸施設について一つずつ復元を試みたい。

宗重の嫡子宗景の屋敷は石崎に置かれていた。現在も小字として「岩崎」の地名が残っているので、現地比定が可能である（以下、図4参照）。この石崎屋敷について、「高山寺明恵上人行状（漢文行状）」に記述がある。

> 元久元年（一二〇四）二月十五日、於紀州湯浅石崎〈親類宗景入道宅〉、修涅槃会、上人自読舎利講式〈上人製作十无尽院舎利講式是也〉、奉対涅槃像、泣述滅後愁歎、

ここに記されている「十无尽院舎利講式」による涅槃会の前提となる石垣荘河北糸野における法会が、「高山寺明恵上人行状（仮名行状）」に次のように描写されている。

> 先年上人縁事アルニヨテ、紀州移住ノ比、糸野奥ノ谷成道寺ノ庵室ニ居ヲシメシ時、其庵室ノ傍ニ大樹アリ、彼ノ木ヲモテ菩提樹ノ称ヲタテ〻、下ニ石ヲカサネ（重）ツミ（積）テ、金剛座ノヨソヒ（装）ヲマナヘリ、其傍ニ一丈許ナル卒堵波（塔婆）ヲ立テ、其銘ニ上人自筆ヲモテ、南無摩竭提国伽耶城辺菩提樹下成仏宝塔ト書ス、其下ニシテ一群（郡）ノ諸人貴賤長幼道俗男女数百余人、樹ノ下ニ集会シテ、彼西天菩提樹下金剛座上ノ今夜ノ儀式ヲウツス、

明恵の涅槃会が、湯浅党諸氏の屋敷において、地域住民（「一郡ノ諸人貴賤長幼道俗男女数百余人」）が参加する宗教的イベントとして開催されていたことがわかる。湯浅の鎮守・顕国神社（湯浅大宮）は、元はこの岩崎の地を社地としていたとする伝承もあり、石崎屋敷は、在地領主湯浅氏が、涅槃会のような宗教的なイベントを通して広範な地域住民

と交流する開かれた信仰空間（霊場）でもあったのである。

藤原定家の『熊野御幸記』建仁元年（一二〇一）十月廿三日条によると、熊野からの帰途にあった定家が湯浅荘で宗景の子景光によって、その宿所に招かれている。

入二湯浅一五郎（景光）儲過差事

（前略）午始許入二湯浅宿所一、此所五郎と云男宿所事甚過差、予之不レ堪レ感、引二所レ餞鹿毛馬一了、

ここにあらわれる「湯浅宿所」とは、おそらく石崎屋敷であろう。中世に遡る湯浅を通る熊野道は、通過するのに便利な「山手道」（後に「御輦道」「小栗街道」と語り継がれる道筋）と、近世以降の熊野道に引き継がれる「浜手道」とがあり、小字「岩崎」は後者に即している。景光はこの「浜手道」に定家を誘導して、沿線に立地する石崎屋敷に招き入れ、「過差」な接待を施したのであろう。湯浅氏の石崎屋敷は、参詣の道中にある貴紳の接待所としての役割も担っていたことになる。石崎屋敷は、湯浅が「通過する土地」から「宿泊地」へと変質する過程において、「浜手道」とともに構築された拠点施設と考えることができるだろう。

石崎には、船着場（湊）の伝承も残されている。『有田郡誌』（一九一五年）は「石崎」について「海水此辺まで湾入し、船着場なりしが如し」と記し、「天皇〈斉明〉もかねて勅詔あり、石崎まで御船にてはるばると御幸〈鉛山温泉より〉ましまし」という「今城寺縁起」の記述を引用している。

また『夢記』には、次に引用するような明恵の夢が採録されている。

同（建永元年〈一二〇六〉六月）六日の夜、夢に云はく、石崎入道之家の前に海有り、海中に大きなる魚有り、人云はく、是鰐也、一つの角生ひたり、其の長一丈許り也、頭を貫きて之を繋ぐ、心に思はく、此の魚、死ぬべきこと近しと云々、

これによれば、石崎屋敷は海に面していたことになる。山田川河口近くのこのあたりには、かつて潟湖のような入り江が広がり(小字「宮川」のあたりか)、それが「今城寺縁起」にあるような湊として利用されていたのであろう。

以上のように、湯浅氏の石崎屋敷は、北から湯浅の町場に入る「浜手道」の整備とともに構築された居館と考えられる。熊野道を通じた人や物の流れを町場の北の出入り口で掌握し、あわせて宗教空間(霊場)として開放することによって領主と地域住民とを結びつける機能をも担ったことが推測される[高橋二〇一六]。

4 白方宿所

湯浅氏は、熊野道に即して、湯浅の町場の南の出入り口にも支配拠点となる施設を構築していた。白方宿所である。承元四年(一二一〇)、明恵は熊野へ向かう藤原長房と白方宿所で対面を果たしている(「高山寺明恵上人行状(漢文行状)」)。承安四年(一一七四)、吉田経房が宿泊した「湯浅入道(宗重)堂」は、建保四年(一二一六)に藤原頼資が宿泊した「湯浅白形堂」と同一の施設で、白方宿所とかかわる寺堂であろう。

白方の地名は、湯浅町別所に所在する勝楽寺がその遺称を伝えている。同寺は山号を白方山(白鳳山)という。下阿田木神社蔵「五部大蔵経」には、「白方寺」と「勝楽寺」がともに宝治二年(一二四八)の奥書に所見し、勝楽寺こそが白方寺であったことを裏付ける。また勝楽寺は、現在も平安後期から鎌倉前期にかけての傑出した出来栄えの仏像八体を伝えている(いずれも国重要文化財)。京都市山科区の醍醐寺の金堂やその本尊・薬師三尊像(国重要文化財)など、この寺から移され現存する文化財も多く(醍醐寺の金堂・本尊については『義演准后日記』、なお『紀伊続風土記』は満願寺からの移設とするが両寺の境内は近接しており意味するところは同じであろう)、いずれも同寺の中世における隆盛を伝える史料といえる。おそらく白方宿所は、この勝楽寺と一体の施設であり、その管理・経営にも湯浅氏が関与していたということであろう。

北から南に湯浅を抜けた熊野道「浜手道」「山手道」はこの勝楽寺の手前で合流し、御堂坂を上って勝楽寺の旧境内を通って南に進む。白方宿所はまさに湯浅の南の出入り口を扼する施設だったのである（図4参照）。

また湯浅の町場の南側を画する広川の河口の入江は、見事な松原を伴い、中世以来の名勝であった。藤原定家は『熊野御幸記』に「此湯浅入江松原之勝景奇特也」と記す。紀伊国守護畠山基国は応永十年（一四〇三）十一月、三代将軍義満の粉河寺参詣に従い、その際、湯浅湾で次の二首を詠んでいる。

　むら（群）鷺は　阿瀬乃波に　音を鳴て
　　あらし（嵐）ふく（吹）夜の　入江松原

入江川　松原こゆる（越）　汐かせ（風）に
　　千鳥なきよる（鳴寄）　冬乃いふくれ（夕暮）

勝楽寺境内からは、広川河口の入江状の地形（潟湖）

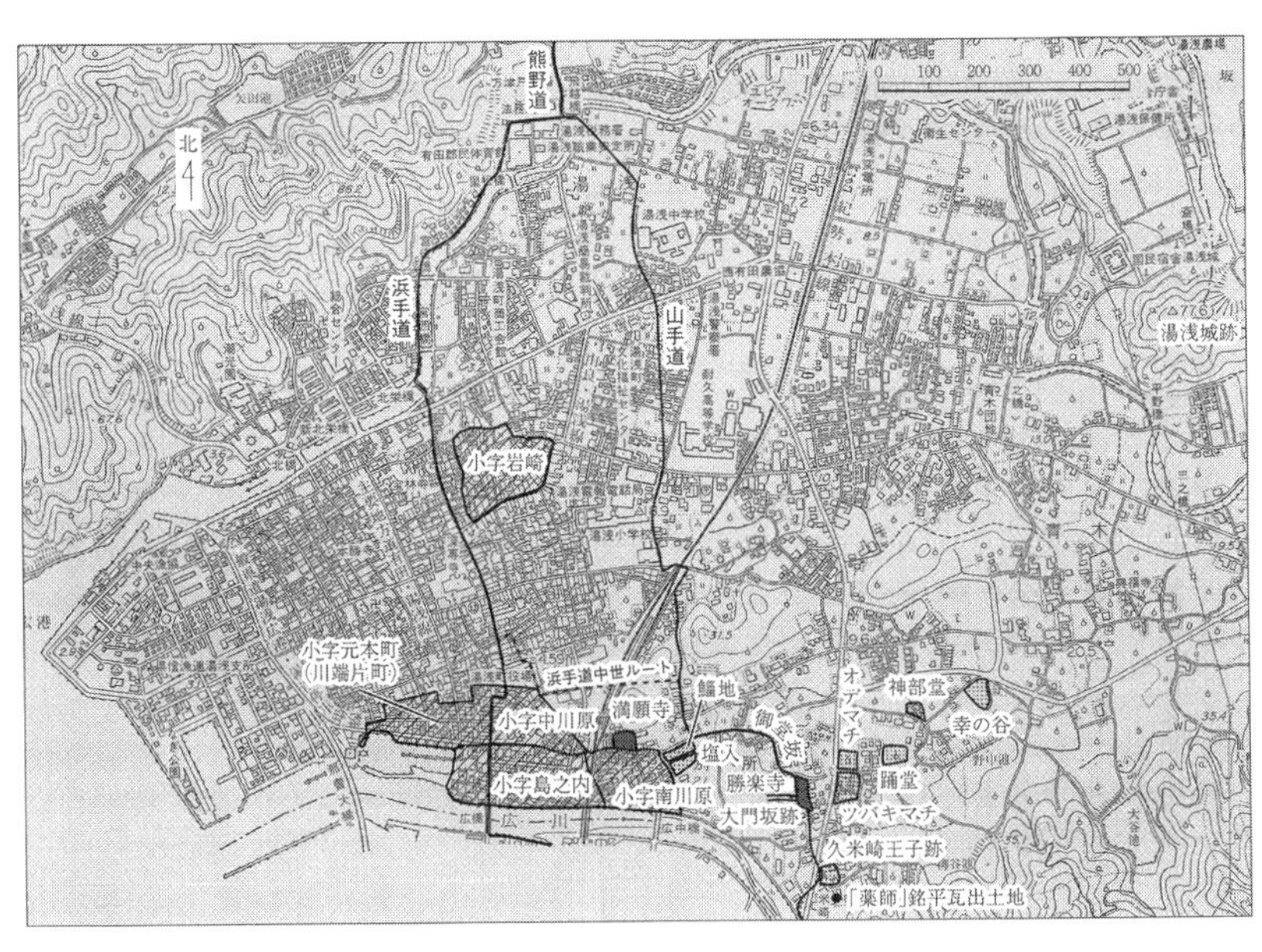

図4　小字「石崎」と勝楽寺周辺（高橋 2016 より転載、タイトルは変更）
原図：湯浅町発行「湯浅町管内図」1：2,500

を眼下に望むことができたはずである。これが「白方」すなわち「白潟」であろう。勝楽寺はこの地形に由来する地名を山号としたわけである。入江(白潟)が港湾としての機能を備えたことも容易に想像できる。ちなみに入江から勝楽寺境内にそのまま上る道筋は、かつて「大門坂」と呼ばれていたという(現在は煙滅)。

湯浅氏が関与し、一族の明恵が貴紳との会談に利用した白方宿所は、熊野道の南の出入り口を押さえ、湊の機能を備える「入江」を見下ろす、大伽藍と一体となった施設であった。霊場として地域住民にも開かれた空間だったことが推測され、それは石崎屋敷とも共通する性格である。

5　湯浅城の位置

内乱末期、湯浅宗重は平維盛の子忠房を奉じ、湯浅荘に挙兵したという。『平家物語』から引用する。

①覚一本『平家物語』

小松殿(平重盛)の御子丹後侍従忠房は、八島のいくさ(戦)より落て、ゆくゑ(行方)も知らずおはせしが、紀伊国の住人湯浅権守宗重をたのんで、湯浅の城にこ(籠)もられける、

②長門本『平家物語』

小松殿の御子息六人おはしけるも、爰かしこにて誅せられ給て、末の子に丹後侍従忠房とておはしけるが、讃岐国屋しま(島)の戦を落て、行方もしら(知)ざりけるが、紀伊国の住人湯浅権守宗重がもとにかく(隠)れ居給へり、(中略)湯浅には屈竟の城あり、岡村・岩野・岩村の城とて、三ヶ所あり、

近年、これらの『平家物語』記事は、そのまま事実とみなすことはできないことが指摘された[佐々木 一九九八]。た

だし例えそうであったとしても、この時期、都の貴紳は熊野への途次にたびたび湯浅を訪れており、湯浅氏の「城」に関する情報が正確に都に伝えられ、『平家物語』の中に反映された可能性は高いだろう〔高橋 二〇一六〕。

湯浅宗重の居城と伝えられる湯浅城は、湯浅の町場を見下ろす半独立丘陵・青木山(標高七七メートル)の頂部に構築されている。石崎屋敷・白方宿所と結べば扇の要のような位置にあたる(湯浅城跡の場所については図4参照)。中世前期の「城」が受け継がれて城郭化したものと想定でき、『平家物語』に登場する「湯浅の城」、あるいは三城のうちの一つをこの城とみなすことは誤りではなさそうである。

ただし中世前期の「城」は、後期の城郭とは異なり、臨時構築の交通遮断施設であったことが指摘されている〔川合 一九九六〕。「湯浅の城」や「岡村・岩野・岩村の城」があったとしても、そうした構築物だったはずである。近年の湯浅城跡の測量・発掘調査によると(図5参照)、主郭南東平坦面は、中世前期のうちに繰り返し整地されているようであり、十三世紀の土師器等が出土している。主郭の遺物と思われる十四世紀の白磁椀等も出土しており、少なくともこの山が中世前期に遡って土地利用がなされていたことは間違いない〔湯浅町教委 二〇一九〕。

治承・寿永内乱期の常陸佐竹氏の金砂山城や相模三浦氏の衣笠山城のように、地域社会や一族にとって特別な意味をもつ山が、「城」という非常時に籠る要害として、あらかじめ想定されていたものかもしれない。中世前期の湯浅城も、湯浅氏にとって何か特別な意味をもつ場所に設定された「城」だったのではなかろうか。中世前期の「城」と山岳霊場や修験との関係も指摘されており〔中澤 一九九九〕、宗教施設にかかわる整備である可能性もあるだろう。調査成果の詳細は『湯浅党城館跡総合調査報告書』〔有田川町教委 二〇二〇〕を参照してほしい。

中世前期の「城」を、所領(特に本領)の中でどう位置付ければよいのか。それは、武士論・在地領主論や城郭史研究の中で、今後、議論されるべき重要課題の一つである。湯浅城跡の調査成果が、この分野に重要な事例を提供する

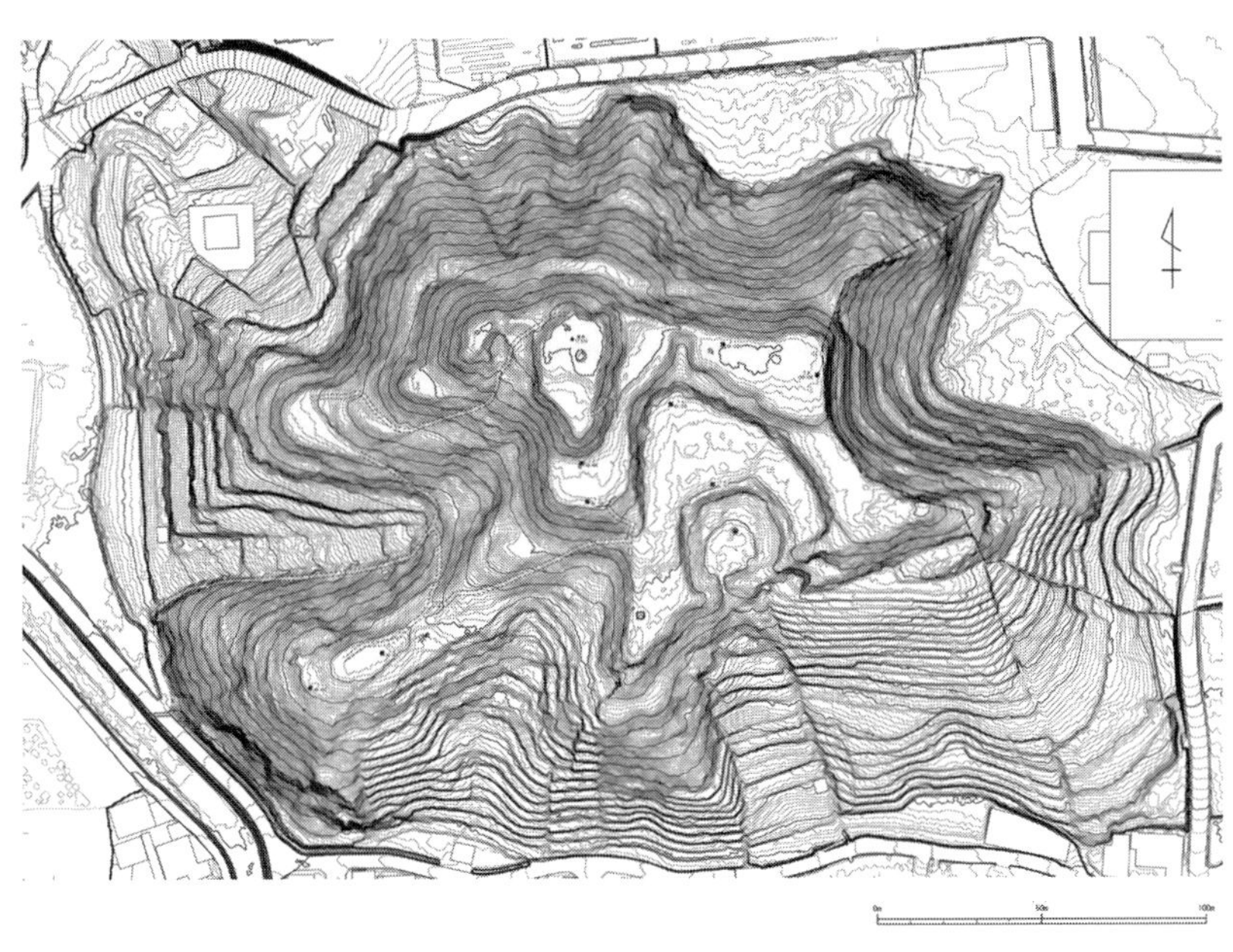

図５　湯浅城跡測量図（有田川町教委 2020）

ことは間違いなく、今後の調査・研究の進展が待たれるところである。

おわりに

以上、本稿では、まず湯浅宗重の活動時期を十二世紀半ばから後半頃と推定し、その間において湯浅の町場が湯浅氏の本領となる湯浅荘の中核部に形成されていたことを確認した。次にその拠点施設として石崎屋敷・白方宿所の位置と構造を復元し、それらが政治的・経済的な機能をもつとともに、強く宗教的性格を帯びていたことを指摘した。あわせて近年調査が進む湯浅城についても、中世前期に遡る遺構を紹介し、今後の研究課題を提示した。

中世前期の武士（在地領主）の本領の具体的な復元は、史料の少なさや遺跡の評価の難しさなどの要因から、実証的な作業が進んでいるとはいえない。本稿で示した湯浅氏の事例からは、その地域支配における重要拠点が、いずれも町場の霊場としての性格を濃厚に備え、「城」として想定されている山上の施設も、宗教的な意味合いを見出すことができる可能性を指摘した。

本稿が、中世武士団の本領の構造的特質に関する議論を活性化する上で、一つの検討材料とでもなれば幸いである。

〔付記〕本稿は、二〇一九年七月六日に上智大学で開催された中世学研究会第三回シンポジウム「城と聖地―信仰の場の政治性―」での報告内容をもとに成稿したものである。2〜4の論証の詳細は、高橋二〇一六を参照いただきたい。また本稿とほぼ同時期に同趣旨で成稿した『湯浅党城館跡総合調査報告書』の高橋執筆担当箇所とは、多くの部分で内容が重複していることを明記しておく。

参考文献

網野善彦　一九七八『増補 無縁・公界・楽』平凡社(原形初出)
有田川町教育委員会編　二〇二〇『湯浅党城館跡総合調査報告書』有田川市教育委員会・湯浅町教育委員会・有田川町教育委員会
奥田真啓　一九八〇『武士団と信仰』柏書房
垣内　貞　一九九九『湯浅・広川の熊野古道考』私家版
角田文衛　一九八一『平家後抄』上　講談社(原形初出)
川合　康　一九九六『源平合戦の虚像を剝ぐ』講談社(原形初出)
坂本亮太・末柄豊・村井祐樹編　二〇一七『高雄山神護寺文書集成』思文閣出版
佐々木紀一　一九九八「小松の公達の最期」『国語国文』七六一
中澤克昭　一九九九『中世の武力と城郭』吉川弘文館
高橋　修　二〇〇〇『中世武士団と地域社会』清文堂出版
高橋　修　二〇〇二「中世前期の在地領主と『町場』」『歴史学研究』七六八
高橋　修　二〇一六『信仰の中世武士団―湯浅一族と明恵―』清文堂出版
保立道久　一九八六「宿と市町の景観」『自然と文化』一三

湯浅町教育委員会編　二〇〇一『紀州湯浅の町並み』湯浅町教育委員会
湯浅町教育委員会編　二〇一九『湯浅城跡発掘調査 現地説明会』（配布資料）湯浅町教育委員会
和歌山県史編さん委員会編　一九八三『和歌山県史』中世史料二　和歌山県
和田堅一　一九九九『湯浅の町 見聞日記』稿本

戦国城館の構造と聖地

齋藤 慎一

はじめに

城館と聖地の議論は、文献史学からは中澤克昭［中澤 一九九九］が、考古学からは飯村均［飯村 二〇〇九］が、ほぼ同時の一九九〇年代に語り、先駆けとなった。ともに城館と聖地が一致することを説き、城館の性格について一石を投じた。

しかしその投げかけを引き継ぎ、深化させる研究はしばらく現れることはなかった。近年になって安土城考古博物館が聖地に関する展覧会を開き、近江国を視座に安土城に至る城館と聖地の関係を論じた［安土城考古博物館 二〇一四］。この安土城考古博物館の成果は、聖地を考える視点の一つに磐座を据え、城館と聖地の関係が段階的に変化すると捉えたものだった。本論にも大きな影響を与えている。

また中世初頭の城館と聖地の問題を論じた中澤は、近年になって近世の聖地と城館の関係について取り組んでいる［中澤 二〇一五・二〇一六］。そこでは城内の天守や寺社の存在にも視野を広げ、聖地との関わりで城館の近世化を論じた。

中澤の所論に限定されるべき問題ではないが、中澤が中世前期と近世という中世の両端で城館と聖地を論じたことにより、聖地論は再検討を要するように思われた。具体的には異なる対象年代に描かれた聖地を、同じ範疇で理解することが妥当であるかである。さらに、その問題を論じる以前に、城館にとっての聖地とは何であるかという問題を、改めて問う必要があることが認識されたようにも思われた[1]。あまりにも聖地の実態が不明確であり、抽象的に論じられていたのではなかろうか。少なくとも城館との関係で聖地を論じる際の概念規定が今までは存在せず、宗教性を帯びた存在すべてが聖地の語彙のなかに取り込まれていた。そのような状況と言えるかも知れない[2]。聖地とはどのような実態として理解すればよいのであろうか。現時点での研究の起点であると考える。

無論、城館にかかわる聖地について語る文献史料は著しく乏しい。その史料的な状況のなかで中世城館と聖地の関わりを説くには、まずは遺跡を注視し、その空間から中世との関わりを抽出し、その歴史像を描くことになろう。本論は城館と聖地の関わりを解明する糸口を切り出すことを課題としている。

1　戦国城館と聖地

聖地と城館がどのように関係しているかを考えるために、現状で遺構を観察し、信仰の遺跡・遺構と関係していると考えられる城館をいくつか抽出し、検討を加えてみたい。

観音寺城（滋賀県近江八幡市安土町繖山）

戦国大名六角氏の本拠として著名な城館であるが、その構造が特殊であるため、多くの人に違和感をもたらした。

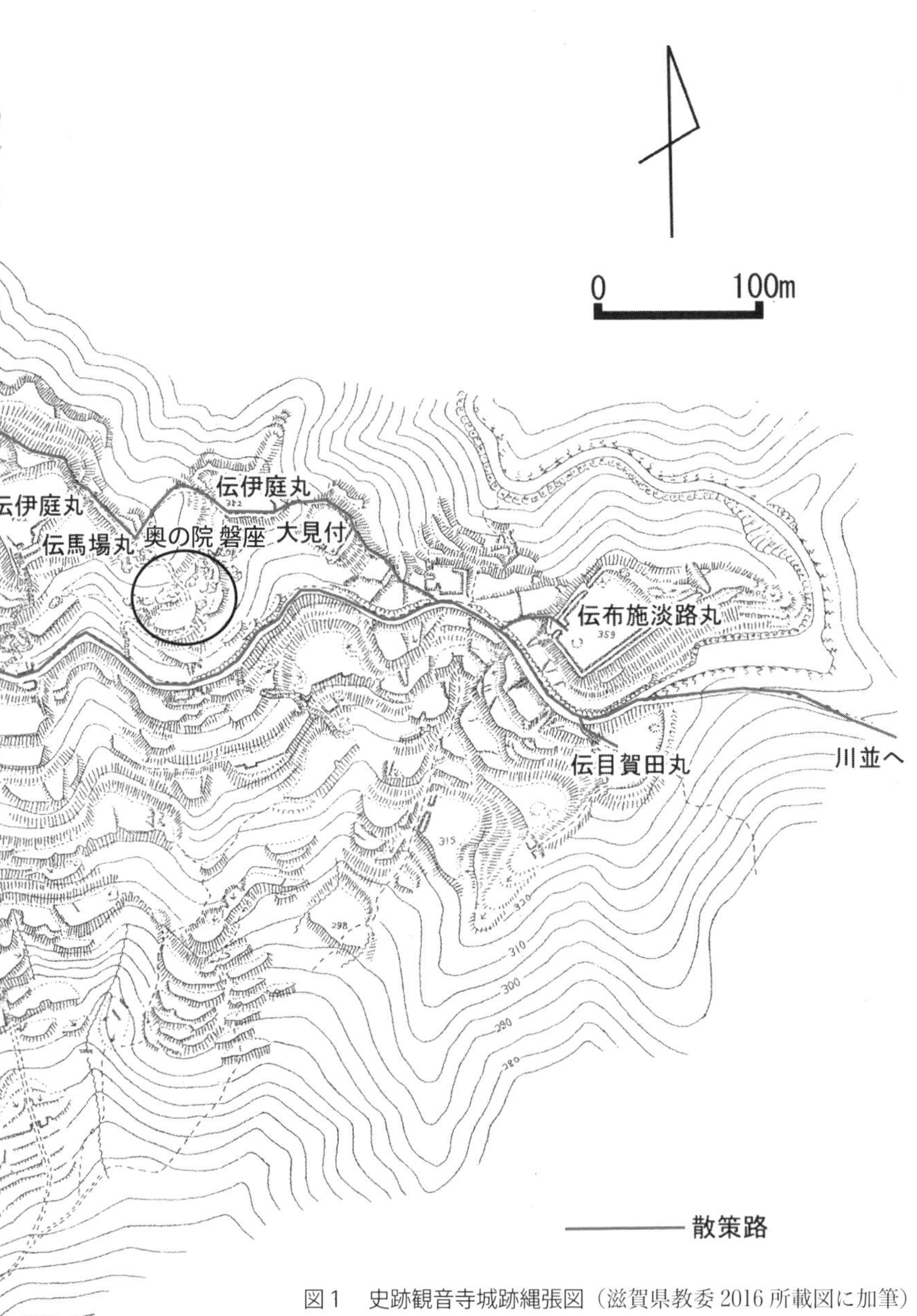

図１　史跡観音寺城跡縄張図（滋賀県教委 2016 所載図に加筆）

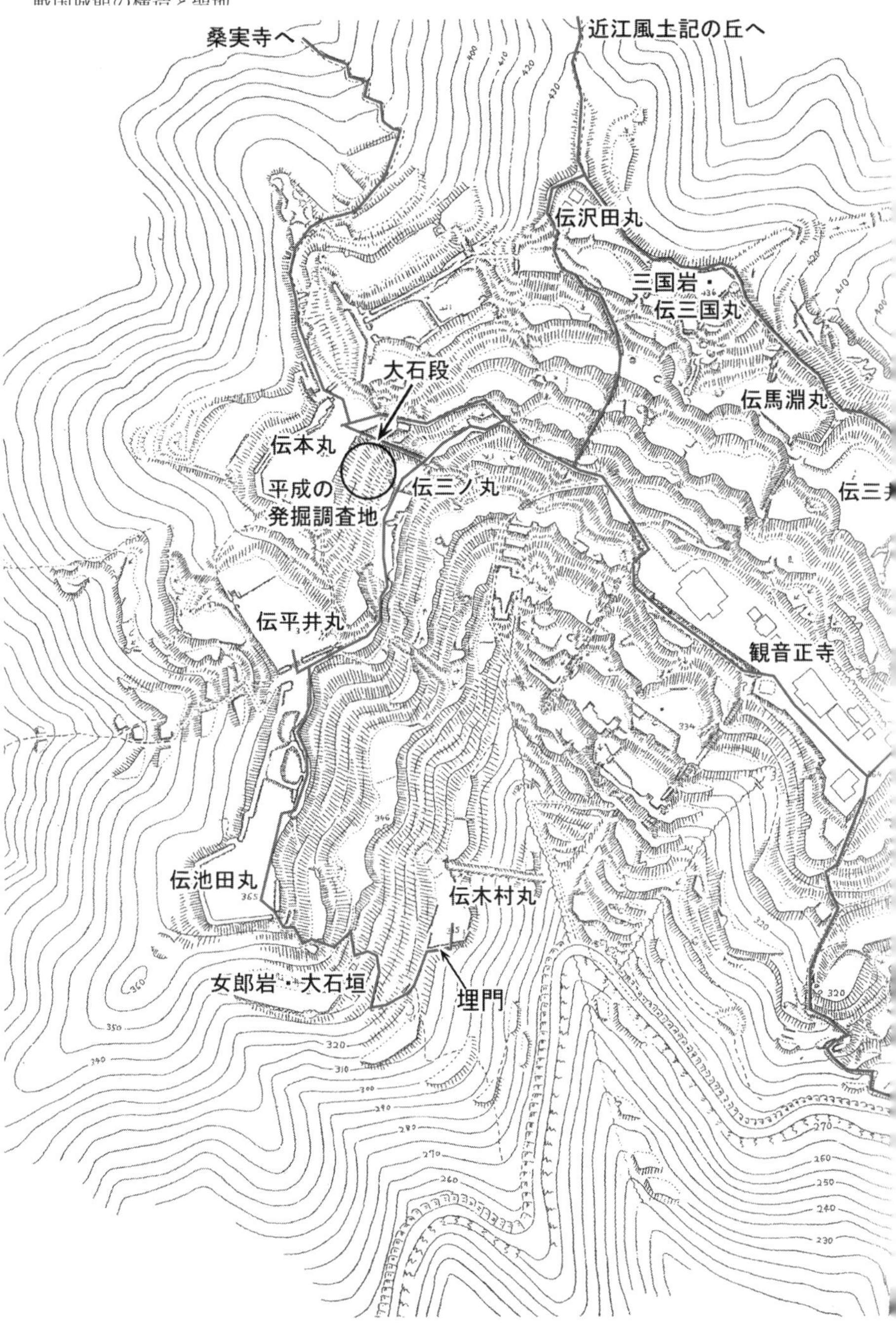
桑実寺へ
近江風土記の丘へ
伝沢田丸
三国岩・
伝三国丸
大石段
伝馬淵丸
伝本丸
平成の
発掘調査地
伝三ノ丸
伝平井丸
観音正寺
伝池田丸
伝木村丸
女郎岩・大石垣
埋門

一般的な山城の理解では、山頂に主郭を構え、山頂から下る道は配置された郭を通過して山麓へと降るという構造で、主郭に到達するには複数の郭を経由すると考えられている。言い換えれば、城館は主郭（本丸）を中心として、同心円状あるいは直線状に副郭などの複数の郭を連結し、郭間の主従関係が明確であるというイメージである。

この主郭を中心とした整然とした構造に比して、観音寺城はどこが主郭だかわからない異様な構造をしている（図1参照）。これらの郭には伝承などから家臣の名称が付けられ、家臣の居所を示していると理解されてきた。いわば山中に構えられた家臣屋敷の団地の様相を呈している。主郭を頂点とするヒエラルキーの構造を示さないことから、勝俣鎮夫は観音寺城を「一揆型の城」と評した［勝俣 一九七八］。

観音寺城のうち主郭は伝本丸と目されるが、この伝本丸は繖山の山頂部には存在しない。山頂部の郭は伝沢田丸と呼称されており、家臣邸の一つとされている。山頂部から東に延びる尾根には広い平坦地が階段状に配置されており、おそらくは南向きの空間配置の家臣邸が東側に連なっていたのであろう。

伝本丸は伝沢田丸から南西方向に降る尾根上に配置される。伝本丸からさらに南西方向へは伝平井丸・伝池田丸が配置される。石垣で固めるなどの構造から観音寺城のなかでも中心的な郭群と考えられる。この部分について松下浩は観音寺城そのものという理解を示している［松下 二〇一六］(3)。しかしそれぞれの郭は独立し、城内の繖山の山腹を東西に貫通する道で結ばれており、各郭はこの道に向かって門を構えている。観音寺城の郭群はこの東西道を主軸として配置されていたと思われる。つまり、郭群はいわゆる同心円状あるいは直線状の主従関係を示す構造を呈していない。この様相を見ただけでも、勝俣が指摘した「一揆型の城」の評価は重要な指摘と再確認できる。

加えて、観音寺城がある繖山には西国三十三所観音霊場である観音正寺があった。現在は山内でも比較的広い平坦地に所在するが、厳密には中世段階での正確な所在地は不明である。しかし繖山には六角氏の本拠地である観音寺城

写真１　繖山 観音正寺奥の院の磐座

と霊場である観音正寺が併存していたことは間違いない(4)。

観音寺城の城域は、伝本丸を含む山頂から南西に降る尾根を西端とし、そして山頂から東へは大見付と呼称される先に存在する伝布施淡路丸をとりあえずの東限とする。その稜線の南側山腹に郭群が展開し、その郭群を主軸となる東西道が貫通する。この構造のなかに観音正寺も存在したと考えておきたい。山中の団地のような構造はいわゆる山城とは相違し、異様としか言いようがない。

しかし観音寺城の特徴はこれだけに留まらない。従前は城館の理解に関わっては注目されていなかったが、山頂から東へと下り、伝馬場丸と大見付へと至る手前に、磐座と呼ばれている巨石信仰の遺跡が存在する(写真1参照)。現在は観音正寺奥の院に位置付けられている。巨石には七体の磨崖仏が見られ、平安末期(十二世紀)と紹介されている。磐座の起源は明らかではないが、磨崖仏が成立する頃あるいはそれ以前と考えることは許されよう。

したがって、観音寺城の城域は武家の空間・観音正寺・磐座が同居する多角的構造であり、単純な城館のみの構造ではなかった。さらに郭間の主従関係が明確ではないという複雑な城館であった。

新高山城（広島県三原市本郷町）

安芸国沼田庄に西遷した小早川氏は沼田川の東岸の妻高山を本拠とした。南北朝期や応仁の乱の時期に高山城を舞台とした合戦があった。戦国時代も下ると、小早川家は対岸の雄高山に城を築き、新たなる本拠とした。これが新高山城である。仏通禅寺住持記の記載から、天文二十年（一五五一）に小早川隆景が築城したと考えられている。

東側の高山城は山頂のU字形に展開する尾根に、堀切で区画することなく、いくつかの独立する広い面積の空間を確保する構造を呈する。おそらくは山内に居住することを目的としていたのだろう。これに対して西側の新高山城は山頂部を中心として尾根に沿って郭が展開する（図2参照）。要所には虎口も構えられており、いわゆる戦国山城の様相を示す。両者を比較すると構造的に時代差を感じる。高山城から新高山城への移転はおそらくは小早川家の構造の変化をも示すものでもあろう。

新高山城には主郭などの要所に石垣が普請されていた。現在は各所で崩壊しており、詳細は今後の調査に委ねられるが、残る石垣の表面に矢穴の痕跡を見ることができ、普請は近世初頭まで降ることを示している。新高山城は三原城への移転にともなって廃城になったとされるが、あるいは一時期は併存していた可能性がある。

主郭（1）は東西方向に広い空間を確保し、東西で二段の平坦面で構成される。主郭西端には崩れてしまっているが、この西端には高石垣が普請されていたと思われ、やや整形された石材が散乱する。主郭に至る登城路はこの石垣を正面とし、主郭西端の石垣は見せる石垣として普請されていたと考えられる。この石垣の南面にはスロープ状に主郭へと上がる道が設定され、虎口が構えられていたと観察された。しかしながら主郭の正門はこの西側ではなく、北向き

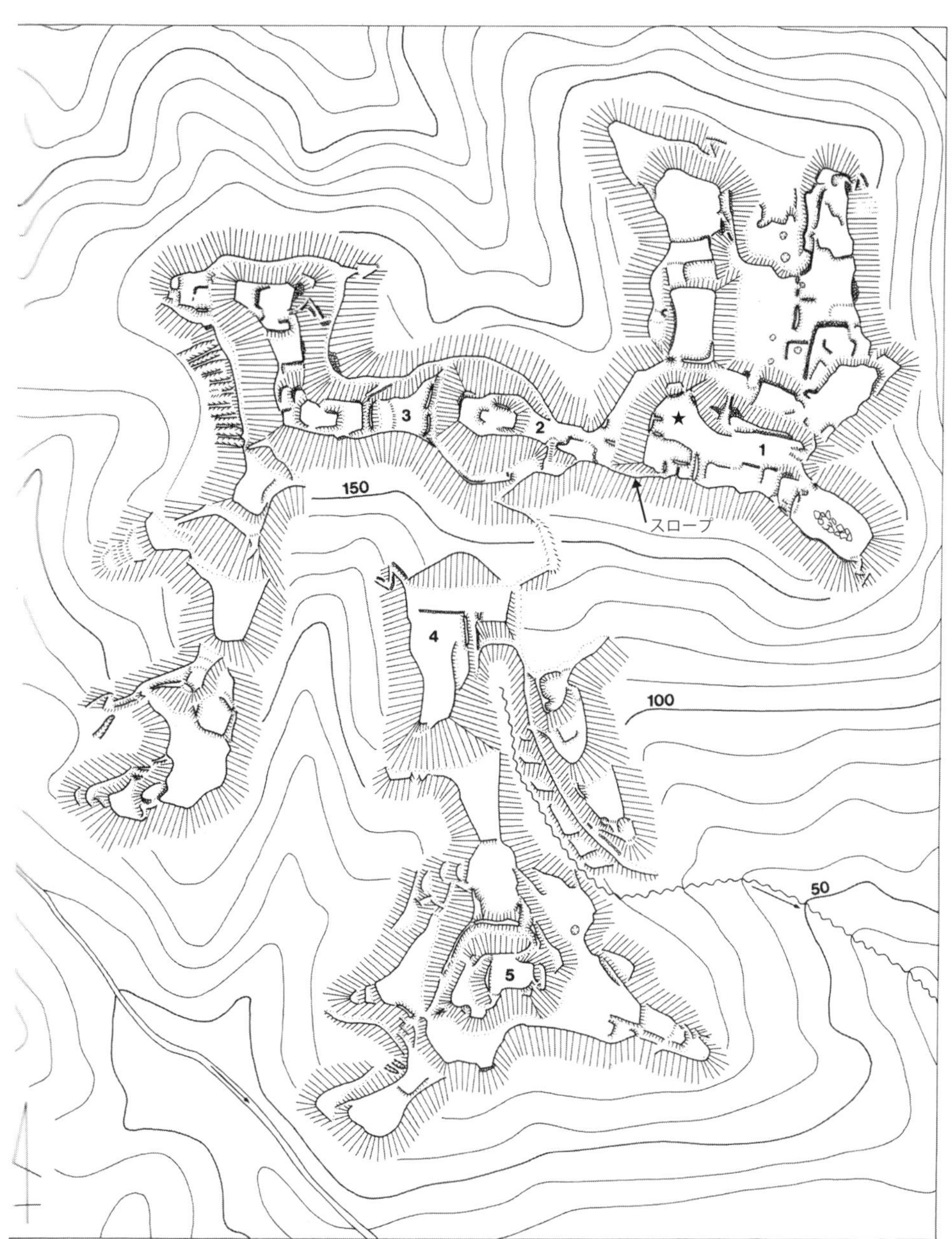

図２　新高山城測量図（広島県教委 1995）

写真２　新高山城　山頂の巨石

であったと考えられる。寺院を思わせる石段の登り、その最上部には小型の枡形門が設置され、同所で左折して主郭内へと至る。このように西側および北側からの二か所から主郭西側の下の平坦面に至る。この主郭西側は広い面積を有する空間で新高山城の小早川家の中心的な空間（居所か。図中★印）であったと推定される。とりわけ、正門から主郭へと進入した地点には礎石を見ることができ、中心となる建物が存在したことを窺わせる。このように戦国城館らしい状況が主郭西側である。

主郭東側は一段高い空間であり、新高山城の最高所である。空間としては行き止まりになっている。しかし、この空間の大半は巨石が占めている（写真２参照）。現状は巨石のほかは周回できる道がある程度であり、所々に近世以降の石仏が祀られている。戦国・織豊期に相応しい構造を持つ新高山城であるが、この最高所の巨石は不自然な土地利用である。巨石を残すような設計を行った背景は、巨石を信仰の対象として尊重していたという評価が可能であろう。あるいは築城の前提として巨石信仰がある山をわざわざ選地したとも言えるのではなかろうか。いずれにせよ、小早川隆景の新高山城では山頂部に巨石信仰があったと考えておきたい。

また城内には庭園を持ち、瓦葺の建物を有した寺院も建立されていた。この廃寺は小早川家の菩提寺の匡真寺(4)とされている。観音寺城と同じく多角的構造を持っていたことになる。

白旗山城(兵庫県赤穂郡上郡町赤松)

赤松氏関係城館という名称で国指定史跡となっている城館のひとつである。標高約四四〇㍍の急峻な白旗山上に縄張りされ、部分的ながら石垣も残る。建武三年(一三三六)に赤松円心が築城したとされ、西国へ敗走する足利尊氏を追撃してきた新田義貞勢を釘付けにしたとして著名な山城である。しかしながら現状の遺構は戦国期まで降ると考えられる。また南北朝期には毎年のメンテナンスが行われていたことが古文書に確認され、その状況は他例を見ず、今後に重要な事例として注目される。

白旗山城は山頂付近の尾根上、東西約五六〇㍍、南北約四〇〇㍍にわたって築かれる。山頂付近の稜線は比較的になだらかで、伝本丸、伝二の丸、伝三の丸、伝馬場丸、伝櫛橋丸などの広さのある郭が連なる(図3参照)。南の谷筋内には伝侍屋敷ほか数段の石垣を持つ郭が構えられる。

伝櫛橋丸の西方および伝本丸の東北方向の尾根上にそれぞれ堀切が普請される。この二本の堀切で画された範囲を城域と考えていたことがまず指摘できる。この城内において普請をともなった明確な虎口は伝二の丸の西端および南側下の二ヶ所に確認される。堀切で画された城域の内側に、さらに虎口で仕切られた空間があることが理解される。

この構造で注目しておきたい点は、伝櫛橋丸が堀切の内側でありつつも、西側虎口の外に位置する点である。また、西側から堀切を通過する通路は伝櫛橋丸の山腹を迂回し、伝二の丸西端の虎口に接続している。つまり伝櫛橋丸は城

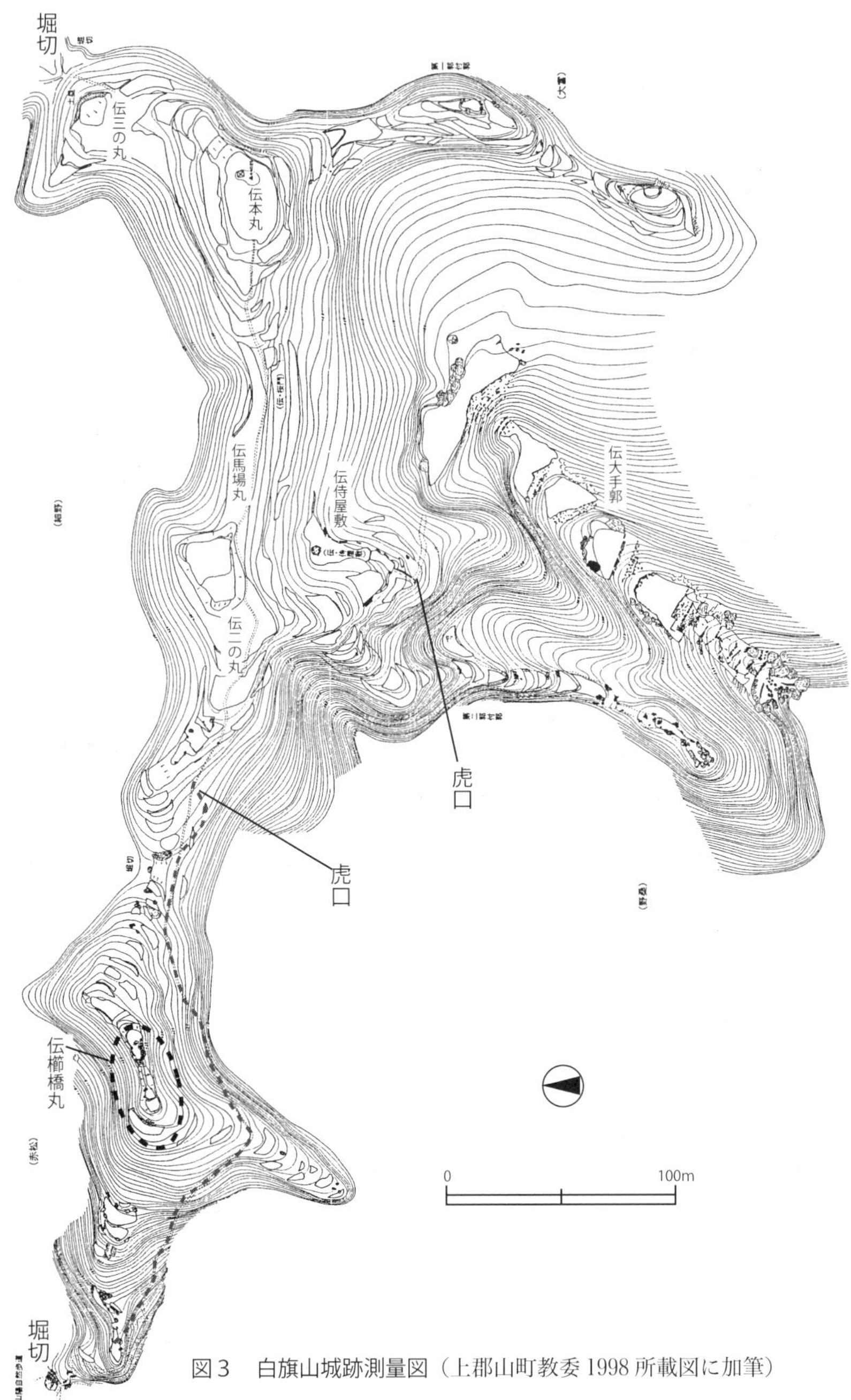

図３　白旗山城跡測量図（上郡山町教委 1998 所載図に加筆）

写真３　白旗山城伝櫛橋丸の現況

内にありつつも、独立した空間となっていることになる。そしてさらに注目すべきはこの伝櫛橋丸の山頂部には巨石群が存在する点である(写真3参照)。この巨石群については磐座ではとする指摘がある[城郭談話会 二〇一七]。聞くべき見解であろう。

すなわち白旗山城は一つの城域のなかで、伝本丸を中心とした東西に連立した空間と、伝櫛橋丸の独立した山の二つの空間が並立する構造になっていることが指摘できる。伝本丸を中心とした武家の空間と伝櫛橋丸の信仰の空間が結合し、その外側を堀切で区切り、全体として白旗山城を形成していた。

感状山城(兵庫県相生市矢野町瓜生)

白旗山城とともに国史跡赤松氏関係城館を構成する山城である。標高三〇一㍍の感状山の尾根上に感状山城の中核が築かれる。起源は明らかではないものの、赤松氏との関連が指摘されている。しかし石垣が普請されていることから現状は戦国時代であることは明らかであり、一説に宇喜多氏の関与

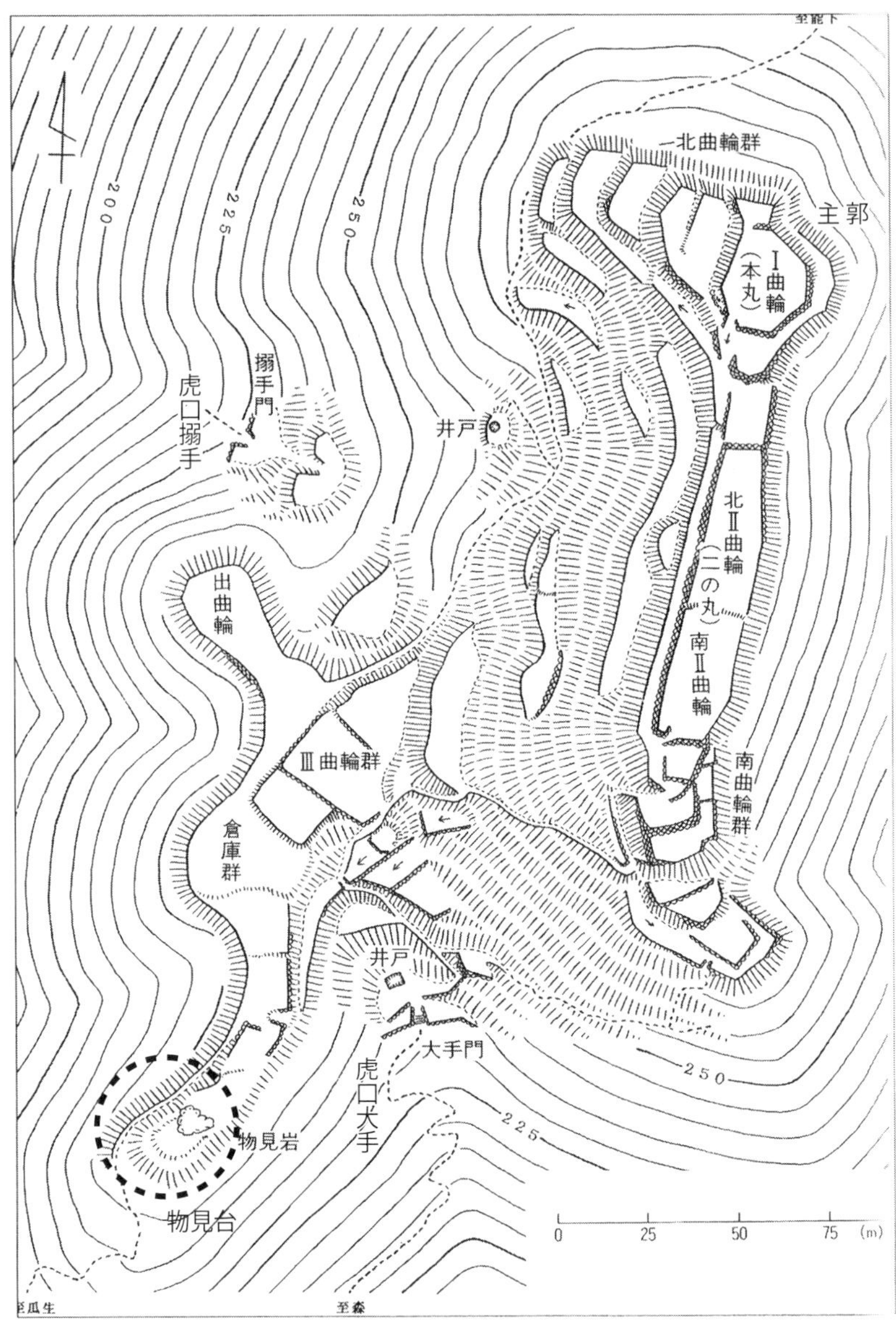

図４　感状山現状図（橘川・角田 2011 所載図に加筆）

写真４　感状山城物見台の現況

が想定されている。戦国期のなかでも比較的古い時期の石垣が随所に残るほか、発掘調査によって礎石建物跡などが発見されている。

感状山城は山頂付近一帯と南に降る尾根上にある小さな頂（物見台）の二つの頂を城域とする。北側の山頂付近は南北に連なる主郭を中心に南と西に向けて郭群が展開する（図４参照）。主郭周辺の郭の南向きには階段状に石垣を普請する。おそらく南側山麓からの景観を意識したものであろう。感状山城には石垣で固められた虎口が二つあり、現状では南東側が大手、西側が搦手と考えられている。麓から城域に至る道は、いずれも中核部に接する南側尾根にある物見台には直接に接続せず、同所に至るには二つの虎口から城内に入った後、本丸へ向かう道筋と分岐し、到達するように道が設定されている。このルートは物見台と呼ばれる独立した空間を迂回している。同所は巨石群の岩場であり（写真４参照）、伝承はないものの巨石信仰の場と推定できる。つまり、感状山城も白旗山城に類似し、山頂部で山城部分と信仰の空間が連結しており、全体として城域を成していたと考えることができる。

置塩城（兵庫県姫路市夢前町宮置）

兵庫県姫路市の中心部の北一〇キロの山間部に位置する。北から南に夢前川が流れ、川沿いに播但街道が通過する場所の要所、標高三七〇メートルの置塩山に築かれた山城である。山は山頂部で二つの頂に分かれており、双方が城の中核部を形成している（図5参照）。旧夢前町が国史跡を目指して山頂部の発掘調査を実施した。現在は、白旗山城および感状山城とともに国史跡赤松氏関係城館に指定されている。

築城は応仁の乱に際して主権回復をはかった赤松政則が、文明元年（一四六九）に築城したという。発掘調査報告に拠れば、考古学的には次の四段階の変遷で理解できるとする。

第一段階　十六世紀第2四半期頃・天文年間

掘立柱建物が中心　自然地形を大きく改変しない。

第二段階　天文年間（一五三二～五五）末～永禄年間（一五五八～七〇）前半

II—1郭を中心とする主郭群・通路2の形成

第三段階　永禄年間（一五五八～七〇）前半～天正年間（一五七三～九二）

I—1郭の瓦葺建物が出現　遺物の中心的な時期

第四段階　天正年間（一五七三～九二）～廃城

I—1郭の塼列建物が出現

考古学的には赤松政則築城とするには至らないようであるが、主として十六世紀の戦国時代後半の城館といえるようである。

構造的には、①堀切・横堀が認められない。②切岸によって曲輪を隔絶する。③規模の大きな曲輪を配置する。④

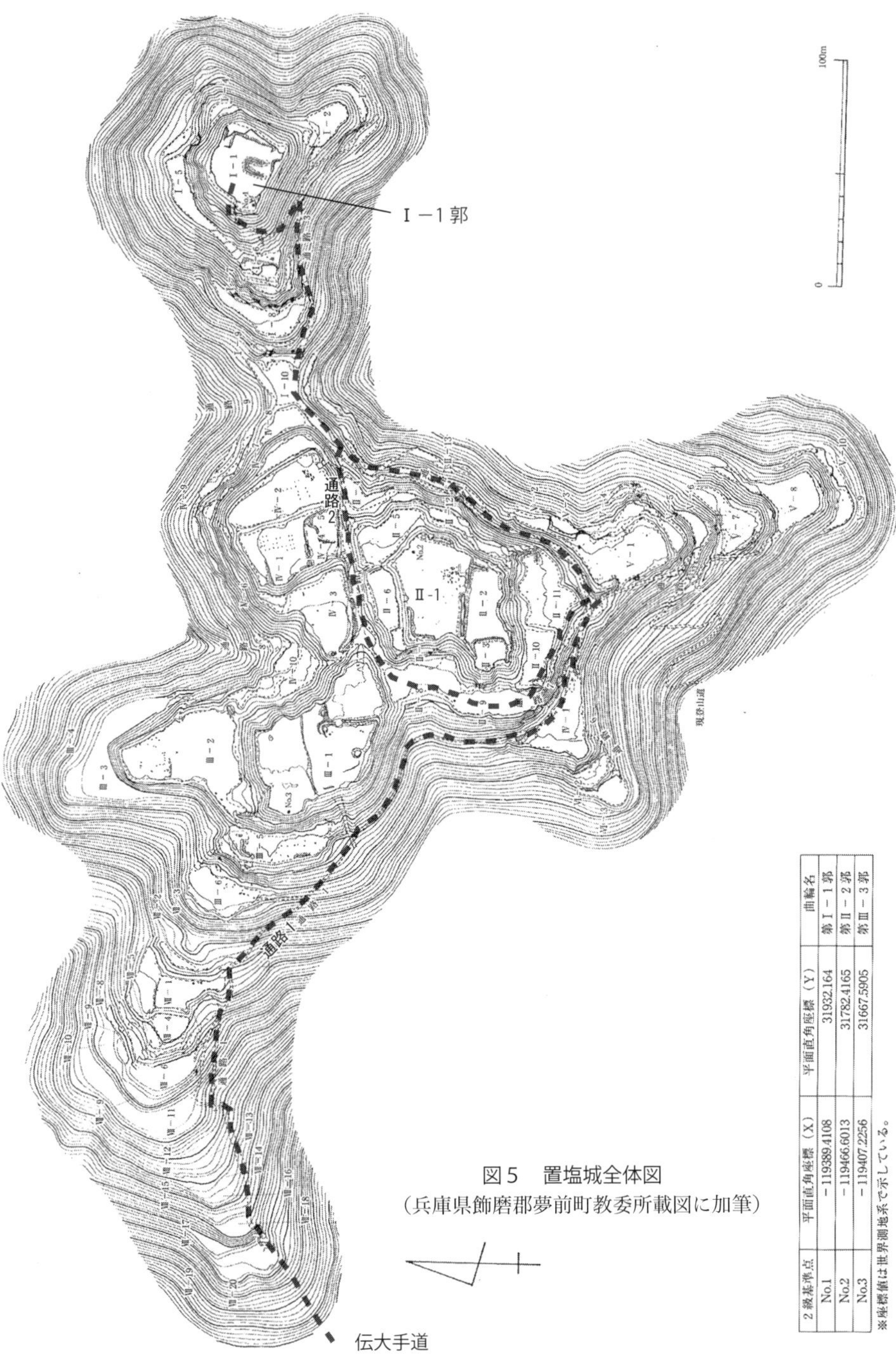

2級基準点	平面直角座標（X）	平面直角座標（Y）	曲輪名
No.1	－119389.4108	31932.164	第Ⅰ－１郭
No.2	－119466.6013	31782.4165	第Ⅱ－２郭
No.3	－119407.2256	31667.5905	第Ⅲ－３郭

※座標値は世界測地系で示している。

図５　置塩城全体図
（兵庫県飾磨郡夢前町教委所載図に加筆）

虎口が未発達であるなどの西国の山城と共通する状況が見られる。⑤山頂の主郭の優位性が乏しく、曲輪の並立的な構造が想定される。⑥城内を貫通する通路に特徴がある。⑦郭内に、瓦葺建物・庭園が存在し、格式の高い屋敷曲輪群が認められる。⑧石垣を多用する。⑨第Ⅰ―1郭に象徴性が認められる。などの独特な特徴も確認しうる。

なかでも⑨Ⅰ―1郭の象徴性には注意を払いたい。このⅠ―1郭は山頂部の二つの頂のうち奥の東側の頂に配置されている。発掘調査ではⅡ―1郭を中心とする他方の頂が屋敷地であったのとは異なり、このⅠ―1郭は「屋敷曲輪ではない」と評価された。加えて、中核となる瓦葺き石敷き塼列建物は「本来蔵として機能した建物で、壁構造を伴う堅牢な建物」であり、「櫓的な機能を付与された城郭建築(城郭特有の建物、櫓や天守など)と結論付けられる」とし、「置塩城跡の山頂に建つ象徴的存在として建築された櫓と考えられる」と慎重に指摘している。

少なくとも塼列建物を中核とした東側の頂と、格式の高い屋敷曲輪群が認められる西側の頂という相対的な関係は意図的な設計であることは明らかであろう。

この点を先の観音寺城や新高山城および国指定赤松氏関係城館の白旗山城・感状山城の構成と比較した場合、置塩城の塼列建物を中核とした東側の頂の空間は、観音寺城ほかの巨石信仰の場と関連する空間であり、城内にあって居住空間とは隔絶された特殊な空間であったことを考えさせる。おそらくは白旗山城などに存在した巨石信仰の場を城域内に持ち得なかった置塩城において、前代以来の信仰空間を人工的に創出したものであろう。

以上、管見のなかで城内に信仰空間を持つ事例のうち、代表的な事例を確認した。近世城館などで見るような天守や本丸を中心とする同心円構造を基軸とする城館構造ではなく、城内に武家の空間と信仰の空間が併存する城域を形成することが確認できるであろう。観音寺城のように武家の空間・巨石空間・寺院空間をそれぞれ別の空間と捉えれば、観音寺城は多角的な構造を有していたと評価でき、そのほかの城館もこれに準じる構造が考えられる。このような信仰空間を持つ城館のあり方は、近世になって築かれた城館とは異なるあり方であり、中世独特の城館構造の一類型と言い得る。そして、城域内に取り込まれた聖地の具体的なあり方と言い得るのではなかろうか。

2　聖地の理解

城域内に聖地が取り込まれると考えた際、信仰の対象とは何であるか。

そもそも伊藤幹治は聖域を解説するなかで、同語彙は聖地・聖域・聖所と同じとし、それらは「タブーとされた特定の聖なる空間」と定義し、具体的な対象を「天然の山や森、河川の流域、岩石、塚など」と述べた［蒲生ほか 一九九四］。つまり、何らかの自然由来の対象が信仰対象と考えていることに注目したい［蒲生ほか 一九九四］。

また薬師寺慎一は自著のあとがきで、信仰の対象について次のように述べている［薬師寺 二〇〇二］。

私は、歴史の古い神社に参詣した時は、「頭のなかで社殿をとりはらってみる」ことにしています。「社殿はない」として考えてみるのです。いくら立派な社殿でも同じです。というのは、「社殿はずっと古い時期にはなかった」はずだからです。そして、次には、「社殿がないとした場合、境内に残ってくるものは何か？」を考えるのです。その結果、そこに「残ってきたもの」があれば、それこそが未だ社殿がなかった時期に、その地で行われていた神祭りのよりどころであったに違いないと考えるわけです。私の経験では、およそ次のようなものが残ってくるように思います。

○山　○岩（イワクラ）　○泉　○古墳　○土まんじゅう　○経塚

信仰の対象となる具体的な事象が列挙されている。このうち、古墳・土まんじゅう・経塚は塚として一括できるで見を加えるならば巨木も考える必要があろうか。[6] これらの信仰対象が城館とどのように関連するかを考えることが聖地の課題を考える糸口になる。

まずは山そのものである場合は、すでに多くの指摘がある[安土城考古博物館 二〇一四]。とかく山が御神体であり、信仰の対象とされた事例は大神山(奈良県桜井市)ほか枚挙に暇がない。とりわけ円錐形の山の形は神奈備山と称され、信仰との関わりが説かれている。このような山が御神体であり、この山に築城することはあり得たであろう。

続いて、山全体ではなく、具体的な対象が御神体として、[7] 聖地の中核になり得る場合、どのような事例があげられるであろうか。まずは磐座などを依代とみなす巨石や岩場への信仰があろう。この点も安土城考古博物館が近江国の事例で検証している[安土城考古博物館 二〇一四]。またすでに前節で事例をあげて検討したが、城域内に巨石が取り込まれる事例は指摘した。そのほかに御神体として崇められている対象を挙げるとすれば、池・温泉の源泉および巨木などが存在し、これらが聖地の中核として城域に取り込まれた可能性は考えてよいであろう。

山・池・巨木。これらは地に根差した信仰の対象物であり、本質的に土地から離れることはない。そして本来は特定の宗派による信仰対象ではない。京都・奈良や鎌倉などから神体を分祀するなどした社寺を信仰の対象とするのではなく、当該地域特有の山や泉などの地形や巨石や樹木などの自然の造形物という、自然由来の土地に根差した対象を御神体とする地域信仰である。おそらく多くは中世以前より信仰の対象として存在し、脈々として中世を迎えていたと考えられる。このような信仰を、領主が築城に際して自らの城域内に取り込み、支配の装置に組み入れることが、地域の支配さらには安寧に大きな意味を持ったのであろう。

そして、置塩城のように、人工の対象物を創出する事例があることにも注意を払いたい。おそらくは自然由来の信仰対象を持たなかった場合、あるいは山そのものが御神体である場合に、人工的に表現された信仰の対象、すなわち「堂」「神殿」が創出されたことを想定する必要があろう。この「堂」「神殿」は置塩城の報告書が指摘するように近世の天守や櫓と接点を持つものとして注目する必要もある。しかし、近世の天守は本丸などの一角に建築され、置塩城で見たような聖域としての隔絶性はない。この点を相違点として確認しておきたい(8)。あるいは「堂」「神殿」の場合、山そのものなどを前提とする信仰対象が存在し、聖域の一部に信仰対象を具現化することが意識されたと考えられたため、聖域としての隔絶性は保持されたのかもしれない。

このような聖域すなわち聖地を持つ城館を前節に続いて、管見のなかで掲げてみたい。

(1) 山

まずは山を信仰の対象とする場合である。

岩櫃城(群馬県吾妻郡東吾妻町)

真田家の代表的な城として知られる岩櫃城が、山を信仰の対象とした城館の事例にあげられる〔齋藤 二〇〇二〕。奇岩の山である岩櫃山の中腹に選地する。山頂の要害性を採ることなく、中腹から山麓にかけて主たる城域とする構造の特殊性は、信仰の山を背後に戴くように城館を設計したことによると考えた。

八王子城(東京都八王子市)

小田原北条家の有力支城であった八王子城も信仰の山を取り込んだ事例であろう。標高四六〇㍍の深沢山頂を中心に東西三㌔、南北三㌔にわたって普請される。大悲願寺所蔵『大悲願寺過去霊簿』には「神護地城筑始　当国於油井領神護地山、三月比ヨリ新城筑始ム、横山領ノ古城ヲウツサントスル沙汰ナリ」（『新八王子市史』編年七五一）と、八王子城が天正六年（一五七八）に築城が開始された旨を記す。八王子城の築城年次については議論があり、ここで論じる紙幅はないが、築城地が「神護地山」であったと記載している点に注意したい。対象とした山が信仰の地であったことを推測させる。現在、八王子城の本丸には八王子神社が鎮座するが、大規模城館の本丸には似つかわしくない狭さと構えとなっている。信仰の山の山頂部に聖域があることが、城館に優先していたためではなかろうか。そして天正期においても、あるいはこの地に「神殿」が営まれていたのかもしれない。

(2) 巨石（磐座）

すでに検討したが、観音寺城・新高山城・白旗山城・感状山城はまさに城内に巨石の信仰空間を取り込む事例であった。西日本の事例を中心に検討したが、それら以外で他地域を中心に管見のなかから触れてみたい。

笠間城（茨城県笠間市　佐白山）

標高約二〇五㍍の佐白山に築かれる。中世にあっては笠間家の本城であった山城であり、近世にいたるまで機能した。山の中腹に面積を有する本丸があり、内部には立石が見られることから庭園を持つ御殿空間があったと推測される。本丸から稜線の鞍部に普請された堀切を隔て、東側に天守曲輪が佐白山山頂に配置される。

現在は山麓に移転しているが、城内には坂東三十三札所の佐白山観世音寺（平成二四年に正福寺に改称）があった。坂東三十三札所の成立は源実朝期に遡ると考えられており、おそらくは笠間家との関係ある信仰の対象として佐白山と観世音寺があったと考えられる［齋藤 二〇〇八］。

発掘調査による笠間城の構造解明は今後の課題であるが、虎口などの要所に切石および打込接ぎの石垣が見られる。いずれも高石垣とは言い得ない高さの石垣であり、既存の構造を石垣普請によって部分的に変更・改修したものと考えられる[(9)]。したがって基本的な構造は戦国期段階を維持していると考えられる。

佐白山山頂には天守曲輪が配された。この天守曲輪には巨石が見られ、磐座として評価されている。山頂に至る登城路には、東日本大震災で一部崩壊したが、二時期の文禄・慶長期石垣が見られる。また山頂部には佐志能神社が営まれており、この地への信仰は現在まで維持されているといえよう。

すなわち笠間城は最高所に巨石信仰の地を、そして城内には坂東三十三札所の観世音寺を取り込んだ城館であり、観音寺城と同様な構造を有する城館といえる。

金鑚御嶽城（埼玉県児玉郡神川町字二ノ宮）

上武国境武蔵側に築かれた山城で、山内上杉家が本城平井城の南面を固める山城として取り立てたのが最初と思われ、以後、小田原北条家が境目の城として活用し、武田信玄の攻略をうけるなど、関東平野において有数の激戦の舞台となった城館である。

山麓には武蔵国二ノ宮の金鑚神社があり、山城のある山塊には主郭部とは別の頂（東郭）に磐座とされる巨石が存在する［以下、池田 二〇一八による］。巨石は同社の奥の院ともされ、岩の頂部には護摩壇の跡も指摘されている。池田は「おそらく、この岩塊が御嶽山信仰の始まりであり、本来の磐座ではないだろうか」と指摘する。また金鑚神社より山城に至る中腹には国指定天然記念物の鏡岩がある。この鏡岩も御神体の一つと考えられ、現在は信仰の対象となっている。

岐阜城（岐阜県岐阜市　金華山）

戦国時代美濃斎藤家や織田信長・信忠が本城とした岐阜城は稲葉山とも呼ばれた金華山を選地する。この「稲葉山は全山が岩石で覆われ、『一石山』ともよばれ、古来より信仰の山だったという」［池田 二〇一八］と紹介されている。従前は山頂に伊奈波神社があったが、岐阜城の拡張の中で同社は山麓に移転することになった。山頂部は細尾根が続く狭い地形であるが、全体に岩が露出しており、石垣が組み合わせられて要害をなしている。池田は「山頂の天主近くには巨大な岩塊が露出している。天主の石垣は、この岩塊をさけるようにつくられている」と紹介する。あるいは苗木城（岐阜県中津川市）と同様に、巨石そのものの上に天守が建てられている可能性も残る。

飯盛城（大阪府大東市・四條畷市　飯盛山）

大阪府の代表的な山城で、標高三一五㍍の山頂を中心に、南北に連なる尾根上に郭が配置される。永禄三年（一五六〇）から同七年に至るまで三好長慶の本城であった。近年は大規模な石垣が普請されていることが注目されている。

全体を概観すると、城域の南端部分に入口が構えられる。連続竪堀や郭が普請され、城内他所とは異なった入口空間を形成している。城全体の正面入口を形成していると考えてよいだろう。この空間を北に入った地点には千畳敷と呼称される城内では広い空間に至る。城内での生活・政治の中心的な郭と考えられる。この空間から北側に続く尾根上の頂に郭が配置されている。

北に連なる郭のうち、山頂を越えて北端に近い位置に御体塚丸と呼称される郭がある。南端の正面入口からは最奥の地点となる。この郭内には名称に相応しく信仰の対象であることを思わせる巨石が存在する（写真5参照）。三好長慶の遺体が埋葬されたとする説もある。まさに中心部から隔絶された地点の宗教空間という位置付けになるのであろ

写真５　飯盛城御体塚の現況

う。

管見の限りであるので類似の事例はさらに存在すると推定されるが、関東平野から中国地方に至る地域には、巨石信仰を城域に取り込んだ戦国城館が確認される。基本的に巨石に対する信仰は、現在も継続している事例がある。このことを考えれば、城館の築城時点でも信仰が継続しており、設計にも影響を与えたと考えてよいだろう。

(3) 泉（池・温泉）

水田耕作と関わる湧水地点には水神が祀られるなど、湧き水が信仰の対象になった事例がある。湧水地点に限らず池なども含め水源に関わる場＝泉は豊饒にかかわる信仰の対象になりえた。この泉を城域に取り込んだ事例も存在する。

太田金山城（群馬県太田市　金山）

関東平野北部にある、標高二三五・八㍍の金山に築かれた山城である。上野国新田庄の東端にある金山丘陵の南端にあたり、あるいは山そのものが信仰の対象であった可能性もあ

写真６　金山城 日ノ池

る。戦国時代に岩松家・由良家が本拠としており、享徳の乱以降、沼尻の合戦に至るまで度重なる戦乱に巻き込まれ、徳川家康が関東入部した当初までも関東の重要な政治的舞台として機能した。

この山城の中核部分に日ノ池・月ノ池と呼称される池が所在する。日ノ池は直径一六・五～一七・五㍍（写真６参照）、月ノ池は直径が南北で約七㍍、東西で約七・五㍍を計る。史跡整備に関わる調査で両池とも発掘調査された。その結果、ともに石垣や石畳を伴う池として戦国時代に整備されていたことが確認できている。

山頂に近い場所であるにもかかわらず、今も水量は豊富であり、大雨の時などには増水することがあるという。事実、発掘調査により、増水により石垣などが崩壊し、堆積した状況も確認されている。

日ノ池からは戦国時代の遺物に混ざって、十世紀の土馬が出土した［太田市教委 二〇〇二］。土馬は雨乞い神事に関わる遺物とされる。すなわち金山城内の池が古代の信仰の対象地であったことを示している。遺構・遺物に関連する報告はない

写真７　茂木城 鏡池の現況　背後の高所は池をＵ字形に取り囲む郭群

が、地域の信仰の対象となる池であったため、城内に位置付けられた可能性が高い。

茂木城（栃木県茂木町）

茂木家の本拠地として築かれた城館で、八溝山地の南端、茂木の市街地を臨む標高一六五・一㍍の高台に築かれる。構造は南北二つの高所からなる。南側は東側に谷を開くU字形をした地形をなし、そのU字形の稜線上に面積の広い郭が七郭ほど配される。おおよそ群郭式の城館と理解される。また北側は羽黒山と呼称され、羽黒神社が祀られる。戦国期から羽黒社が存在したとすれば、あるいは南北二つの山で聖俗の並立関係を示しているのかもしれない。ただし、北側については城域と評価できるかは慎重に判断すべきと考えられ、詳細は今後の課題である。

注目したいのは南側のU字形の中央部に鏡が池と呼称される池が存在する点である（写真7参照）。U字形の開口部は東側にむけての谷となっており、鏡が池は

U字形の稜線からは一段下がる平坦地に位置し、また谷奥に位置することになる。そして登城路はこの谷中を登り、鏡が池に向かうと想定されている。『茂木町史』は「茂木城は鏡が池付近を起点に起伏のある小さい二つの尾根筋上を削平し、周囲の自然地形を利用し築城された城」と述べている［茂木町 一九九七］。鏡が池は城域の中心に位置することを示唆している。

鏡が池については、空間の構造以外に述べる具体的な材料をもたないが、この中心に位置するという点に注目しておきたい。茂木城は群郭式城館であると述べたが、一族数家が茂木城の山塊に集住するという光景を想像した時、鏡が池を紐帯に一族一揆を結んでいた様相が想像されると仮説を提示し、今後に期待したい。

七澤城（神奈川県厚木市七沢）

以上の二件は城域の山頂近くに泉がある事例であったが、関連する事例として温泉を取り上げてみたい。

厚木市内の丹沢山系の一角、標高三七五㍍の見城台と呼ばれる山頂に山城はある。十五世紀後半において、七澤城は扇谷上杉家の重要拠点であったことが文献資料から確認できる。城館全体は複雑な構造であった可能性があり、山城は全体の一部である可能性があるが、その詳細については以前に触れた［峰岸・齋藤 二〇一一］。

まず注目しておきたい点は、山城の東山麓にある観音寺裏山から、昭和四十七年（一九七二）一月に実施された墓地整理工事中に常滑三筋壺と渥美広口瓶などの経塚関係資料一括が発見された点である［厚木市教委 一九八五］。報告書によれば経塚の年代は十二世紀後半から十三世紀初頭としている。

観音寺裏山の経塚は、おおよそ南北に山間地の谷間を走る県道六四号線の七沢から、西側の山城にむけて分かれる谷の奥にあたる。山城の山麓には観音寺があるが、その付近には七沢温泉がある。

七沢温泉はいつまで遡るか不明であるが、一般に温泉の効能に傷病治癒が期待されていたことを考えると、山城・経塚・温泉の空間構成は見逃せない。たとえば、会津蘆名家の本拠地である黒川はその東に東山温泉があり、甲斐武田家の本拠地の躑躅ケ崎館の近くには積翠寺温泉と湯村山温泉がある。傷病治癒の効能を持つ温泉は、中世において信仰の対象となっていたことは温泉寺の研究などでも明らかであり〔伊藤 一九九二〕、その役割は軽視できない。本論の主旨を鑑みた時、中世武士の本拠の空間構成の要素に温泉があった可能性を指摘しておきたい。

仮説の域をでるものではないが、七沢の場合、温泉が前提として存在したために、あるいは経塚も営まれ、そして山間部にもかかわらず扇谷上杉家の本拠地が設定されたのではなかろうか。

泉の場合、典拠とする事例はまだ多くはない。しかし空間構成から関連を考えることは可能かと考える。(10) 今後の追究を期待したい。

(4)「堂」・「神殿」

ここで想定している事例は、人為的に聖域を創出し、建築物を設ける場合である。先に検証した置塩城は代表的な事例である。また山全体が信仰の対象であり、山頂に信仰の対象となる施設を設ける場合も想定できる。八王子城の事例もおそらくはこの場合に属する。

またすでに触れたが、このような「堂」「神殿」は近世城館の天守との関係を見出すことができることも見逃すことはできない。しかし、天守とは異なり、郭などの一定の聖域が創出されていた点は巨石信仰に見るような空間のあり方と共通点があり、近世城館の天守を生み出す前提、過渡期的な形態と考えておきたい。

小谷城（滋賀県長浜市湖北町伊部）

戦国大名浅井家の本拠の山城である。標高四九五・五㍍の山頂を中心に、南へと下る尾根に主たる遺構が展開する。おおよそ一五二〇年代前半に築城され、浅井氏滅亡後に羽柴秀吉が長浜城へ移るまで拠点として使用した。小谷城を検討した北村圭弘は「小谷城は根古屋式の詰めの山城ではなく、まさに戦国期拠点山城と呼ぶにふさわしい内実を有していたと見てまちがいない」と評価している［北村 二〇〇三］（以下、北村の見解は同論文による）。

北村は小谷城の構造を考古学的調査結果も踏まえ、郭群の機能を分析した（図6参照）。中核部は北から山王丸・京極丸（以上、Ⅰa類曲輪群のうち）・鐘丸・広間（以上、Ⅰb類曲輪群のうち）と南へと連なるが、鐘丸北側の大堀切で二分される構造に注目し、Ⅰa類曲輪群が京極氏に関わる空間であることから、「Ⅰa類曲輪群とⅠb類曲輪群とは、浅井氏の権力構造に直接にかかわる空間である。前者は浅井氏が京極氏を推戴する空間として上平寺館を直接のモデルとして築造し、後者は浅井氏が儀礼や政務、つまり自己の権力の実務空間として築造したと考えられる」と分析した。そしてこの城郭構造から、「浅井氏が地域的一揆体制の統率者として京極氏を推戴し、その執権の地位につくことで自己の権力を構築したことを雄弁に物語る。Ⅰa・Ⅰb類曲輪群が示す特徴ある二重構造こそ、浅井氏権力の特質そのものであり、浅井氏は滅亡に至るまで、こうした権力構造を克服できなかったと考えられる」と結論づけている。

北村は京極氏と浅井氏の二重構造に力点を置いて小谷城を分析するが、Ⅰa類曲輪群の最上部である山王丸にも注意を払う。同所には「山王権現が存在したことはほぼ確実」とする。すなわち、小谷城の最上部には比叡山の地主神日吉神社であり、天台宗の護法神である山王権現が山王丸に祀られていたことを指摘する。近江国最大の荘園領主であり、宗教権門である比叡山を山頂に戴くことは、まさに近江国という地域性との関わりを無視することはできない。

山王丸にいかなる建物が建てられていたか明らかにはなっていない。しかし社殿があったとすることは許されるで

図6　小谷城　縄張図（北村 2003）

あろう。自然由来の信仰対象を持たなかった小谷城(11)では、山頂部に山王権現を祀り、その聖域である場に山王丸を設けていた。この構造は先に見た置塩城との関連を考えさせる。

春日山城(新潟県上越市　春日山)

上杉謙信の本城で名高い春日山城は、長尾為景の頃に整備されたとされる。標高一八二㍍の春日山に築かれる。上杉景勝が会津に転封になった後は、堀秀治が入城し、慶長十二年(一六〇七)に関川河口に福島城が完成したことにともなって廃城となった。

上杉家は春日山を離れた後、会津鶴ヶ城そして米沢城を本城とする。米沢の城下には上杉家の廟所が営まれる。隣接する法音寺は上杉家の菩提寺であった。この法音寺には泥足毘沙門天立像(鎌倉時代)が祀られている。この像には上杉謙信に関わる伝承が伝わる。

上杉謙信公の居城である越後春日山本丸北側にあった毘沙門堂のご本尊で、謙信公が最も崇拝された御守本尊であった。特に出陣にあたっては、数日篭って読経し祈り

写真８　小谷城山王丸

続けたといわれ、ある時、夜を徹して祈願をこめて朝になると、護摩壇の上から外に向って点々と毘沙門天の足跡が残っていたことから、謙信公の戦陣にまで出向かれて加勢されたという(12)。

上杉謙信は毘沙門天に帰依し、自身がその生まれ変わりであると自認していたとも言われる。引用した伝承の可否はともかく謙信の信仰の対象となる像が、この泥足毘沙門天立像であったことになる。謙信は、死後に春日山城内に埋葬されたとされるが、転封にともなって発掘が繰り返され、遺体は鶴ヶ城本丸そして米沢城本丸に再埋葬された。米沢城内では謙信の遺骸を祀った御堂に、この泥足毘沙門天像がともに安置された。明治九年(一八七六)に謙信の遺骸が現在地に埋葬されるにともなって、法音寺に像も移された[読売新聞社二〇一六]。

伝承および米沢城での状況を鑑みると、謙信遺骸と泥足毘沙門天の関係は春日山城にまで遡ることは推測され、かつ伝承にある城内の毘沙門堂が実在した可能性は考えられる(13)。

以上、城域内での信仰の対象について、四類型に分けて論じてきた。類型も含め、事例の増加をまずは今後に期待したい。

ところで、近年の聖地研究には中野豈任[同 一九八八]・佐藤弘夫[同 二〇〇三・二〇〇五]の成果や東北中世考古学会[同 二〇〇六]の取り組みがある。これらの研究は石造物研究の隆盛と関わりがある。石造物の立地との関わりで聖地・霊場が論じられてきたと言って良いであろう。すなわち葬送そして極楽往生、阿弥陀信仰が背景にあることに気付く。ところが本論において取り上げた事例の多くは、石塔・板碑などの石造物とは関わりがなく、中世墳墓群による霊場がみられないという特徴を有する点が指摘できる(14)。

城館が城域に取り込む信仰の対象には、従前の研究史が積み上げてきた聖地・霊場とは、異なる空間であったことになる。およそ従前の研究が対象とした空間、すなわち浄土系の空間は少なくとも戦国城館内には営まれなかったことなる。すなわち検証した信仰の対象は来世の問題を意識したものではなく、来世とは対照的な関係にある現世での利益を希求したと考えるべきなのであろう。

現世の利益を期待して、自然由来の地域信仰の対象を、城内に取り込んだといいえるのではなかろうか。この対象を城内に位置付けることにより、地域の領主は地域の安穏を適える城館へと場の転換を計ったと考えておきたい。

3 本拠のモデルと聖地

中世前期の武家の本拠について、本拠のモデル（図7参照）として論じたことがある［齋藤 二〇〇六］。とかく武家の屋敷・居館のみで論じられる武家の本拠について、現世利益の寺院、極楽往生の寺院と墓地などの宗教的な装置、道、湧水点、田畠などで構成される空間全体を本拠として捉え、モデル化したものである。

その段階では異質かつ性格付けを明確にできない宗教的な対象を「聖地」として括り、モデルに位置付けた。具体的には相模国衣笠と大久保山遺跡を事例として扱った。

相模国衣笠（神奈川県横須賀市）

空間を論じる際、一般に衣笠城の場所とされる衣笠山について、次のように論じた［齋藤 二〇〇六］。

衣笠城は現在、「衣笠城址碑」の石碑が建つ山とされている。ところが現地に山城を語る遺構を見出すことはできない。岩盤の露出や山頂部の緩やかな広場は城跡であったことを疑わせる。山頂にある物見岩の一角から、大正八年（一九一九）に青銅製経筒・青白磁合子・青白磁唐古人形水滴・草花蝶鳥鏡・火打鎌・刀が出土した。この遺構は三浦一族が造営した経塚と考えられている。またほど近くには金峯山蔵王権現や不動堂があった。これらから衣笠山は山岳信仰の霊地であると石井進［石井 一九八七］・中澤克昭［中澤 一九九九］は指摘した。

この時点では山城とされた衣笠城を否定し、本拠のモデルで論じることに主眼があったのだが、聖地として経塚に注目していた。しかし現段階では、経塚を誘致した「山頂にある物見岩」の存在に注目しないわけにはいかない（写真9参照）。経塚は巨石に対する信仰の存在を語っている。

大久保山遺跡（埼玉県本庄市）

鎌倉御家人庄氏の本拠の地とされる遺跡である。鎌倉・南北朝期を中心とする中世武家の本拠の空間を考古学的に明らかにした希有な遺跡といえる。

この大久保山遺跡の西端付近、東に向かって開ける谷戸の奥地に、発掘調査によって二間四方で三面に庇が付く小型総柱建物（77号掘立柱建物址）を検出した。十四世紀のV期に帰属する建物と報告されている［早稲田大学 一九九八］。

写真9　衣笠城の物見岩

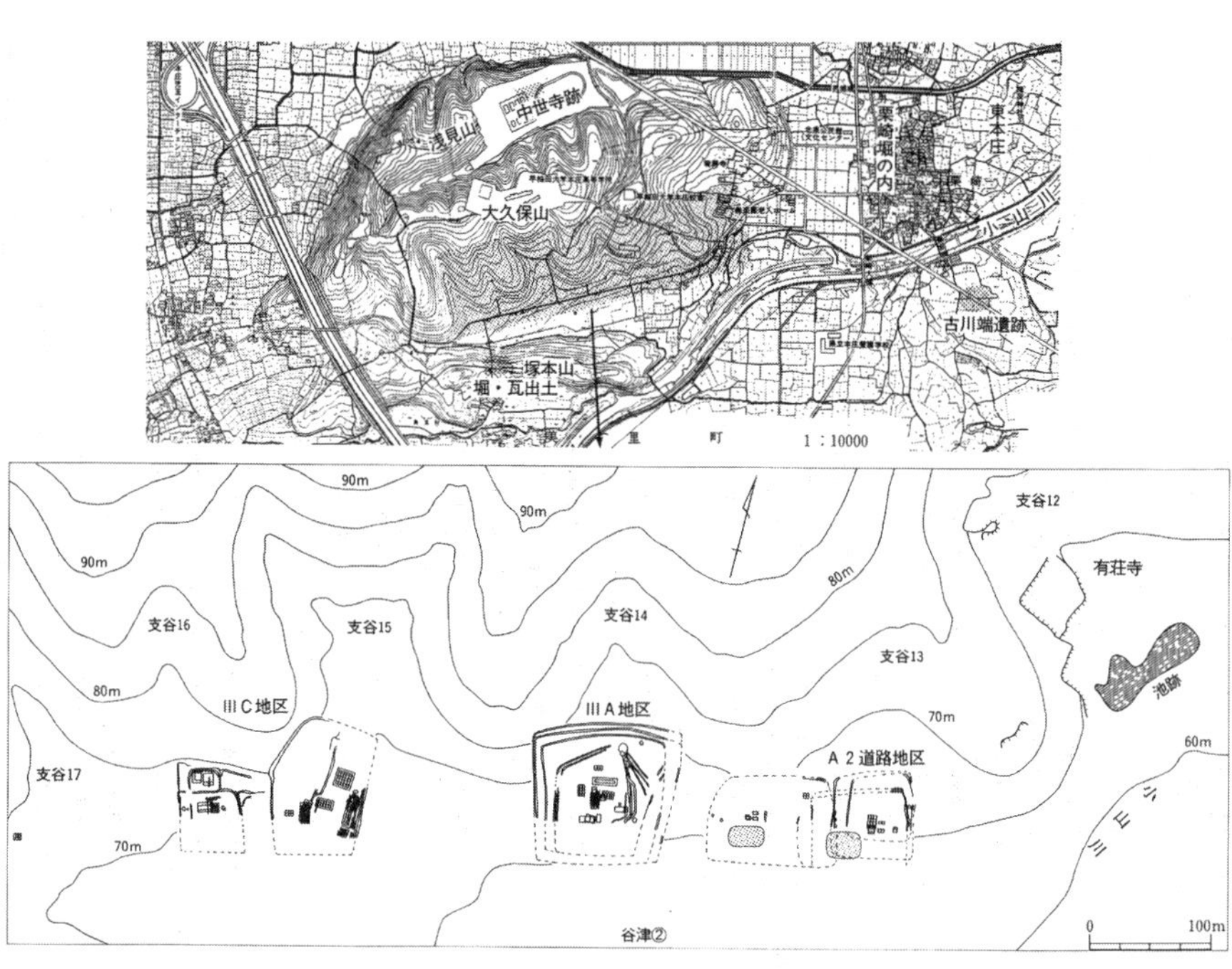

図7　大久保山中世前期の遺跡と周辺の遺跡（早稲田大学『大久保山Ⅳ』1998）

屋敷からは西へ一三〇㍍ほど隔たった地点でもあり、堂のような存在を想定し、聖地の範疇に含めた。先に論じた(4)「堂」・「神殿」に連なる事例と言えようか。

別府（埼玉県熊谷市）

拙著［齋藤 二〇〇六］刊行後、本拠のモデルを考えるための二つの事例を得た。その一つが鎌倉御家人別府氏の本拠である［齋藤 二〇一二、熊谷市 二〇一八］。十六世紀初頭に成立した『旅宿問答』の記載をもとに、方形館や寺院および遺跡の構成から中世別府の空間を復元した。『旅宿問答』はその空間のなかに、幡羅郡惣鎮守の「井殿」があると記載する。

これが現在の湯殿神社にあたると考えられる[15]。この湯殿神社の地は古代の西別府祭祀遺跡の地であり、荒川扇状地の湧水地点にあった。すなわちこの湧水地に対する古代以来の信仰が湯殿神社に

写真10　天白磐座遺跡

繋がり、別府氏の信仰の対象になっていたことになる。先に論じた(3)泉（池・温泉）に連なる事例と言える。

井伊谷（静岡県浜松市）

彦根藩井伊氏の発祥の地である。井伊氏は平安期から史料に登場する、在庁官人に系譜を引く遠江国の有力武家であった。しかし南北朝初頭に南朝方に与し、著しく衰退し、戦国期になり再浮上し、徳川家康と結びつくことによって近世大名となった。この本拠地が井伊谷である。

この井伊谷の出口付近ある小字「中」「前田」および「一ノ坪」「二ノ坪」「三ノ坪」などの条里制関連地名等から井伊家の本拠の空間を復元したことがある〔齋藤 二〇一七〕。この時に空間を構成する重要な要素が天白磐座遺跡であった（写真9参照）。同遺跡については辰巳和弘による研究〔辰巳 二〇〇六〕があり、同遺跡が古代以来、鎌倉時代の経塚に至るまでの遺跡として紹介されている。しかし、磐座の麓には拝殿が構えられ、現在も渭伊神社が鎮座する。すなわち、天白磐座遺跡に関わる信仰が連綿と続いていると言える。すなわち、井伊谷は(2)巨石（磐座）に連な

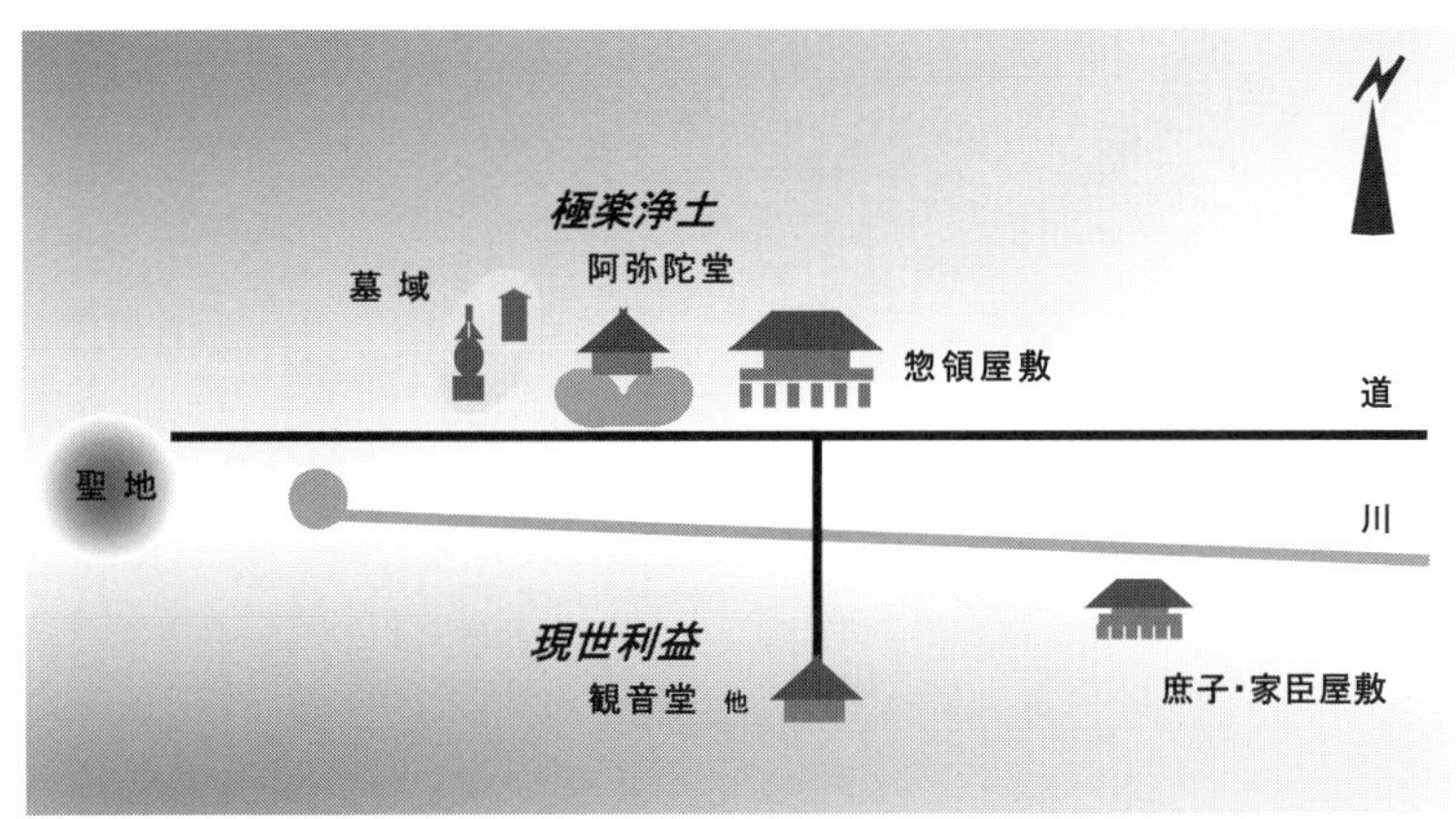

図8　中世 武家の本拠モデル

る事例と考えられる。

以上のように本拠のモデルに組み込んだ「聖地」は、まさに戦国時代の城内の信仰対象と関連させて考えることができる対象である。すなわち、戦国期の城館構造は、中世前期を主たる対象として描いた本拠のモデルからの空間構造の変化で捉えられる。そして、本拠のモデルに組み込んだ「聖地」（当初は明確な概念を持ち得ていなかったが）と本論で描いた信仰の対象が、城館がとりこんだ聖地の実像ではなかろうか。

このように考えた場合、武家の本拠、城館は聖地を空間構成に必要な要素としていたことになる。つまり古文書には軍事的な存在として登場するが、聖地なども含め、「本拠のモデル」で描いた多様な要素が集合する総体を城館として考えたい。とかく南北朝期以前には軍事的な用語として登場する「城」「城郭」であるが、その実態は軍事的性格のみにとどまることなく、潜在的な側面が存在したと考えることになろう。

4　展　望

城館の聖地をめぐる議論のなかに、聖地は克服されるものなのか、再生産されるものなのかという中澤克昭の議論がある［中澤 二〇一五］。冒頭に触れたように、中澤の議論には聖地の概念規定がなく、近世寺社までもが聖地に含まれている。その立場からすれば再生産されるということになろう。しかし、本論が検証した信仰対象物を聖地の根源とする立場に立てば、中澤が当初において立脚し［中澤 一九九九］、自己批判・自己否定した［中澤 二〇一五］、「こうした城郭をめぐる心的な諸相のうち、古くからの呪術性、あるいは神仏への恐れによる呪縛とでもいうべき部分が克服され、やがて日本的（近世的）な合理性によって近世城郭が形成されていくと考えられる」［中澤 一九九九］とする考えが再浮上することになる。

そもそもなぜ聖地なのか。今一度、城域内に取り込まれた聖地の対象物を振りかえると、地に根ざした、その地から動かすことができない対象が本来であることに気づく。[16] その対象は自然に由来するものであり、中央の権門寺社とは一線を画する地域信仰に由来する。その対象に中世人は祈雨・豊饒などの現世利益を期待したのだろう。すなわち聖地は「人ならぬ力」を持つ場であったのであり、城内に取り込むことにより地域の領主は地域の支配者として「人ならぬ力」を持つ存在となったのではなかろうか。

そして、近世に向けて中澤がかつて唱えたように、城館は「古くからの呪術性」は克服され、聖地から脱却し、新しい寺社が地域支配の合理的な装置になっていったのであろう。注目すべきは中世城館が取り込んだ聖地は、自然由来の造形物を信仰の対象とする中世の地域的な祭祀形態のあり方を示しており、中央の権門社寺とは切り離された地域での信仰対象であったという点である。

戦国期城館は多角的な構造を持っていたと論じた。その構造体は自らが備えた聖地や寺社を整理し、一元的なヒエラルキー構造を目指した。この時、従前において一元的なヒエラルキー構造とは領主のイエ構造に関連して検討がなされていた。しかし問題はそれだけに留まらず、地域の信仰という歴史的な遺産も存在したことになる。

城館の聖地を考えるにあたって、中世地域社会のなかでの聖地（地域に根ざした信仰）の重要性と多様性を再認識する必要性、そして霊地・霊場（来世・彼岸・極楽往生〔浄土系〕の聖地）とは異なる聖地（現世・此岸・現世利益）の考え方を導入した[17]。この考え方の検証を含め、今後に残した課題は多くかつ大きい。

註

（1）とりわけこの聖地の概念化の欠如にかかわり、聖地論を唱えた代表論者である中澤克昭の議論は、氏の研究の枠組みとの整合性とも関わり、難解に感じる。

まず中澤による聖地論を検討する前提として、氏の城館論を確認してみたい。

氏は城館の本質について齋藤および竹井英文の研究史理解を引き合いに出し、「構えられた「城」・「城郭」の考察には、軍事的な観点が必要不可欠である。『軍事的な観点を中心に研究を進めていくべきなのか、それともそれ以外の側面も含めて全体として検討していくべきなのか』という、かみ合わない二項対立に拘泥する研究はすでに終わっていると言わざるをえない。史料に即してみればあきらかなことで、齋藤氏も最近の「南北朝」においては、「城」は戦闘状態にあったことと関係したと認めている」と批判する［中澤二〇一七］。

この論点は村田修三・橋口定志論争に関わるものだが、正直なところ私は氏の真意を理解できない。氏の立場は引用からも軍事的な観点を中心に進めるという村田の立場に近いことは明らかであろう。これに対して竹井と拙論は軍事的側面以外をも含め城館を論じる立場にあり、橋口に近い。故に氏の批判の対象になったのだろう。

少なくとも中澤が批判する研究史理解は、氏が対象とした中世前期のみに限定して整理したものではない。中世後期を視野に入れたとき、状況は村田・橋口論争が行われた当時と今では状況が大きく異なる。城館研究が考古学的な成果を無視できないことは自明であろう。氏は城館の存在は「中世前期には非日常的な空間であった城郭も、やがて日常的な存在へと変化していく。なぜなら、城郭の日常化は、平時と戦時の区別がしにくくなった状態を如実に示していると考えられる」と、城館の変遷を主張する。たとえば、この理解に立った場合、城館の存在を「軍事的な観点を中心に研究を進めていくべき」と言い得るであろうか。「軍事的な観点を中心」でよいとすることは、もはや不可能に思う。

そもそも中澤の研究史理解は、氏が対象とした中世前期の理解に由来していると考える。氏は日常と非日常の対比から、「鎌倉期の『城郭』は、合戦・紛争などの非日常的事態に際し立て籠もるために創出された特異な空間＝「場」である」と述べ、さらに「非日常的な戦争状態にないとき、つまり日常的には「城」「城郭」があらわれないことも確認しておきたい」と、非日常的すなわち軍事的な状況でのみ、城の登場を説いている[中澤 一九九九]。中澤の批判の原点はこの立場にある。しかし他方で中澤は聖地論を唱える。議論の焦点はこの二つの議論が中澤の歴史像のなかで両立するのかにある。

これに対して、「それ以外の側面も含めて全体として検討していくべき」とする私見は、「城とは何か」という問題意識につながっている。この「城とは何か」という問題設定は、網野善彦・石井進・福田豊彦らの鼎談における「従来の城の捉え方は、簡単にいえば軍事的拠点論一本槍であり、それがただちに階級支配の拠点論にスライドしていくんですよね」などの発言[網野ほか 一九九〇]に系譜を引く。根本的に城館論を考え直すための議論である。したがって城館論をめぐって中澤はこの「城とは何か」という問題意識を共有している立場にいるとは思えない。

以上の中澤の城館論に立脚した場合、氏は自らの聖地論について城館論とどのように連関するのか説明する必要を有することになる。私の理解が間違いないならば、氏の城館論では、城と聖地は対比的な理解になる。氏は現象面また氏の言を借りれば「心性」からの聖地論を説いているが、両者の場が一致する必然性を説明していない。「それ以外の側面も含めて全体として検討していくべき」立場にあっては、その相互関連の追及は必然であるが、「軍事的な観点を中心に研究を進めていくべき」立場にあっては、聖地はいかなる意味を持ち得るのであろうか。中澤は中世前期にあっての城館と聖地について、場の同一を論じるのであるが、他方で非日常と日常で場の性格が異なると論じる。あたかも城館と聖地は舞台装置の如くに場の性格が転換するように理解できる。理論的にそのように説明できたとしても、空間の構造など場の実態についてはいかがであろうか。「城」が現出した場合は一時的に聖地としての性格が喪失された状態になると考えるのだろうか。

根本的に中澤は空間・場としての聖地の具体像、聖地の概念を論じていない。仮に氏が主張するごとく、非日常的な存在が城であり、日常的な存在は聖地であると切り分けた時、城館論として聖地を論じることにいかなる意義が見出されるのであろうか。城も聖地もともにただ単に歴史の舞台として論じられるだけでは不十分であり、共存するためにいかなる意味や構造を有しているかを解明する必要がある。その意味でも、軍事的な観点のみで城館を考える中澤は、なぜ城館と聖地を論じるのか。

加えて氏は「『城とは何か』論の核心は、その初発段階から城と聖地の関係にあった」と述べている［中澤二〇一七］。中澤の城郭論が『城とは何か』論と切り結ぶ位置にないことはすでに触れたが、聖地がどのような内実をもって『城とは何か』論の核心」になり得るのだろうか。

これらの中澤の所論への疑問は、『考古学と中世史研究』に掲載された拙論への批判［中澤二〇一七］に接したことに端を発している。失礼ながら「中世学研究会」は同会を継承する会であるので、以下に拙論に対する批判について、既述以外に関する私見を簡便に加えさせて頂きたい。

頂いた御批判の主たる点は次の四点であった。

(1) 研究史の認識

(2) 「城」と「郭」をめぐって

(3) 東アジアの都市空間設計という観点をめぐって

(4) 城と聖なるもの

まず(1)と(4)については既に述べた通りであるが、(1)においては、村田の城館変遷論を到達点と評価した点に、中澤は強く反発している。その昔、城館は山城─平山城─平城へ変遷すると説かれたが、城館構造の変遷について、この見解を図式的に改めた研究が他にあったであろうか。およそ中澤の研究がこの変遷論に対置されるものとは思われない。ゆえに「拙論を否定する必要があるだろう」とする批判は次元を異とするものと考える。

次に(2)「城」と「郭」をめぐって、についてであるが、拙論を批判するにあたって、「城a～cの用例および字義は、さらに分けることも可能だが、各種漢和辞典および古語辞典・国語辞典を参照し、最大公約数的に整理した」視点から論じている。私見は通説を再検討するために城館に関する語彙を集積し、その内容の解明を目指したものである。その拙論に対峙して、辞書的な理解で否定する方法を採用したのはいかがであろうか。このままでは通説からの脱却は不可能であり、方法論として本末転倒である。たとえば日本中世に見られる「内城」「外城」の語彙をどのように説明されるのであろうか。

(3)東アジアの都市空間設計という観点をめぐって、は東アジアを視野に列島の城館を考える視点を批判しようとしたものである。「姿勢は大いに賛同する」とし、研究史の理解について拙論を揶揄しながら多様性を論じ、結末に「氏は期せずして、中国の都城制とは異なる辺境型国家の都市類型を抽出することに成功していたと言えるのではないだろうか」と皮肉を込めて論じる。拙論はアジアの共通項を抽出し、アジアの視野で日本列島の城館を考えることを課題にしたものである。具体的に宋王朝の特定の都城、明王朝の具体的な都城と比較し、類似性を論じたものではない。そもそもアジアの都城は日本の中世の段階で比較が可能な程に事例の集積が十分でない。氏が拙論の内容が辺境型国家の都市類型と論じるのであれば、少なくともアジアのなかで列島の城館を研究するために資するものではなかろうか。拙論と氏の見解に御批判を頂戴するほどのズレはない。

全体を通して、氏の批判は城館を軍事的な性格のみで解明できるとする氏の理解に起因するように感じている。以上のように氏と見解を改めて述べ合うことは、氏が「すでに終わっている」と述べた村田・橋口論争の再来以外のなにものでもない。そして本論に即せば、城館論のなかで聖地を理解するにあたっての本質的な相違が確認されると同時に、氏が描く聖地の概念化がさらに求められると思うが、いかがであろうか。御批判を頂き、感謝する次第であるが、氏が中世全体を見通して城館の性格をどのように考え、拙論に批判を加えるのか、氏の描く歴史像のなかで御批判が理解できず、自らの力が及ばなかった点を残念にも思うとともに、氏の更なるご教示を賜れれば幸いに思う。

(2)　たとえば、中野豈任[同 一九八八]・佐藤弘夫[同 二〇〇三・二〇〇五]の成果や東北中世考古学会[同 二〇〇六]らは、石塔などから来世とのかかわりで聖地を論じていた。この同じ聖地の語彙を使用する研究対象との接点も見出し得ていない。

（3）観音寺山の構造について、観音寺と観音寺城を峻別して考えるとする。従来の一揆構造の城館を否定し、六角氏による権力の城と考えようとする。

（4）戦国期の一時期に観音正寺は山外に出されたことがあったが（中井均示教）、それでも先の繖山内の構造は主従関係が明確な構造の城館となったわけではなく、観音正寺が存在した段階の構造を継承していたのであろう。

（5）ただし、塚については経塚を除き、具体的な事例がない。また経塚については巨石に付属して確認されている。

（6）しかしながら巨木が城内に現存している事例を見出しえていないため、以下の考察からは省略する。

（7）厳密にすれば、御神体と依代を区別すべきであろうか、本論においては対象への信仰のあり方がいかなるものであったかを論じることができないため、両者の場合を想定し、御神体と表現する。

（8）近世城館で本丸（主郭）以外に天守曲輪が存在する事例がある。この点は聖域と関連する可能性がある。

（9）改修の詳細は今後の検討課題である。現状を観察すると登城路の変更があった可能性もある。本稿の意図としては、本丸と天守曲輪の空間構成は中世以来維持されていたと考える点である。

（10）城域の山頂部に池を持つ事例は近世になっても散見できる。たとえば淡路洲本城では日月池があり、備中松山城では大池がある。

（11）小谷城内に磐座があるという説もあるが、具体的な場所を含め、詳細は不明である。

（12）法音寺ＨＰ（http://www.houon.org/hounji/houmotsu.html#b）から引用する。

（13）福原圭一によると、城内に毘沙門堂が位置するとする資料は江戸時代中期を遡らないとする。

（14）三好長慶や上杉謙信の事例は、単独で祭祀されている。したがって中世墳墓群として一括できるものではなく、神格化とかかわって考える事例と考えておきたい。

（15）「井殿」について、当初［齋藤 二〇一二］では春日神社を想定したが、再論［熊谷市 二〇一八］にあたって、湯殿神社に変更した。当初段階では西別府祭祀遺跡との関係を捉え切れていなかったことが影響している。

（16）「堂」「神殿」は近世に連なる流れの過渡的な形態、さらに言うならば天守発生の前提の形態ではなかったろうか。

(17) たとえば、地域の顕密系寺社との関係はどのようであったのだろうか。

参考文献

厚木市　一九九九『厚木市史』中世通史編
厚木市教育委員会　一九八五『七沢浅間神社とその周辺に関する調査』厚木市文化財調査報告書第28集
安土城考古博物館　二〇一四『安土城への道　聖地から城郭へ』展
網野善彦・石井進・福田豊彦　一九九〇『沈黙の中世』平凡社
飯村　均　二〇〇九『中世奥羽のムラとマチ　考古学が描く列島史』東京大学出版会
池田清隆　二〇一八『磐座百選─日本人の「岩石崇拝」再発見の旅─』出窓社
石井　進　一九八七『鎌倉武士の実像』平凡社
伊藤克己　一九九二「中世の温泉と「温泉寺」をめぐって」『歴史学研究』六三九
イワクラ学会　二〇〇五『イワクラ　巨石の声を聞け』遊絲社
太田市教育委員会　一九九九『金山城跡・月ノ池』
太田市教育委員会　二〇〇一『史跡金山城跡環境整備報告書』発掘調査編
太田浩司　二〇一一『浅井長政と姉川合戦─その繁栄と滅亡への軌跡─』サンライズ出版
勝俣鎮夫　一九七八「観音寺城雑感」『観音寺城と佐々木六角氏』二
蒲生正男ほか　一九九四『文化人類学事典』弘文堂
北村圭弘　二〇〇三「浅井氏の権力と小谷城の構造」『安土城考古学博物館紀要』一一
橘川真一・角田誠　二〇一一『ひょうごの城』〔新版〕神戸新聞総合出版センター
熊谷市　二〇一八『熊谷市史』通史編上巻 原始・古代・中世
齋藤慎一　二〇〇二『中世東国の領域と城館』吉川弘文館
齋藤慎一　二〇〇六『中世武士の城』吉川弘文館
齋藤慎一　二〇〇八「東国武士と中世坂東三十三所」『東国武士と中世寺院』高志書院
齋藤慎一　二〇一二「伝承のなかの平安時代末期～武蔵国幡羅郡西別府と別府家～」『熊谷市史研究』四

齋藤慎一　二〇一七「井伊谷の中世景観」二〇一七ＮＨＫ大河ドラマ「おんな城主 直虎」特別展図録　ＮＨＫほか『戦国！井伊直虎から直政へ』展図録
佐藤弘夫　二〇〇三『霊場の思想』吉川弘文館
佐藤弘夫　二〇〇五「霊場―その成立と変貌―」東北中世考古学会第11回研究大会『霊地・霊場・聖地』
滋賀県教育委員会　二〇一六『観音寺城跡』埋蔵文化財活用ブックレット11（近江の城郭6）
城郭談話会編　二〇一七『近畿の城郭』Ⅳ　戎光祥出版
新谷和之　二〇一五「観音寺城の成立と展開―近江の社会・権力構造との関わりから―」『城館と中世史料』高志書院
竹井英文　二〇一五「城郭研究の現在」『歴史評論』七八七
辰巳和弘　二〇〇六『聖なる水の祀りと古代王権　天白磐座遺跡』新泉社
東北中世考古学会　二〇〇六『中世の聖地・霊場　在地霊場論の課題』高志書院
中澤克昭　一九九九『中世の武力と城郭』吉川弘文館
中澤克昭　二〇一五「戦国・織豊期の城と聖地」『城館と中世史料』高志書院
中澤克昭　二〇一六「城郭と聖地　再考」『城下町と日本人の心性　その表象・思想・近代化』岩田書院
中澤克昭　二〇一七「城と聖地―近年の「城とは何か」論にふれて」『遺跡に読む中世史』高志書院
中野豈任　一九八八『忘れられた霊場』平凡社
仁木宏・中井均・中西裕樹・ＮＰＯ法人摂河泉地域文化研究所編　二〇一五『飯盛山城と三好長慶』戎光祥出版
兵庫県飾磨郡夢前町教育委員会　二〇〇六『国指定史跡 赤松氏城跡播磨置塩城跡発掘調査報告書』夢前町文化財調査報告書第7集
広島県教育委員会　一九九五『広島県中世城館遺跡総合調査報告書』第3集
松下　浩　二〇一六「観音寺城の構造」『織豊城郭研究』第一六号
峰岸純夫・齋藤慎一　二〇一一『関東の名城を歩く 南関東編』吉川弘文館
茂木町　一九九七『茂木町史』第二巻史料編1原始古代・中世
薬師寺慎一　二〇〇二『聖なる山とイワクラ・泉』吉備人出版
吉川宗明　二〇一一『巨石を信仰していた日本人―石神・磐座・磐境・奇岩・巨石と呼ばれるものの研究―』遊タイム出版
読売新聞　二〇一六『戦国時代展―A Century of Dreams』図録
早稲田大学本庄校地文化財調査室　一九九五『大久保山Ⅲ』

早稲田大学本庄校地文化財調査室　一九九八『大久保山Ⅵ』
早稲田大学本庄校地文化財調査室　一九九九『大久保山Ⅶ』

中世山城と山岳霊場

岡寺　良

はじめに

日本列島の山間部にあって中世を代表する遺跡には、「山城」と「山岳霊場（宗教施設）」がある。山城は、主に武家領主の軍事的施設として構築されたものであるのに対し、山岳霊場は、山への信仰に基づき、聖地あるいは宗教者の居住空間などのいわゆる宗教的施設として構築されたものである。

同じ「山」に位置しながらも、その目的を異にした施設であるため、基本的には別々な要因で発生したものであるが、時として中世山城と山岳霊場が同一の場所に立地している事例がある。いわば「軍事性」と「宗教性」の象徴ともいえる両者が「共にある」という現象であるといえよう。

そのような事例は、「宗教施設の軍事化」であったり、「城郭における宗教性の付帯」という歴史的に意義のある現象として捉えられたり、はたまた単なる「立地の類似性による偶発的現象」とも考えられるが、その背景を追求することは非常に重要な事項であると言えよう。

本稿では、まずは中世山城と山岳霊場が「共にある」という事例をいくつか紹介して、考古遺跡として発掘事例や平面構造（縄張り構造）の実例をもとに両者を検討する中で、「共にある」という「結果」になった、その背景を探っていくこととしたい。

最初に南北朝期の京都府の笠置城と兵庫県の城山城を対象に「山岳寺院の城砦化」について検討を行う。そしてさらに、南北朝期よりもはるかに多くの事例がある戦国期全般の中でも、筆者がフィールドにしている福岡県内の例を主に採り上げて検討を加え、山城と山岳霊場との関連を考えてみることにしたい。

1　南北朝〜室町前期の山城と山岳霊場

(1) 笠置城（京都府）

①城の歴史と遺構の概要

笠置城は、現在の京都府南部、相楽郡笠置町笠置にあり、木津川の南にそびえる標高二八八㍍の山稜上に位置する。笠置城はもともと、飛鳥時代あるいは奈良時代に創建された笠置寺に築かれた山城とされ、一三三一（元弘元）年、鎌倉幕府の打倒を目指す後醍醐天皇が平安京から東大寺別当聖尋を頼って遷幸、行宮としたことに始まる。いわゆる「元弘の変」である。後醍醐天皇が笠置寺に入ったのが八月二十七日で、九月二十六日には、幕府軍が攻め寄せたが、籠城側が防戦したために容易には落城しなかった。しかしながら同月二十八日に城の北側急斜面からの攻撃を受けて落城、後醍醐天皇は逃亡したものの多賀有王山にて捕縛され、隠岐に流された。

南北朝期前後における笠置城の城としての使用は上記のみであるが、戦国期に入ると再び城として使用される。一五四一（天文十）年七月二十八日には、山城国守護代・木沢長政が入城したとされ、戦国期にも城として使用されたことが窺われる。

笠置城の城域は、現在の笠置寺と重複しているが、おそらく往時も重複していたものと考えられる。そのため、現況を勘案しつつ、先行研究にしたがって、城の遺構配置を説明する［京都府教委二〇一四、笠置町教委一九七五］。

城域（第1図）は、北側にある最高所（図中1）から南側にのびる尾根上の約五〇〇㍍にわたって展開している。図中1は後醍醐天皇行在所の跡地とされる場所で、北側の2は、二ノ丸跡と伝えられる場所とされる。周囲には、千手窟、貝吹岩、弥勒磨崖仏などがあり、山岳寺院・笠置寺の信仰の根源とされる磐座、本尊などが集中する地区で、行在所の伝承が正しければ、寺院の中枢に行在所が置かれたものと想定される。1の西側には城域あるいは境内で最も広い面積を有する平坦面4があるが、その北側は宝蔵院跡と伝えられ、土壇状の高まりが残されている。

最高所1の南側に展開する平坦面群は、現在の笠置寺の建造物があり、笠置寺の中枢にあたる（図中5など）。11は物見台状の土壇となった周囲よりも高い平坦面であるが、現在は稲荷神社が建てられており、これも純粋に防御性を追求した造作の結果であるか否かは判断がつかない。しかし、14の南西斜面には竪堀二条以上が残されており、これは城としての防御遺構と判断できる。さらに南側の尾根上には、16～20の平坦面群があり、17の平坦面群には一九七〇年代に発掘調査された六角堂跡がある（第2図）。六角堂は鎌倉時代に興福寺の学僧・貞慶が大般若経六百巻を納経するために建立したもので、城として利用される以前から平坦面群が存在したことを物語る。

これらの平坦面群の南、18と27の間には堀切状の溝が確認でき、堀切のさらに南側にはやや方形を志向した平坦面群が規則正しく並んでいる。

そして平坦面29・30と32との間には堀切状の溝があり、ここでは発掘調査が行われ、鎌倉時代末期に最初に構築され、後に室町期に改修されていることが分かっている（第3図）。32の南側にも若干の平坦面群が見られる。このあた

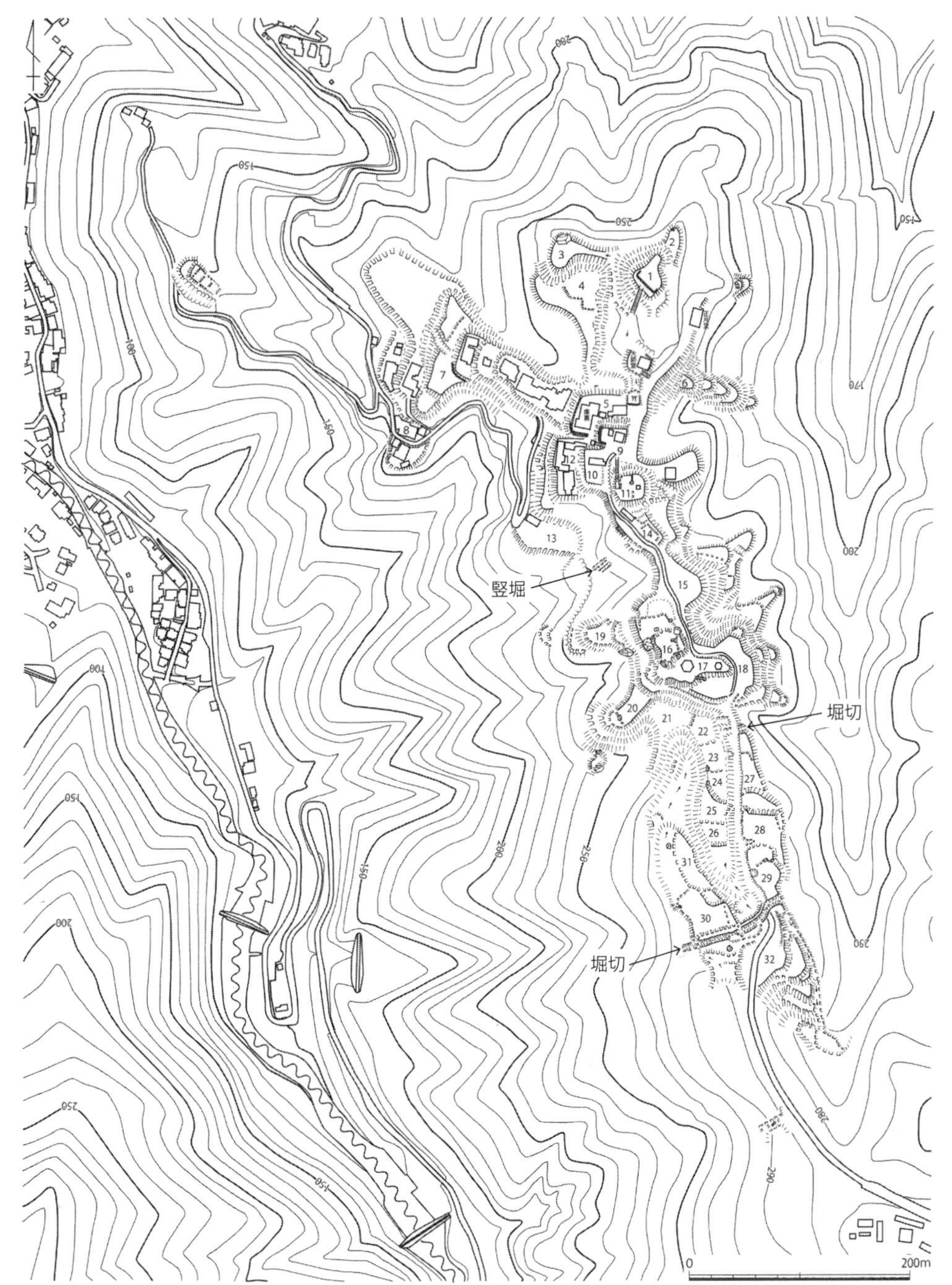

第１図　笠置城縄張り図（京都府教委 2014）

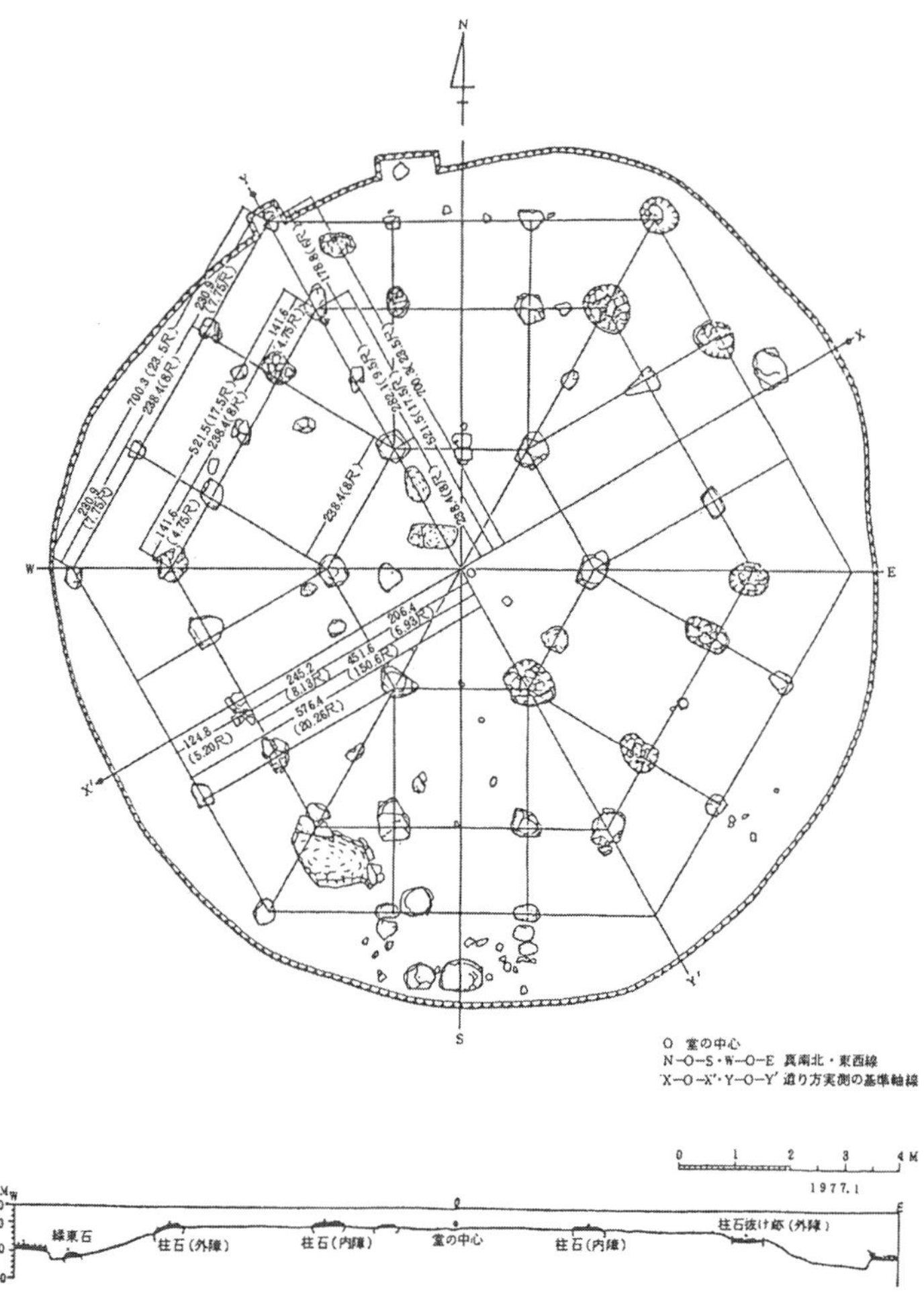

第２図　笠置寺六角堂跡（笠置町教委 1975）

写真１　笠置寺内の行場

りが城域の南端部と想定される。
以上のように、笠置城はその大部分が笠置寺と重複しつつ、行在所伝承地（図中１）から南側へ延びる尾根上に平坦面群が展開し、要所に堀切とみられる溝や斜面には少ないながらも竪堀群を構築したりと、若干の防御遺構が存在することを確認できる。

②推定変遷

以上のことから、あくまでも推測ではあるが、笠置寺の変遷を以下のように考えることができる。

〈第１段階〉　～鎌倉末期：宗教施設としての笠置寺（平坦面群・行場）

笠置寺は後醍醐天皇が入るまでは純粋に寺院であったため、この段階は城の要素は基本的には認められない。境内北側の岩塊からなる行場群や、堂宇が置かれた平坦面群がこの段階にはあったものと考えられる。

〈第２段階〉　鎌倉末期～南北朝期：後醍醐天皇勢力による軍事利用（堀切状遺構・焼土の存在）

前述したように元弘元年（一三三一）八月二十七日から九月

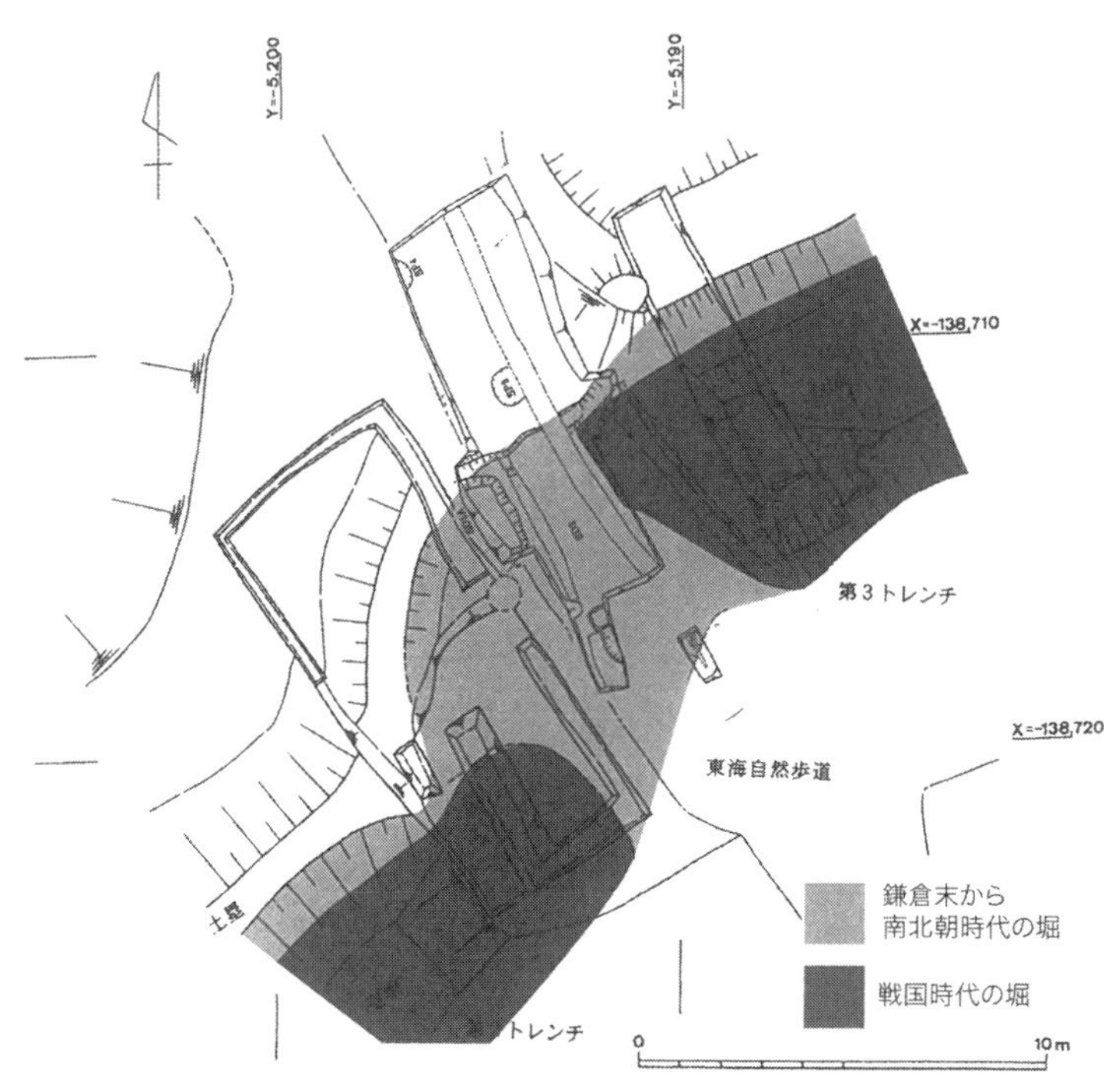

第３図　笠置城堀切状遺構（笠置町教委 1975）

二十六日まで後醍醐天皇が京都を脱出して、笠置寺に入ってくる。短期間ではあるが、ここに笠置寺の軍事的利用がみられ、発掘調査で確認されている堀切状遺構（第3図）や焼土は、寺の一部城塞化ならびに戦闘行為の痕跡を示していると言えよう。ただ、既存の寺院遺構全体から見れば、軍事化の実態はあまり顕著であるとは言えないのではないだろうか。

〈第３段階〉　戦国期：木沢長政による城郭利用（堀切の改修・畝状空堀群の構築）

後醍醐天皇退去後の笠置城は、再び寺院として存続するが、天文十年（一五四一）七月二十八日に、山城国守護代・木沢長政が入城すると、南山城の主要な城郭の一つとして機能する。山内に見られる竪堀や、発掘調査で確認された堀切の改修はこの時期のものと考えてよいであろう（第3図）。南北朝期に比べ、いわゆる「城らしい」遺構が、この笠置城にも登場することとなるが、とはいえ、既存の寺院は存続しており、古代から中世にかけて成立していった笠置寺の施設配置をベースとしていることは疑いなく、基本的にはそれらの宗教施設をほぼそのまま軍事利用している印象を受ける。宗教施設をベースに補足的に防御遺構を構築し、城塞化していると言ってよいだろう。

(2) 城山城(兵庫県たつの市)

①城の歴史と遺構の概要

播磨国揖保川の西岸の城山山頂に位置する城で、古代にはいわゆる「朝鮮式山城」が築かれていた。南北朝期から室町期にかけては、播磨国守護・赤松氏の居城となっていたが、嘉吉の乱(一四四一年)で足利将軍・義教を殺害した赤松満祐が立て籠もり、落城している。城山城の築城に関する文書には、「本堂」の記載が認められ、築城以前に寺院があったことが想定されている。

以上のように、城山城には、古代山城、中世山城、中世寺院の三つの異なる要素が重複しているため、個々の遺構が、それぞれどの要素に属するのかを峻別しながら判断する必要があろう。

その上で城山城の城域全体を見ると、まず古代山城に属する遺構の要素として、谷をふさぐために構築された石塁、さらにはそれらをつなぐように土塁線が一部推定ながらも城山のピーク一帯を取り囲む。石塁と石塁の間には古代山城の門礎も残されており、古代山城の時期の様相を見ることができる。

第4図Cの一帯には、中世の平坦面群が構築されており、一見、中世山城の曲輪かとも思われるが、これらの平坦面群はBとDの間に挟まれた谷部分に形成されており、また石塔なども確認されていることなどから、遺構形状から見れば城郭というよりも寺院の性格が強い。また、Dには礎石建物(写真2)があり、これなどはまさしく中世寺院の

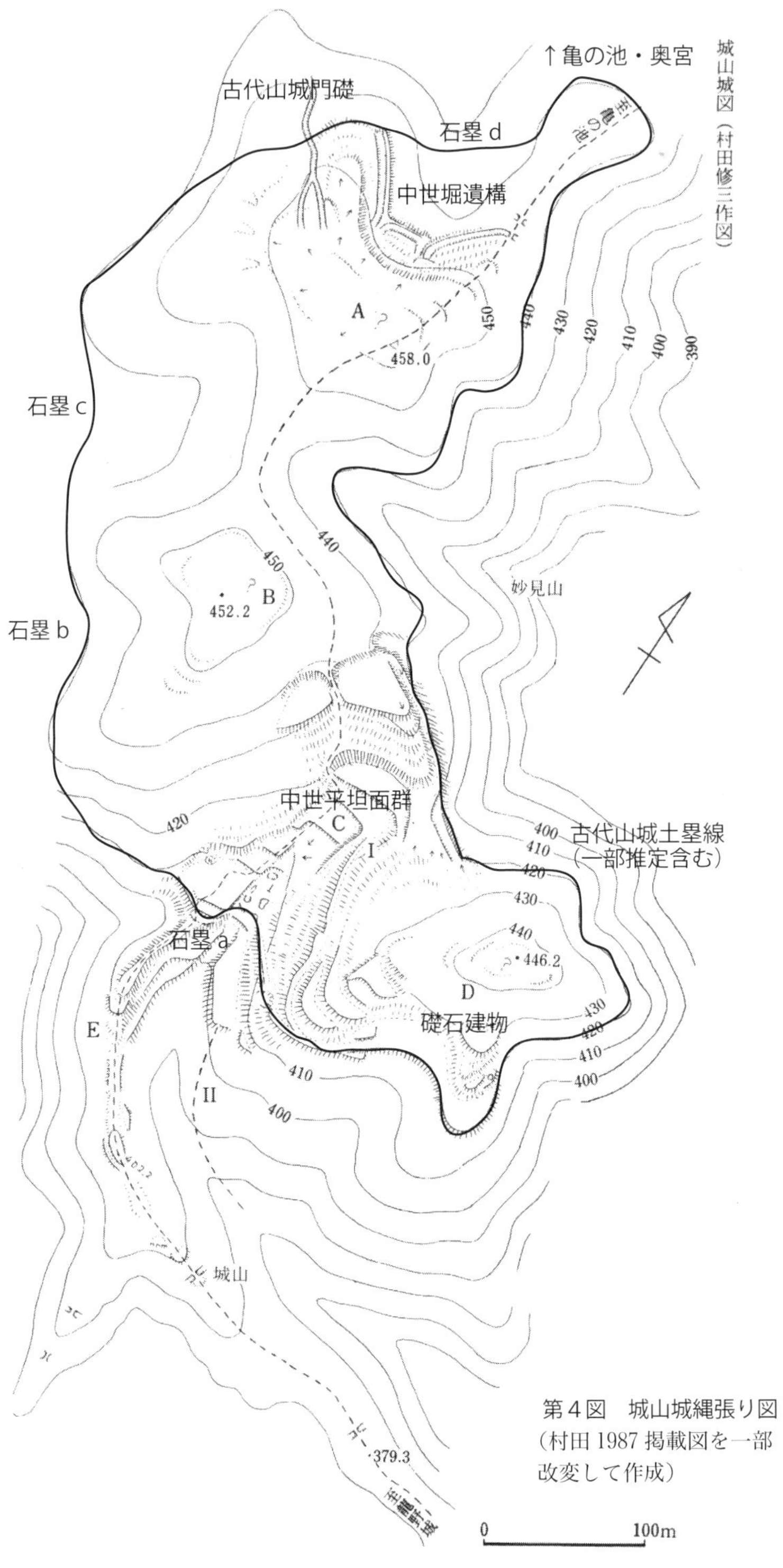

城山城図（村田修三作図）

第４図　城山城縄張り図
（村田 1987 掲載図を一部改変して作成）

堂宇とみてよいものと思われる。

その一方で、AやBの山頂部には明瞭な平坦面などの遺構は存在せず、城郭遺構は皆無のようにも見えるがそうではない。Aの北側には大規模な堀切状遺構があり、またEの尾根筋上にも、小規模ながら堀切をいくつか確認することができる。古代山城のラインをある程度生かしながら、中世に改修がなされた城郭遺構と見ることができよう。

②推定変遷

以上のことから、城山城の変遷を以下のように考えることができる。

〈第1段階〉 古代（飛鳥・奈良時代）：古代山城の構築物（石垣・門礎・土塁）

〈第2段階〉 中世（鎌倉～南北朝時代？）：中世山岳寺院の遺構（平坦面群・礎石建物等）

〈第3段階〉 室町前期：守護赤松氏の居城（堀の構築）

写真2　城山城城内の礎石建物

(3) 南北朝期〜室町前期の山城と山岳霊場との関係性

南北朝期から室町前期の事例として、笠置城と城山城を見てきたが、これらいわゆる中世山城の初期段階における山城と山岳霊場との関係性について、まとめると以下のようになろう。

① 南北朝期の山城と山岳霊場

本稿では南北朝期の事例として笠置城を紹介したが、同じく後醍醐天皇の鎌倉幕府討幕に関わる城郭として、船上山が挙げられよう。伯耆大山の山系の一つ、船上山(鳥取県東伯郡琴浦町)は、鎌倉幕府によって隠岐に流された後醍醐天皇が、名和長年の助力によって隠岐から脱出して立て籠もった山として有名であるが、もともと船上山は、古代以来の智積寺という山岳寺院として使用されていた場所である。実際、現地には山城としての防御機能を備えた遺構(堀・土塁など)は存在せず、山寺の坊院群が展開しているのみである。それは、同じく南朝方の北畠顕家が立て籠もった霊山城(福島県伊達市)も同様で、ここも天台宗霊山寺がある場所で、山岳寺院の坊院群は残るものの、防御機能を有した堀などは確認できない。

また、今回紹介した笠置城についても、堀切状遺構など、いわゆる城郭遺構は認められるものの、その構築は大規模とは言えず、基本的には寺という宗教施設として存在したものをほぼそのまま利用したという印象を受ける。特に笠置城は当初から城として構築されたものというよりは、急遽、後醍醐天皇が立て籠もることが定められた場である。それ以前は、武家領主といえども山間地に軍事施設を造ることが常識ではなかったこの時代、いきなり何もないところに軍事施設を構築するのは非常に困難であり、立て籠もりやすく守りやすい山間地で守備しようとした時には、既存の施設である山寺を利用するのは、ごく当然の帰結だったのであろう。

② 室町前期の播磨守護の居城・城山城

南北朝の争乱の後、室町時代前期の事例として、播磨国守護、赤松氏の居城であった城山城を取り上げた。城山城の遺構配置もまた、山岳寺院に近く、城として曲輪造成はほぼない可能性があるものであった。ただ、古代山城の遺構のごく一部と重複するように、堀切や横堀などの防御遺構は構築されており、軍事施設としての体をなしていたのは疑いない。ただ、平面構造全体を見た場合、純粋な城郭の構造というよりも、山岳寺院であったものを簡素な改変により城郭という軍事施設に置き換えたという印象が強い。

これは元々、山間地に大規模な山城という居住・駐屯空間を含んだ施設を作るという風習・習慣がなかった武家政権が、防御性に富む山間地に城郭遺構を築こうとした際、手っ取り早く利用できたのが、山岳霊場における居住空間(山寺)であったのではないかと考えられる。その城郭の選地には、宗教性が重視されたものであったのかは不明であるし、筆者はむしろ宗教性の重視による選地というよりは、防御性の高い山間部に駐屯する利便性の高い施設を既存の山岳寺院に求めた結果といえるのではないかと考えている。

以上のように、南北朝期から室町前期にかけての事例を見てきたが、次節では戦国期の山城と山岳霊場がどのような関係性にあったのかを見ることとしたい。

2　戦国期の山城と山岳霊場—北部九州を事例に—

室町後期、すなわち戦国期になると、山城は爆発的に全国一帯に築かれていくこととなる。これらの事例を包括的に考えることは非常に困難であるため、本稿の事例としては、戦国期城郭の様相、さらには山岳霊場遺跡の状況もわかっており、さらには筆者もよく熟知している北部九州を事例に考えてみることとしたい。実際の事例として古処山城・宝満城・許斐岳城・二丈岳城・岩屋城（福岡県）を挙げ、山岳霊場に築かれた山城と山岳霊場との関係性について検討する。

(1) 古処山城（福岡県朝倉市・嘉麻市）

① 城の歴史と遺構の概要（第5図）

筑前国夜須郡と嘉麻郡との境に高く聳える古処山は、古く白山権現の信仰の山ではあるが、室町・戦国期に国人領主・秋月氏の本城として巨大な城郭・古処山城が築かれる。廃城した近世以降は、彦山峰入り（宝満秋峰・彦山春峰）のルート上の重要な宿や行場が復活し、彦山と宝満山とをつなぐ山岳霊場として再び利用されるようになる。

古処山城の縄張りは、白山権現が祀られる山頂部は、特に城郭構築物は見られないが、山頂の西側の一角（北郭）および、南側の経ヶ峰の一帯（南郭）を中心に数多くの曲輪、畝状空堀群が構築されている。その畝状空堀群の竪堀の本数は、五〇本を越え、その城域の規模も、五〇〇㍍四方を越え、北部九州の戦国期城郭の中でも、大規模なものである。その一方で、宗教施設としては、山頂の白山権現の他は、山頂の北東斜面に、「大将かくし」や「奥の院」と呼ばれる巨岩の空隙を利用した窟があり、これらは少なくとも近世における峰入りにおいて投札とよばれる行が営まれた場所であり、中世以前からも山岳修験の行場として利用されていたことが想定される。また城の南郭には、中世前期の陶磁器類も採集されており、明らかに山城として利用された痕跡以前に、山岳霊場であった当時の祭祀空間が存在したことが想定される。

② 場の推定変遷

以上の概要から古処山城周辺の場の変遷としては、次のように想定できよう。

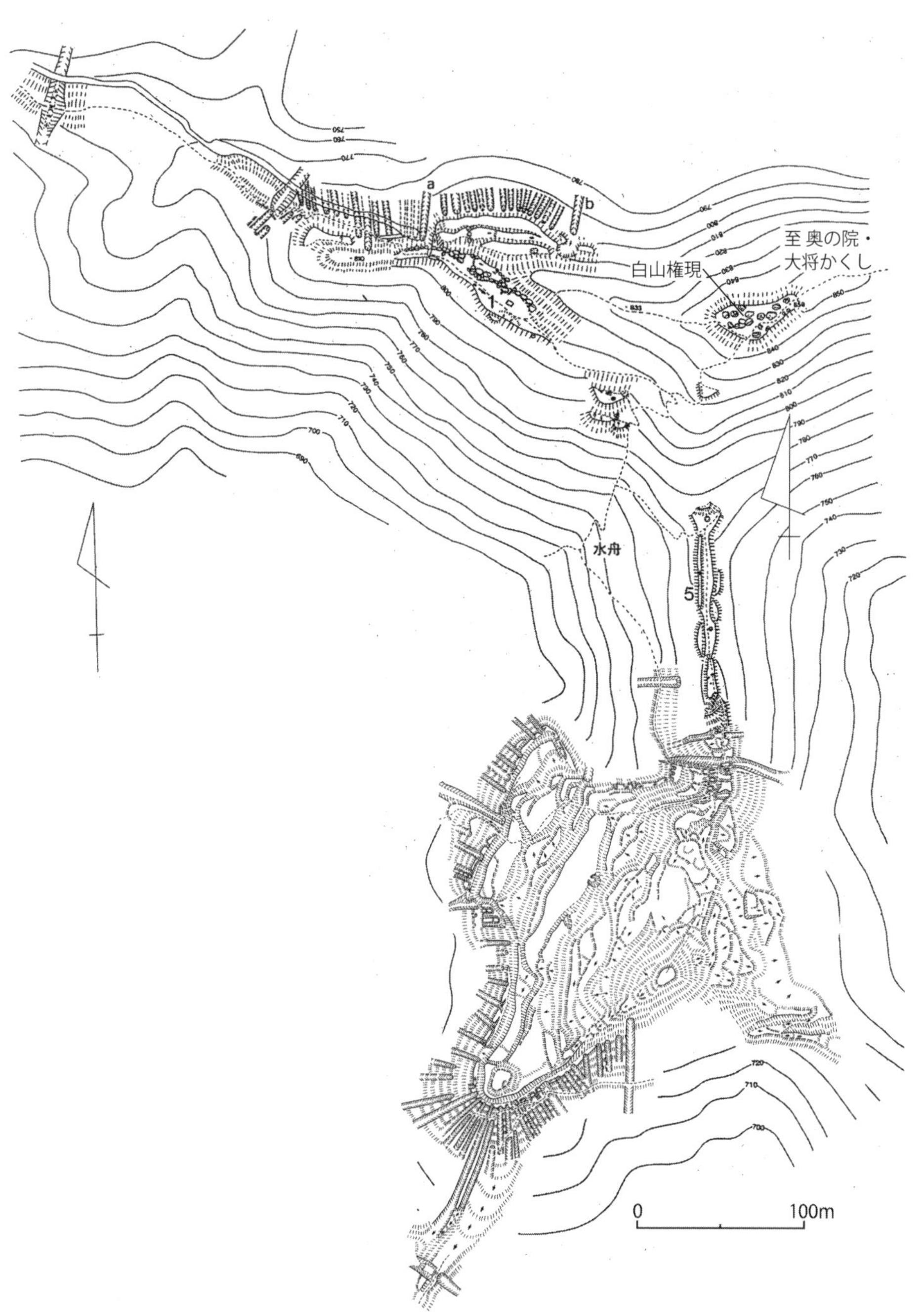

第５図　古処山城縄張り図（岡寺作成）

〈第1段階〉中世前期：白山権現を祀った宗教空間（山伏集団の入峰修行の行場）
〈第2段階〉戦国期：国人領主秋月氏の戦国城郭（ただし山頂の聖地は残す）
〈第3段階〉江戸期：彦山峰入りにおける宿・札所（山岳修験の行場）

大まかに「山岳霊場→山城→山岳霊場」という変遷が考えられようが、特筆すべきは、城郭の構築に際し、堀切群や畝状空堀群などの防御遺構を大量に築き、尾根上に曲輪群を造成している様子であり、まさしく大規模に城郭構築がなされた痕跡であると言えよう。しかしその一方で、山頂部は、岩場であるからという理由もあったかもしれないが、城郭における最重要地点ともいえる最頂部をほぼ城郭化せず、白山権現を祀った状態、すなわち聖地をそのまま残した状態で、城郭化がなされている。これは、城郭化に際し、既存の聖地を全否定して城郭化するのではなく、聖地を残した状態としたことを示していると言えよう。「山岳霊場と山城が「共存」（ただし山岳霊場＜山城）していた事例」と考えることができるだろう。

⑵宝満城（福岡県太宰府市・筑紫野市）

①城の歴史と遺構の概要（第6図）

古代西海道の中心・大宰府の北東に聳える宝満山は、古代より大宰府における国家的な祭祀が行われた山で、中世には、山麓に天台寺院・竈門山寺が置かれていた。戦国期になると豊後守護・大友氏の筑前御笠郡支配のための城郭・宝満城が置かれたが、小早川期を経て慶長期に城郭は廃絶し、戦国末期以来、山上に上がった行者方（修験集団）の「宝満二十五坊」が近世以降、宝満山の信仰集団となる。

宝満山山頂には上宮、八合目には中宮があり、聖地としての空間となっている。山頂の南東側、および中宮の西側

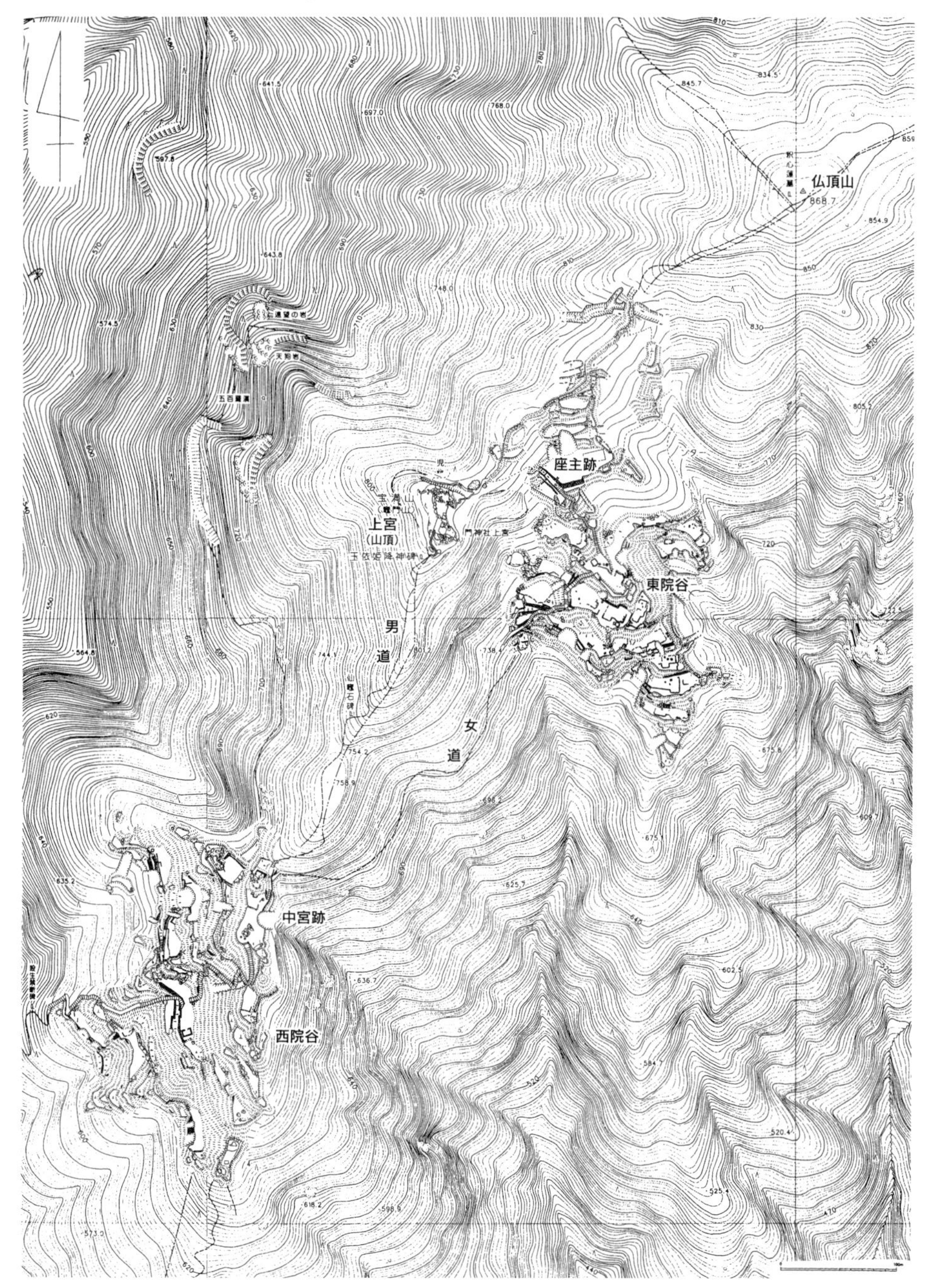

第６図　宝満山山頂周辺（宝満城推定地）現況図（岡寺作成）

は、それぞれ東院谷、西院谷と呼ばれ、近世の修験坊跡が残されている。山頂周辺には、確実に城郭遺構と判断できるものはなく、古代以来の聖域として維持されていたものと考えられる。ただし文献からみても山頂近辺に城を置いていたのは間違いないため、堂舎あるいは近世の坊跡のある場所のどこかに、城としての機能は存在したのは疑いない。そのように考えた場合、東院谷にある近世坊跡のある一帯を、中世段階における城郭空間と想定できるが、現地は近世以降の遺構となっているし、また周辺では古代以来の遺物が数多く採集できる。したがって、城郭構築以前から宝満山の山岳信仰にかかわる行場や堂宇などの宗教施設が置かれ、そこに城が置かれたが、現状では堀切などの城郭施設は存在しないため、「城」としての改修はほぼなされなかったのではないかと考えられる。

②場の推定変遷

以上の概要から、宝満城(宝満山山頂周辺)の変遷としては、次のように推測できよう。

〈第1段階〉 古代〜中世:山頂周辺は聖地(磐座・行場、あるいは堂宇社殿など)

〈第2段階〉 戦国期:城郭が置かれるが、城郭遺構は構築しない(山岳霊場＞山城)。

〈第3段階〉 江戸期:上宮・中宮という「聖地」と修験坊群の設置

大まかに「山岳霊場→山城と山岳霊場の共存→山岳霊場」という変遷が辿れようが、注目するべきは、城郭が置かれた山頂付近には、城郭遺構が全く存在しないことである。これは既存の宗教施設を間借りするかのように、城が置かれていたことが想定される。文献史料などからは、武家勢力が宗教勢力を完全に凌駕していたかのような印象を受けるが、実際は、「共存」し、さらに言えば城郭遺構を構築しないことなどから、完全に宗教勢力の影響力を色濃く残した状況(山岳霊場＞山城)だったのではないかと考えられる。その証拠に、宝満山の山麓部や周辺尾根線上には、有智山城・愛嶽城・頭巾山城のような小規模ながらも、曲輪、堀切などの城郭遺構を兼ね備えた中世の山城がいくつ

写真3　許斐岳の熊野権現社と三尊石

か確認でき〔岡寺編二〇一四〕、宗教勢力の影響の及びにくい、宝満山の中心を除いた周辺部を城郭化し、山頂付近の中心部分を防御していたことがわかる。

(3) 許斐岳城（福岡県宗像市・福津市）

①城の歴史と遺構の概要（第7図）

許斐岳は、福岡県北部の宗像市と福津市との境に聳える独立峰（標高二七一メートル）で、周囲からも非常に目立つ景観であり、また中世に熊野権現が勧請された信仰の山であった。山頂に祀られた許斐神社は宗像宮の境外摂社であり、近世には宝満峰入り（春峰）の重要札所の一つとなっているが、戦国期には、宗像氏の出城として機能した。他の中世山城同様、天正十五年の豊臣秀吉の九州平定により、廃城となっている。

許斐岳九合目には、三尊石を御神体とする熊野三所権現（写真3）が祀られ、社殿の中には中世の石像や狛犬片が残されている（写真4・現在はこれらの石造物は山の下に下ろされている）。さらに山頂では遺物が採集され、もち

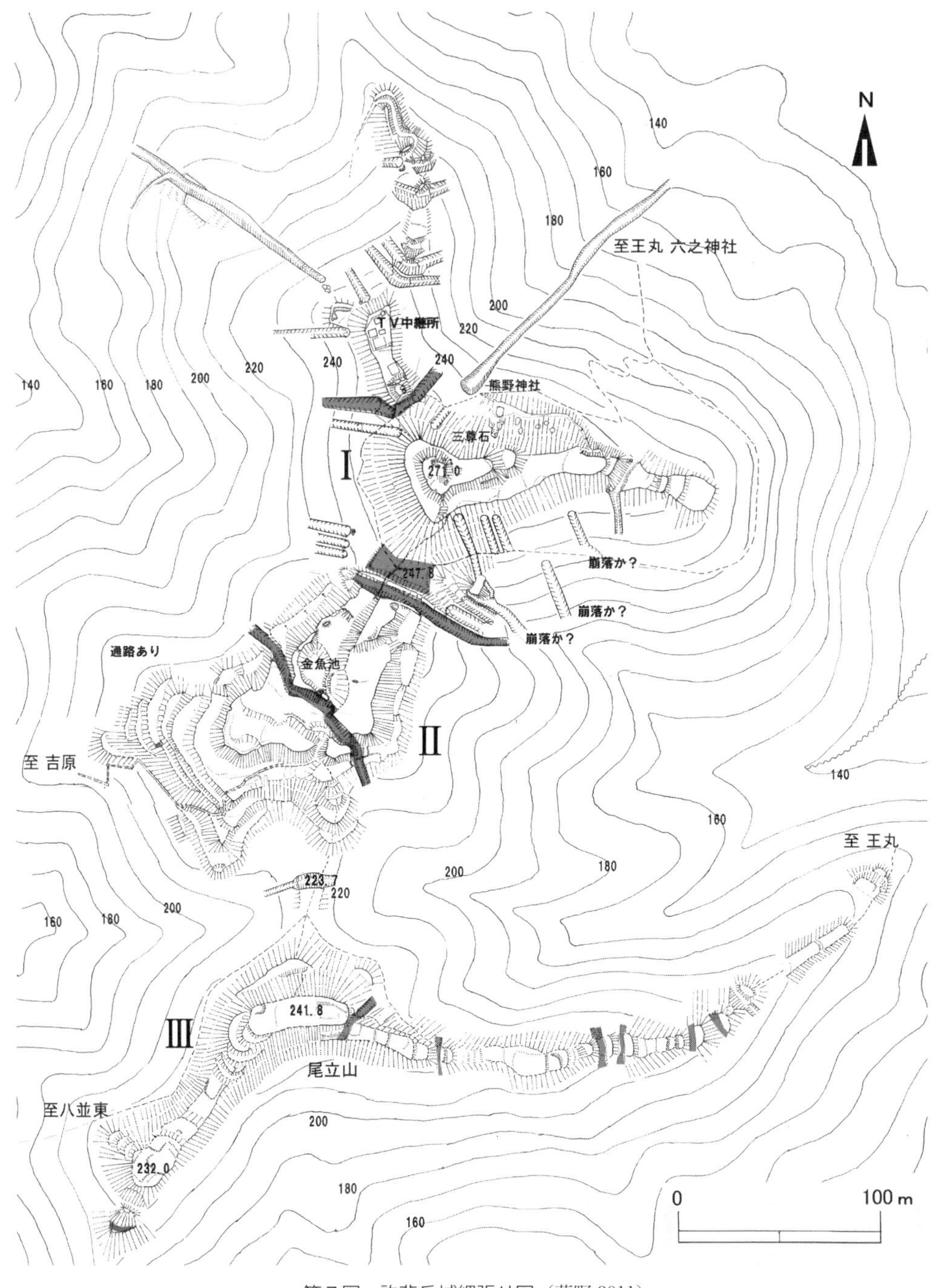

第７図　許斐岳城縄張り図（藤野 2011）

写真４　許斐岳熊野権現社の石製女神像

ろん山城として機能した十六世紀代のものもあるが、なかには十二世紀代まで遡るものもあり、山頂一帯で祭祀行為が行われたことを示している。

しかしながら、山頂一帯には、戦国期城郭の曲輪や堀切などが数多く展開しており、宗教施設があった場所を完全に城郭化していることが分かる。山頂近くには、「金魚池」と呼ばれる城兵の水場と伝承される場所があるが、熊野権現の山号が「金魚山」であることから、元は許斐岳の山岳霊場の聖池であった可能性が非常に高い。

②場の推定変遷

以上の概要から、許斐岳の変遷は、次のように推測できよう。

〈第１段階〉～中世期：熊野権現の山岳霊場

〈第２段階〉戦国期：宗像氏の出城として大々的に城に改修

〈第３段階〉江戸期：宝満峰入りにおける宿

特に戦国期における状況を見ると、山全体を完全に城郭化しており、それまで山頂にあったであろう社殿（祠）のあった場所も曲輪化し、城郭化している可能性も考えられる。許斐岳の宗教性の完全否定ともいえるような状況であろう。このように宗教性の完全否定という見方も可能ではある。事実、前述の金魚池などは、宗教的意味合いの強かったものを、城兵の水場という城郭由来の伝承に置き換えてしまっていることからも、強く感じるところである。ただ、この許斐岳城に大きく関与する宗像氏は、武家領主である一方で、宗像宮を統括する古代以来の宗教領主でもあり、だからこそ、許斐岳山頂を自由に扱うことができたのかもしれない。戦国期段階では、完全に宗教性が否定されたかのような状況となった許斐岳も、江戸時代には宗像宮は残されていくものの、武家領主としての宗像氏は断絶し、許斐岳は再び聖地の色合いが濃くなっていった。

(4) 二丈岳城(福岡県糸島市)

①城の歴史と遺構の概要(第8図)

福岡県西部、糸島市にある二丈岳は、中世前期には「一貴山」として背振山系の山岳信仰の一角を担う霊山であったが、戦国期には、深江岳城として国人領主草野氏の城として機能した。

二丈岳山頂は国見岩と呼ばれる巨岩を擁する岩山(写真5)で、そこからは玄界灘をはじめとして筑前西部の一帯を見晴らすことができるとともに、古くから山岳信仰の対象となってきた背振山系の山並みを仰ぎ見ることもできる好立地にある。山頂一帯は当初は巨岩の磐座を信仰する場であったが、戦国期には、城郭として堀切などの防御遺構が構築される。瓦の散布もあるため、何らかの瓦建築があったことが想定される。また山頂平坦面の周囲には、数多くの石垣が見られるが

写真5　二丈岳山頂の国見岩

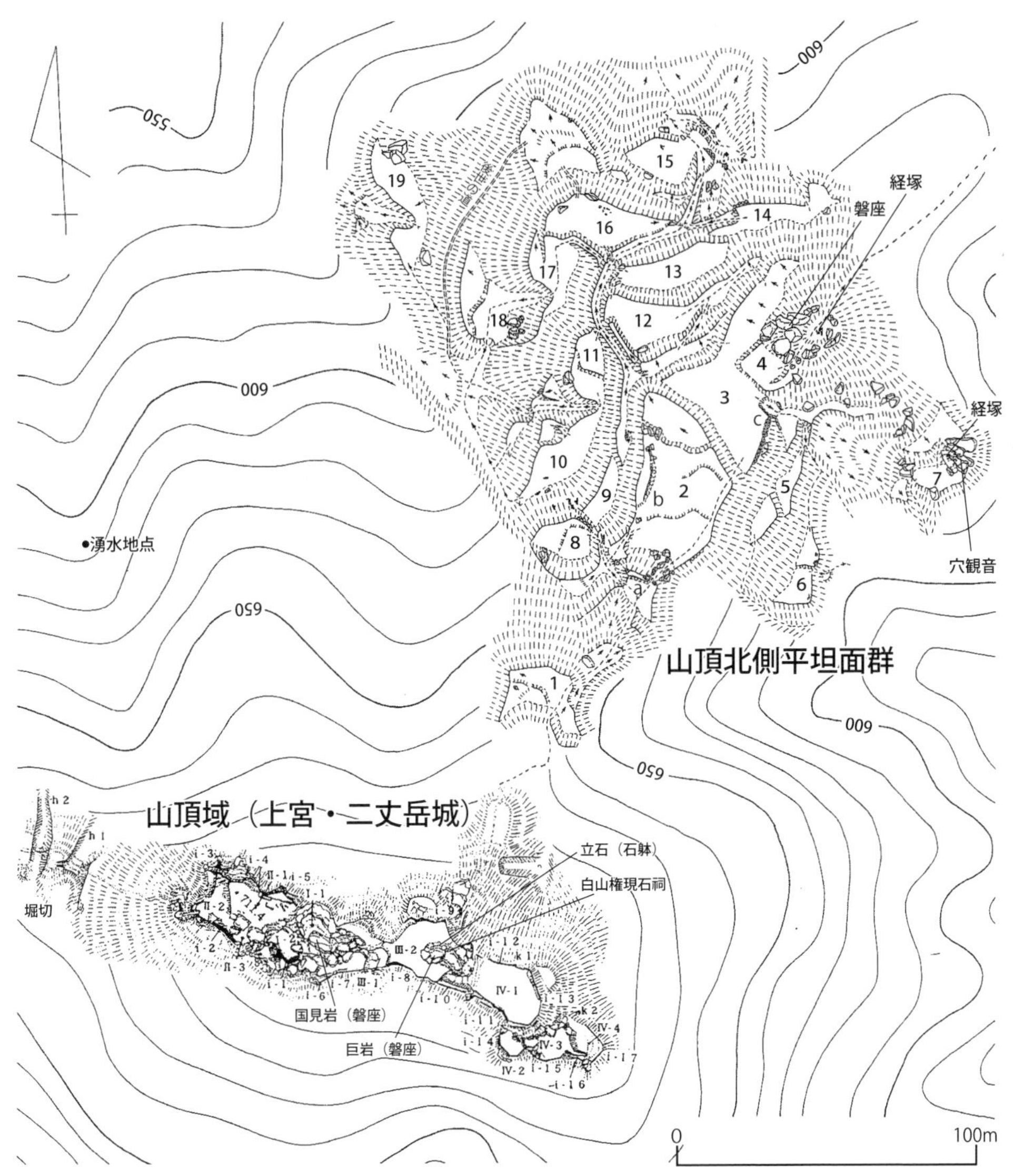

第８図　二丈岳城現況図（岡寺作成（山頂部分は中西義昌氏作成図を転載））

写真６　二丈岳山頂の石垣遺構

（写真６）、これが山岳霊場由来か、城郭由来かの判断は難しい。一見、城郭の石垣、つまりは防御壁として考えても差し支えないのだが、その一方で、聖地における結界としても認識することができ、その判別は保留せざるを得ない。

さらに、山頂の北側約五〇〇㍍地点には、人工的に造成された平坦面群があり、頂部には経塚とみられる痕跡、磐座、堂基壇、岩屋などがあり、中世前期の土師器の散布、さらには経筒も出土しており〔岡寺編二〇一七〕、一貴山中宮として構築されていると判断できる。戦国期にかかる遺物も若干混じるため、城郭があった戦国期にも何らかの利用も想定される。

②場の推定変遷

以上の概要から、二丈岳の変遷は、次のように推測できよう。

〈第１段階〉　中世前期：山岳信仰に基づく宗教施設・一貴山（堂舎・経塚・参籠宿など）

〈第２段階〉　戦国期　：山頂部を中心に城郭化（堀切）（深江岳城）

平安時代後期～室町前半期頃にかけては、麓の一貴山集落とのつながりの深い山岳霊場「一貴山」の上宮・中宮として機能していた二丈岳であった。おそらく今見る平面構造の大半はこの段階に形作られたものではないかと考えている。その後、戦国期に至って、宗教施設は衰退あるいは廃絶、麓の一貴山集落に宗教的な拠点は移動する。おそらく、その後の段階（戦国後期）になって、草野氏の城「深江岳城」となり、尾根上の堀切などの防御遺構が構築されるようになったものとみられる。石垣については、山頂部のみならず、山頂北側の平坦面群にも展開しているため、宗教施設と城郭、どちらに属するものかを判別するのは現段階では困難である。

なお、城郭が廃絶した江戸時代以降も、地元住民によって一貴山の信仰は継続され、現在でも年に一度、中宮の穴観音に参詣する行事が行われていたり、かつて山頂には女性が立ち入ると大風が吹くため、立ち入ってはいけないという禁忌（女人禁制の名残か）が伝えられている。

(5) 岩屋城（福岡県太宰府市）

①城の歴史と遺構の概要（第9図）

古代・大宰府政庁の背後にある四王寺山には、古代大野城跡や、古代寺院の四王院跡があることで知られるが、そこから南にやや外れた岩屋山山頂を中心とした一帯には、岩屋城が存在する。文明年間に大内氏の筑前御笠郡支配のための城として築城された拠点城郭である。周囲には原山無量寺や崇福寺、観世音寺子院群など、中世寺院が数多く建てられている。

岩屋城は、主郭（標高二八一㍍地点）・第二郭（標高二四七㍍地点）を中心に南～南東側にかけての尾根上に曲輪群が展開し、その周囲には、堀切群や畝状空堀群が構築され、南側を重点的に防御する構造となっている。その主郭の南

第９図　岩屋城（主要部分）縄張り図（岡寺作成）

側斜面の岩の露頭には、貞和二年（一三四六）の銘を持つ磨崖宝篋印塔をはじめ計四基の石塔が造られている（写真7）。城の東側に位置する原山無量寺に関連して構築されたものとも考えられるが、その具体的なつながりは不明である。

写真7　岩屋磨崖石塔

また岩屋城の主郭は江戸時代には「虚空蔵の台」とも呼ばれ、元々虚空蔵菩薩をまつっていた場所であったとかとも言われている。そもそも「岩屋城」と当時呼ばれていたこの「岩屋」の名称はすでに文明年間の文書史料にも「岩屋城」と出てくることから、当時からもそのように呼ばれていたことは確実であるが、この「岩屋」の名称自体、現地の磨崖宝篋印塔を意識したものの可能性があり、当時の築城者が磨崖石塔の聖性を意識的に取り込んだ可能性も考えられる。ただし、城の遺構配置などを見る上では、手厚く祀られていたことを示してはおらず、推測の域を出ない。

②場の推定変遷

以上の概要から、岩屋城の変遷は、次のように推測できよう。

〈第1段階〉　南北朝期：山麓の寺院に付随する可能性のある磨崖宝篋印塔の設置（聖地化）

〈第2段階〉　戦国期：既存の磨崖宝篋印塔を取り込むように山頂部を中心に城郭化

(6) 戦国期城郭と山岳霊場との関係性

以上、福岡県の事例を中心に、戦国期の山城と山岳霊場とが共存する事例を見てきたが、その共存する理由や経緯は、個々の事例を見ると非常に多様であり、全て一つの理由でまとめて考えることはできないことが見えてきた。やはり「山城＝軍事施設、山岳霊場＝宗教施設」であることから、設置の背景が全く異なっており、「聖地だからそこに中世山城が築かれなければならなかった」とかいう決して短絡的なものではない。

これらの事例を見ていくと、その背景はいくつかの理由にまとめることができそうである。まず、山城と山岳霊場とが同時併存している場合として、すでに山岳霊場が成立している山に城が築かれていく事例に古処山城や宝満城を採り上げた。その場合には、曲輪・防御遺構などの明確な城郭構築のための土木事業は行われにくい（宝満城）場合や、聖地の部分を避けて構築される（古処山城）現象を見ることができた。これはいくら城郭構築とはいえ、「聖なるもの」を損壊してまで城郭化することがなかったという意識の表れであろうか。いずれにしても、宗教勢力が占拠する山に軍事勢力が介在しようとする際には、複雑な問題があったことを示しているかのようである。

その一方で、「同時共存」ではない場合、すなわち山岳霊場であった場所に山城が築かれるという点では、前者と変わりないが、山城を築く段階には、山岳霊場としての機能は停止、あるいは排除された可能性があるものとして、二丈岳城・許斐岳城・岩屋城の事例を挙げた。この場合、二丈岳城や許斐岳城は、すでに宗教勢力が山に介在していないため、山城の防御に都合の良いように城郭遺構を構築している印象を受ける。これはある意味、宗教性の否定ともいえるのかもしれない。ただ、許斐岳城は築城主体が宗像氏という武家領主でかつ宗教領主でもある勢力であるため、可能であったことも想定する必要もあるであろう。

それに対し、岩屋城は、築城段階で、それ以前に成立していた「聖地（磨崖宝篋印塔）」を取り込むように築城している可能性があり、その宗教性・聖性を城郭に期待した可能性も想定できよう。ただ、そのようなことを示す文献史料などは見つかっておらず、断定することは難しい。

山岳霊場と山城、その立地が類似することから、同じ場所に共存・併存する事例は、往々にして見ることができる。そのことから、両者に有機的な関連性を想定するという考え方も成立することは十分あり得ることだろうとは思う。しかしながら、以上見てきたように、その成立背景は、必ずしも一様ではなく、時には「偶然の結果」であることも十分考えられる。ひとくくりで山岳霊場と山城の関係性を説くのではなく、やはり個々の事例を詳細に検討し、同じ場所に両者が共存するに至った「経緯」と「結果」を見極めていく必要があるだろう。

参考文献

岡寺　良　二〇〇七「太宰府岩屋城の研究(下)」『九州歴史資料館研究論集』32

岡寺　良　二〇一七「戦国城郭成立前史：南北朝期の山城・山寺」『季刊考古学』一三九

岡寺　良編　二〇一四・二〇一五『福岡県の中近世城館跡』Ⅰ・Ⅱ　福岡県教育委員会

岡寺　良編　二〇一七『背振山の山岳信仰の研究―背振山系山岳信仰・霊場遺跡現地調査報告書―』九州歴史資料館

笠置町教育委員会　一九七五『史跡及び名勝笠置山保存管理計画策定報告書』

京都府教育委員会　二〇一四「笠置城跡」『京都府中世城館跡調査報告書』第3冊　山城編1

㈶京都府埋蔵文化財調査研究センター　二〇〇六「史跡名勝笠置山」『京都府遺跡調査概報』第一一九冊

中井　均　一九八七「笠置城」『図説中世城郭事典』第二巻　新人物往来社

藤野正人　二〇一一「城郭から見た宗像の戦国時代―大宮司宗像氏貞の時代を中心として―」『むなかた電子博物館紀要』第3号　宗像市

村田修三　一九八七「城山城」『図説中世城郭事典』第三巻　新人物往来社

〔付記〕　現地踏査にあたっては、城山城においては、義則敏彦氏(たつの市教育委員会)、笠置寺においては、藤岡英礼氏(栗東市教育委員会)に多大なる協力をいただいた。記して感謝したい。

守護・戦国大名の居城と聖地

中井　均

はじめに

平成二十年に初めて長野県松本市に所在する殿村遺跡を訪れたときである。松本市内から旧志賀村に入ったとき正面にそそり立つ山が目に入った。瞬時にこれは信仰の山に違いないと思った。なんと遺跡はその南山麓に位置しており、遺跡と山とに強い関係が感じられた。虚空蔵山と呼ばれるその名もまさに虚空蔵菩薩に由来する。その山頂には虚空蔵山城が、山腹には秋吉城、中ノ陣という城郭が構えられている。城郭は軍事的な防御施設であるという本質を抜きに語ることはできないが、その軍事性が宗教に依存することは充分に考えられる。あるいは城郭という軍事施設が権力の象徴として信仰の山に構えられることにより、より象徴性を示したことも充分にあり得る。それを直感したのが殿村遺跡で目の当たりにした虚空蔵山の姿であった(写真1・図1)。

その後、城郭と聖地の関係性を考えることが私の研究課題の大きな柱となった。敗戦後の歴史学のなかで城郭研究は忌諱され、沈黙されてきた。それは城郭の持つ本質、「軍事的防御施設」に起因する。敗戦後の歴史学では戦争に関わるものすべてが否定され、その研究は異端とされてきた。そうしたアカデミズムから除外された城郭研究は唯一

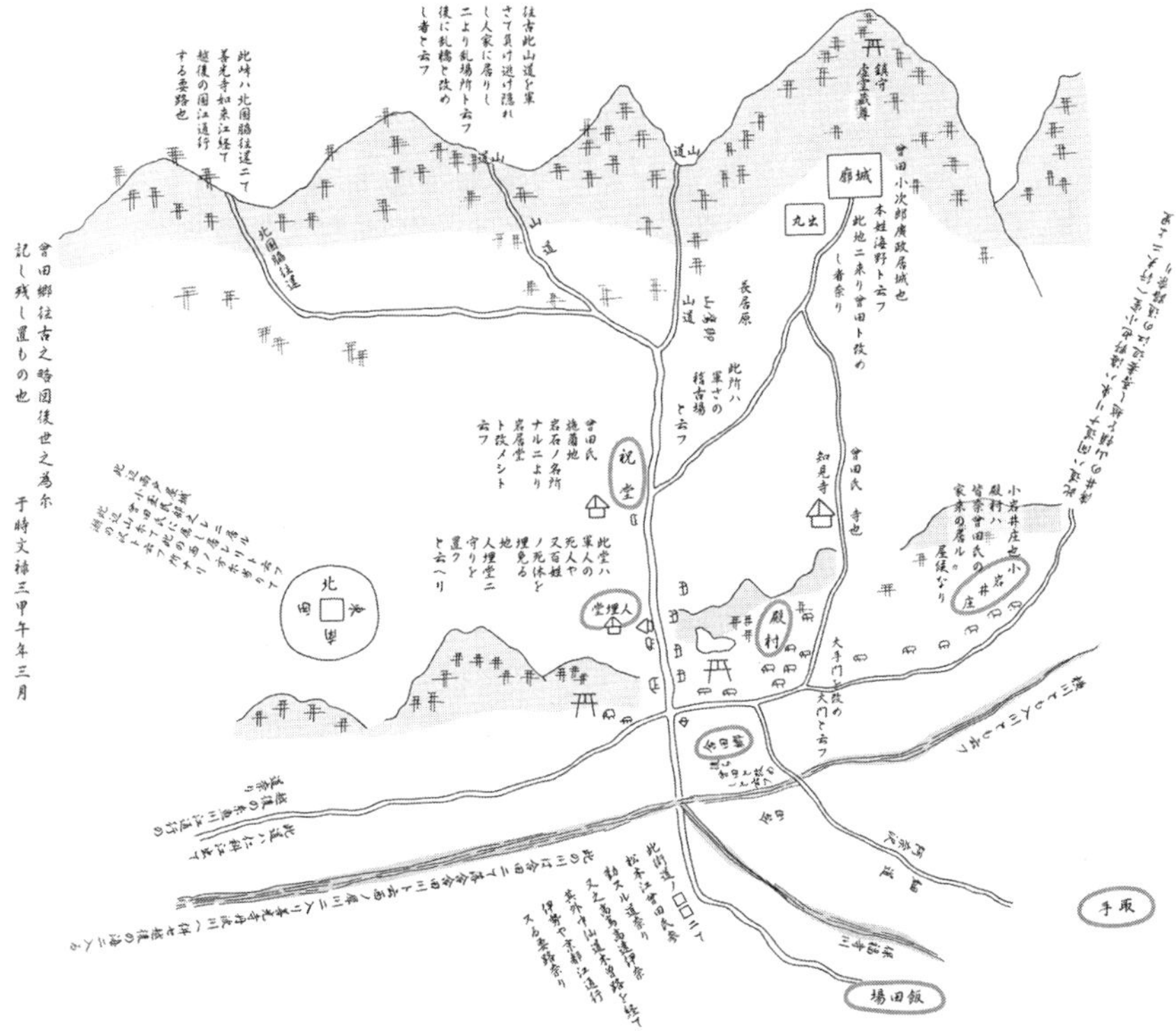

図1　文禄三年會田郷往古之略図（松本市教委 2015）

写真１　虚空蔵山遠望

郷土史家と呼ばれる在野の研究者だけが研究対象としてきた。しかし、そこには残念ながら研究の方法論が確立されず、城といえば武将、合戦といった図式の著述が目立っている。残存する遺構の分析や、分布論は皆無であった。

そうしたなかで、一九七〇年代に城郭研究は縄張りの調査と研究によって大きな画期を迎えた。縄張りと呼ばれる城郭の平面構造から軍事的施設としての性格を読み込む研究法で、城郭研究の独自性とも言える縄張り図の作成によって築城年代や築城主体も絞り込めるようになった。一九八〇年には村田修三によって、「中世の城郭遺跡を地域史と在地構造分析の史料として活用する」(「城跡調査と戦国史研究」『日本史研究』第二一一号)という提言により、城郭研究は大きく前進するとともに、歴史学のなかでようやく市民権を得るようになった。

時代は高度経済成長に伴う大規模開発が全国的におよび、周知の遺跡であった中世城館遺跡の発掘調査が爆発的に増加し、考古学からも注目されるようになった。特に城館遺跡から出土する貿易陶磁や国産陶磁は陶磁器研究の中核となる。一方、文献史学からは小規模な山城が戦争の際に村人の避難場所であったという「山小屋」論や、村人が構えた「村の城」論などが展開された。

こうしたなかで縄張り研究は、実際に現地に残された城郭遺構を図化する独自の方法で、飛躍的に城郭研究を深化させたのであるが、一方で城郭の持つ軍事性のみに着目した点は否定できない。何度も繰り返すが、城郭は軍事的な防御施設であり、それを抜きに城郭を語ることはできない。ただ、軍事の実態を単に城郭施設である虎口構造や横矢掛け、畝状竪堀群といったもののみに集中して議論してきたことは否定できない。縄張り研究の限界とも言えるのかもしれない。軍事性は土木として築かれた施設だけではない。今回の主題となる聖地と城郭についても、信仰に依存した軍事性ということが充分考えられる。

たとえば城の立地である。個別の城を著述する場合、最初に述べられるのはその立地であり、必ずと言ってもよいくらい、「街道を押さえる軍事的要衝の地である」と記されている。もちろん国境などの境目の城や、攻城戦用の付城などは軍事的要衝に構えられたものである。しかし、守護や戦国大名の居城は軍事的施設であるとともに支配の核としての重要な施設であり、単に軍事的な要衝に築かれたわけではなさそうである。軍事という面のみからの視点は古代よりの信仰の山である地域の霊山、聖山に意識して築かれたり、極めて象徴的な山に築かれた山城の存在を見失ってきた。ここでは守護や戦国大名の居城の選地について考えてみたい。

1　寺社と共存する守護の城

(1) 観音寺城と観音正寺

近江守護六角氏の居城は観音寺城である。また、江北三郡の守護権を掌握していた京極氏の居城は上平寺城である。いずれも城名に「寺」が入るという共通性が認められる。しかも寺という文字が入るだけではなく、観音寺城は観音正寺という寺院地に築かれており、上平寺城も上平寺という寺院地に築かれていたようである。観音寺城は戦国時代に観音寺城と記されていたり、観音寺と記されている史料があり、城が存在した段階で明らかに観音寺という寺院名を冠して呼ばれていたことはまちがいない。一方、上平寺城に関しては京極氏時代にどう呼ばれていたかは定かではないものの、『嶋記録』では「覚へ、京極殿いにしへハ上平(ウハタイラ)に御座候よし申候、」とあり、京極高吉が上平館に隠居したという記録があり、そこに寺の文字は認められず、天正年間には上平寺との関係は意識されなくなっていたのかもしれない。ただ、『寛政重修諸家譜』の讃岐丸亀藩の京極氏家譜には「高吉　元亀元年(一五七〇)十一月右府、浅井朝倉と和睦ののち、高吉も上平寺城にかへる。」「其身は上平寺城に蟄居し、剃髪して道安と号す。」とあり、上平寺と記している。

さて、観音寺城は観音正寺の寺地に築かれた。その観音正寺は西国三十三観音霊場であり、康和四年～嘉承二年(一一〇二～〇七)に著された『寺門高僧記』四には「観音霊所三十三所巡礼記日数百廿日　十九番観音正寺三尺千手近江蒲生郡　願主聖徳太子」とあり、聖徳太子創建の寺伝を持つ。この観音正寺の建つ山は繖山(きぬがさやま)と呼ばれ、標高四三二・七㍍、山麓からの比高三三〇㍍を測る。山城を築くには高い山に属する。

ここに最初に城を築いたのは六角氏頼で、『太平記』には、「正月(建武三年)十二日、近江愛智河宿ニ著レケリ、其日大館中務大輔、佐々木判官氏頼其比未幼稚ニテ楯籠リタル観音寺ノ城郭ヲ責落テ、敵ヲ討事都テ五百余人」とあり、六角氏頼が奥羽より京に攻め上る北畠顕家軍を防ぐために築いた。ただし、これをもって六角氏の居城と考えるのは早計で、六角氏の居館は金田館にあり、観音寺城は戦争が起こると臨時的に用いられた山城であった。

文明五年(一四七三)の『ふち河の記』には「観音寺という山寺をみやりて」とあり、山上に寺院の伽藍が存在していたことも知られる。それが応仁・文明乱後の軍事的緊張が続く中で恒常的な居城として常住するようになったものと考えられる。しかも観音正寺と敵対するのではなく、むしろ寺院と城郭が共存していたようである。

当初城郭は観音正寺の寺域を脅かすことなく、繖山の西端尾根に構えられた。これが現在の本丸・平井丸・落合丸・池田丸と呼ばれる部分である。繖山の頂上部ではなく、山腹の尾根にこうした主要部が築かれたのは観音正寺との関係からであった。山頂の稜線部には「根本観音堂」と呼ばれる一画がある。藤岡英礼はここが観音正寺の存在した場所と推定する。観音正寺との共存関係は戦国時代に崩れ、六角氏は観音正寺を一旦山麓へ降ろす。繖山の南山麓には「古観音堂」「古観音谷」と呼ばれる一画があり、ここに降ろされたと伝えられている。改めて山上の現在の観音正寺の寺地に戻るのは観音寺城の廃城後の慶長初年(一五九六～一六〇五)のことである。ここで山麓に降ろされた

図2　観音寺城変遷想定図
（村田修三作図をベースに中井がエリアを作成）

写真２　観音正寺奥の院

写真３　観音正寺奥の院の巨石と磨崖仏

寺院が再び戻るのは元来伽藍の構えられた場所に違いない。つまり観音正寺は現在の地に創建されていたのである。

では山頂部の「根本観音堂」はどう理解すればよいのであろうか。これは観音降臨の地としての奥の院と見るべきで、観音正寺にとっての聖域であり、共存関係にあった段階では、ここに城郭は構えられなかった。現在も「根本観音堂」の南方に聳える五万石岩の巨岩が重なり合った岩陰が奥の院と呼ばれ(写真2)、平安時代後半と考えられる磨崖仏が六体刻まれている(写真3)。なお、江戸時代に描かれた「佐々木古城跡繖山観音山図面」には、国岩・万石岩・女良岩などの巨岩が描かれている。こうした巨岩は山麓より望めたもので、繖山は仏教伝来以前より磐座として崇拝されていたと考えられ、聖なる山として信仰されていた「聖山」に寺院が構えられたのであった。

城郭の主要部が山頂ではなく、山腹尾根上に構えられるという構造は城郭としては極めてイレギュラーである。それは寺院との共存を示す構造として評価すべきであろう。南北朝時代に山岳寺院を利用して山城が構えられる事例は、笠置山・摩耶山・太平寺・船上山・霊山など数多く認められる。それは騎馬を寄せ付けない急峻な山に伽藍が構えられていることに起因する。これは聖地に依存するのではなく、極めて軍事的な聖地利用であった。こうした南北朝の山城は、ほとんどそれ以後に軍事利用されることがないことからも臨時的な利用であることを示している。そのなかで観音寺城のみはその後六角氏の居城となっているのは軍事的利用ではあるものの、要衝の地というだけではなく、聖地に依存した選地であった。なお、山城守護代である木沢長政は支配の拠点として笠置山に城郭を構えている。さらに大和においては信貴山に城郭を構えている。いずれも聖地であり、木沢長政の山城の選地も聖地に依存していた可能性がある。

(2) 上平寺城と上平寺

一方、江北三郡の守護権を有していた京極氏は地理的には近江の最東北部に位置する伊吹山の山麓に本拠を構えている。江北三郡支配としてはあまりにも美濃に偏り過ぎているにもかかわらず、この地に本拠を置いたのは古代以来の信仰の山である伊吹山に依存していたものと考えられる。

『船田後記』明応四年(一四九五)に「江州太守佐々木政高(政経)進師于弥高山」、「政高下弥高山」とあり、また、『江北記』には、「明応五年(一四九六)六月治部少輔殿御出陣とき中務少輔殿(高清)弥高寺にましまず御時、(略)清遠一身引切弥高寺の御陣へ駆参」と記されている。これらの史料より京極氏が弥高寺に陣を構えていたことがうかがえる。

弥高寺は伊吹山の南方に突出する標高七一五㍍の高所に構えられた伊吹四ヶ寺のひとつの山岳寺院である。現存する弥高寺跡は本坊を頂点として魚の鱗状に坊院が約六〇ヶ所配置されている。ただ、その大門の部分は枡形となり、前面には巨大な横堀を、背面には巨大な堀切を巡らしており、城郭としての構造を示している(図3)。中心部分は寺院を利用し、防御ラインを増設した陣であったことがわかる。

さらに永正二年(一五〇五)の日光寺の講和により、京極高清と京極材宗の家督をめぐる内訌は終息し、高清は新たに守護の居城として、かりやす尾(苅安尾)城を築いた。この城は上平寺城とも呼ばれ、弥高寺と同じく伊吹山寺のひとつとされる上平寺に構えられた。上平寺は大谷寺と称し、創建当時は伊吹山の山腹にあったものが、山麓に移ったものと考えられる。この上平寺がどこにあったのかということであるが、山城部分は痩せ尾根上にほぼ一直線に曲輪を構える連郭式構造であり、寺院が構えられた様子はうかがえない。

江戸時代初期に描かれた「上平寺城絵図」(米原市所蔵)には山城としてのかりやす尾城と、居館として山麓に構えられた上平寺館が描かれている。その山麓居館部には「御屋形」と記されている守護館より一段上段部に「御廟所」

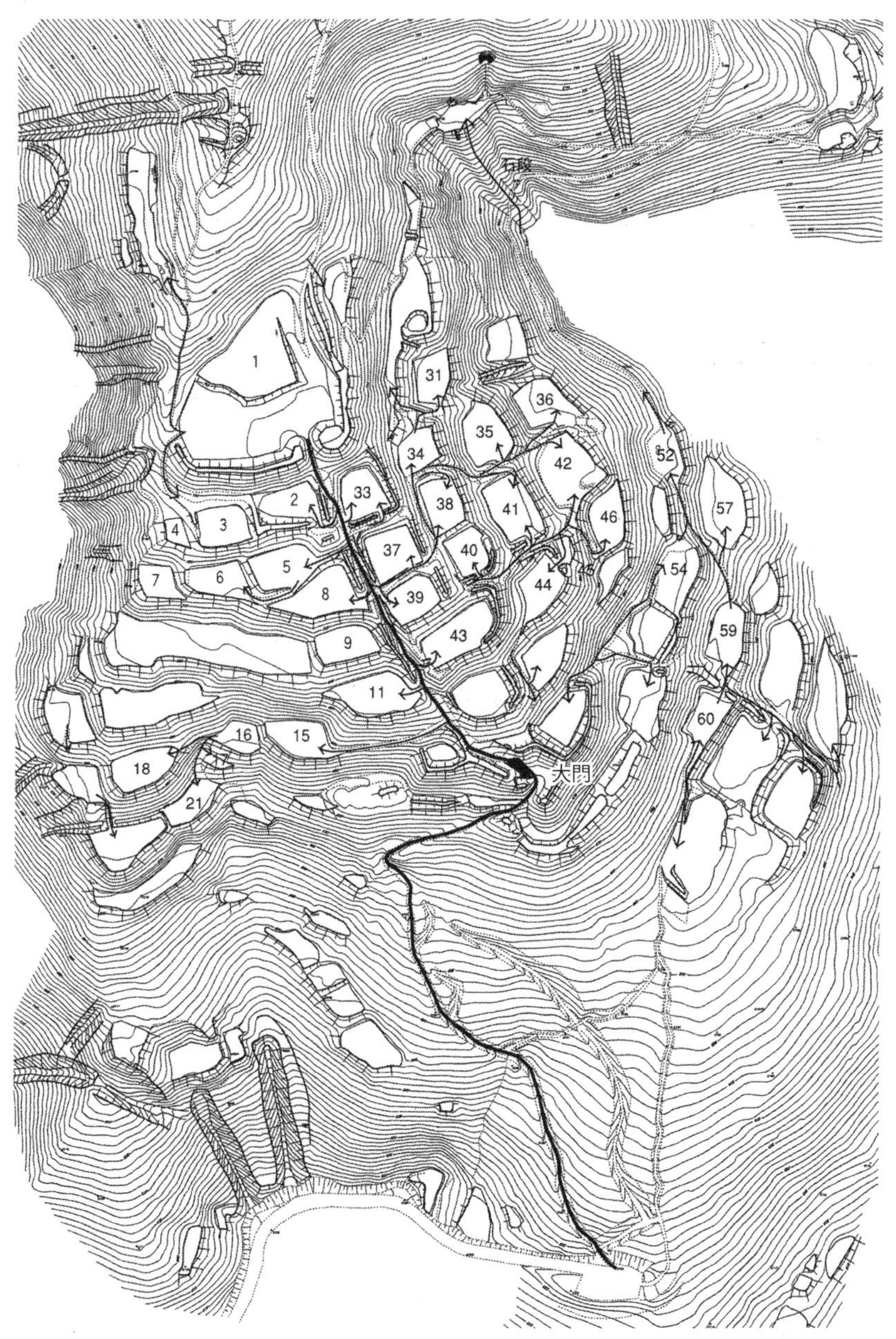

図3　弥高寺跡測量図（米原市教委 2005）

図4　上平寺城古図（米原市所蔵絵画を中井均がトレース）

の本堂と、伊吹大権現の社が描かれている。その前面に規則正しく方形区画が配列され、「御屋形」「蔵屋敷」「隠岐（尾木）屋敷」「弾正屋敷」「厩」などと記されている。これらは上平寺の坊院を用いて構えられた家臣団屋敷と見られる（図4）。

現存する京極氏館跡はほぼ絵図に描かれた構造を示しており、伊夫伎神社が建つ御廟所には「浄光院殿芳室宗□大禅尼　永正三年（一五〇六）四月七日」銘を刻む五輪塔などが残されている。また、上平寺区有文書には元和二年（一六一六）に江戸幕府が上平寺塔頭の密蔵院に宛てた掟書が残されており、「掟　上平寺の事　一　本堂幷鎮守社支配之事附り境内可為用事也　（中略）　一　御廟所拝礼御供養読経可致勤仕事」とあり、絵図のような堂宇の存在と、高清の廟所として利用されていたことはまちがいない。

内訌により弱体化した京極氏は新たな領国支配の核としての居城を、古くからの聖地としての上平寺の寺地に求めたものと考えられる。

ところで、六角氏が居館としていた金田館は後に菩提寺の金剛寺が建立され、京極氏の柏原館にも菩提寺の清瀧寺が建立されていることも興味深い。ちなみに金剛寺は戦国時代には金剛寺城として城郭が構えられることとなる。つまり、寺社の建立された聖地に城郭を構える形態と、守護の館を寺院に改修する形態があったのである。

（3）富田城と加豆比乃高社

出雲守護代の尼子氏は本姓佐々木氏であり、北近江の守護京極氏の一族である。京極氏は飛驒・出雲・隠岐の守護職を得ており、出雲へは一族の尼子氏を守護代として下向させていた。その尼子氏が出雲に入国したのは持久のときと言われているが、その正確な時期は不明である。そして守護代尼子氏が居城として築いたのが富田城であった。城

写真４　富田城本丸に建つ勝日高守神社

写真５　秀麗な山容の月山

は標高一九一・五㍍の月山の山頂に構えられている。山麓居館の山中御殿からの比高は一一五㍍を測る。

山頂には『出雲風土記』記載の加豆比乃高（かつひのたか）社（勝日高守社）が鎮座している。月山はさほど高い山ではないが、山頂からは奥出雲の山々、能義平野、さらには中海、弓ヶ浜半島、美保湾、美保関など島根半島東端までを眺望することができる。また、月山の名の通り、富士山形の象徴的な山容に目を引かれる。月山が神の山として古くからの信仰の山であり、地域の人々にとって意識されてきたことは明らかである（写真4・写真5）。

現在、加豆乃高社は富田城の本丸に位置しているが、大堀切を隔てて構えられた二ノ丸からは中国産の青磁碗や白磁皿、青花碗・皿、磁州窯系の壺や青磁香炉、盤などの貿易陶磁や古瀬戸の瓶子といった威信財が出土しており、実は富田城の実際の本丸は二ノ丸であった可能性が極めて高い。現在の本丸は、神の居ます場であったと考えられる。なお、富田城は永禄八年（一五六五）に毛利元就の攻撃により落城しており、その後は毛利氏の出雲支配の核として改修され機能している。本丸の社は毛利氏時代にもそのまま祀られている。

このように守護（守護代）の居城は、寺院や神社を祀る聖地に築かれており、これは城が単に軍事的要衝に構えられるのではなく、聖地に築くことにより信仰の力に依存していた可能性が高い。

(4) 大桑城

美濃守護の土岐氏の居城に大桑城がある（枝広館から移転）。城は標高四〇七・四㍍の古城山に築かれている。南山麓の市洞からの比高は三三〇㍍、北山麓の青波からの比高は三〇〇㍍という高い山となる。近江観音寺城・上平寺城・出雲富田城などの守護の城と同じく高い山に選地している。

城の構造は山頂部にほとんど曲輪が構えられず、尾根そのものを曲輪としている。最も広い曲輪は頂上部より一段下がったところに構えられた台所と呼ばれる部分であるが、土塁や虎口も認められない削平地である。ところが南山麓の城下部分では発掘調査の結果、広い範囲で戦国時代の遺構と遺物が認められ、大規模な城下が構えられていたことが判明している。山城は曲輪・虎口などの構造物よりも、領域から広く望める高い山が守護の城であることこそ重要であった。

さらに大桑城で注目できるのは、北側の谷筋に曲輪群が階段状に築かれていることである。尾根筋の頂上部には曲輪がなく、本来軍事的には不利となる谷筋に曲輪を配置するのは極めてイレギュラーな構造である。これは近江の観音寺城と同じ構造である。ただ、大きな相違は観音寺城が谷筋の曲輪群の山麓に城下を構えているのに対して、大桑城では谷筋の削平地とは反対側の南山麓に城下を構えていることである。この点については、大桑城の当初の正面が北側で、北の谷筋に階段状の削平地が構えられていた後に、守護土岐氏が居城として大桑を求めた段階に、南側の山麓に居館と城下を構えたものと考えられる。つまりは大桑の山そのものが重要な場として選ばれたものと考えられる。

谷筋の階段状の削平地には中央に道が設けられ、その両側に複数の削平地が展開している。この構造は山岳寺院の坊院のあり方を示している。山頂が聖地であり、その谷筋に坊院が展開していた中世寺院であった可能性を示している。削平地には礎石が点在し、さらに戦国期の貿易陶磁が大量に表面採集されている。こうした遺構・遺物も山城と見るよりは寺院とみたほうが理解しやすい(図5)。

大桑城の場合も元来は山寺のある信仰の山に、長井氏(後斎藤氏)に追われた土岐氏が守護としての権威を示すために選地したものと考えられる。

なお、大変興味深いことに大桑城の所在する山の名称は、大正以降の地形図では「古城山」と明記されているが、明治作成の地形図では「寺ヶ町山」と表記されている。

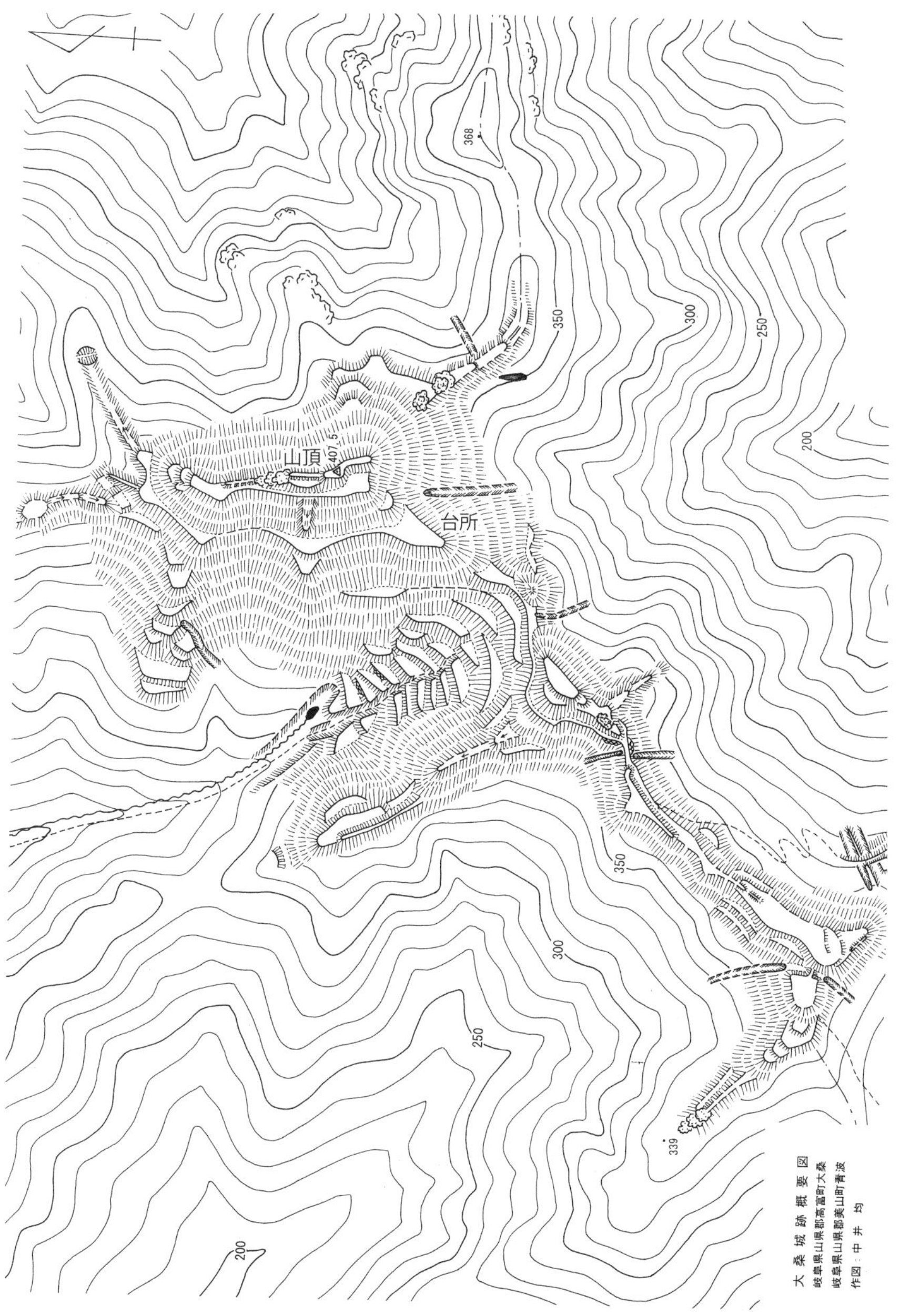

図5　大桑城概要図（中井均作成）

2　戦国時代の山城と聖山

(1) 小谷城

守護大名だけではなく、戦国大名の居城も聖地に構える場合がある。江北の戦国大名浅井氏は三代五十年にわたり小谷城を居城としている。江北の守護京極氏が家督をめぐる内訌で弱体化したのに乗じて国人のクーデターが起こり、そのリーダーとして選ばれたのが浅井氏初代の亮政である。小谷城はこの亮政によって築かれた山城である。小谷築城以前の国人であった浅井氏は本貫の地である浅井郡丁野に館を構えていた。それが江北の国人のリーダーとなった段階で小谷城を築いたのである。まさに小谷城は浅井氏が戦国大名となった独立宣言というべきものとして築城されたのである。小谷城は標高四九五・一メートル、山麓からの比高三九〇メートルという戦国時代の山城としては高い山に築かれている。『信長公記』には「大谷(小谷)山は高山節所」と記されている。浅井氏の支配領域である湖北三郡のいずれからも望むことができ、小谷山頂からは湖北三郡を見渡すことができる。丁野を望むことはできないが、小谷山は支配地のどこからも望めるのである。京極氏の被官から戦国大名となった浅井氏を具現化する築城そのものである。

小谷山はただ高いだけではなく、その山容は富士山型で実に美しい。さらに山頂は大嶽(おおづく)と呼ばれ、かつては大嶽寺と称する寺院があったと伝えられている。『史跡小谷城跡保存管理計画書』〔長浜市教委 二〇一四〕には、「『大安寺三綱紀』の記述によると、大嶽には古い時代には大嶽寺(廃寺)があったとされている」とある。また北村圭弘は「『大安寺三綱紀』によると、白鳳二年(六七三)に定恵が浅井嶽に登壇を築き、大嶽寺を創建したという。本尊は薬師如来と如意大士で、僧坊六宇があったとする。『東浅井郡志』は浅井嶽を小谷山の大嶽に比定し、また山麓の真言宗小谷寺

写真６　清水谷から望んだ小谷城

写真７　小谷城大嶽から本丸を望む

(浅井氏時代は常勝寺)は浅井氏に寺地を譲って大嶽から現在地にくだったという伝説がある」[米原市教委二〇〇九]。大嶽寺の詳細は不明であるが、小谷山が聖地であった可能性は高い。居城を地域の信仰の山に築くことで、守護に代わって新たな支配者となった戦国大名として認められたのである(小谷城の概要図は本書齋藤論文参照)。

(2) 清水山城

近江では湖西でも同様に戦国大名が山岳寺院の造営された山に城郭を構えた事例が認められる。近江国高島郡は戦国時代に高島七頭と呼ばれる同名中が組織され、その惣領家である佐々木越中家の居城として築かれたのが清水山城である。清水山城は山城部分と山腹部の東屋敷群、西屋敷群、さらに山麓の居館群から構成される巨大な山城である(図6)。

山腹の西屋敷群の最高所が清水寺の本堂跡と考えられている。清水寺は山門西塔院の末寺で勅願寺であった。応永年間(一三九四〜一四二八)前半の『木津荘引田帳』、応永二十九年(一四二二)の『木津荘検注帳』に清水寺の名が記されており、約三町の田地を寺領としていた。山腹の屋敷群の中央には直線道路が敷設され、その両側に規則正しく屋敷地が配置されている。この道路の最奥部の平坦地が本堂伝承地であることより、道路は参詣道として敷設され、城郭が構えられた段階で大手道になったものと考えられる。両側の屋敷地は参詣道の両側に展開していた坊院が屋敷地に利用されたものと考えられる。こうした構造は観音寺城と同様である。

(3) 飯盛城

戦国の覇者とも評される三好長慶は、永禄三年(一五六〇)に居城を摂津国芥川城より河内国飯盛城へ移した。飯盛

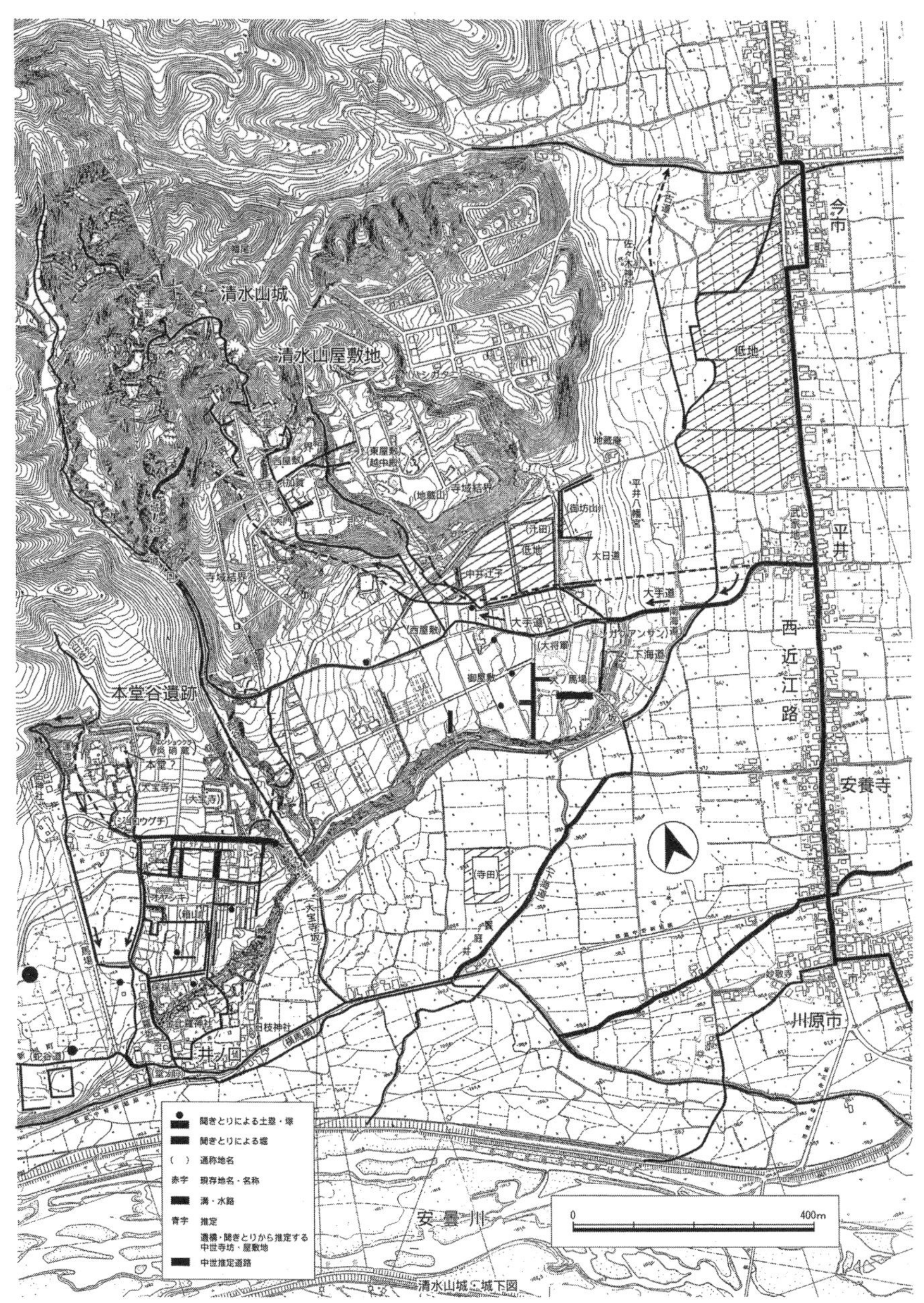

図6　清水山城・城下町（高島市・高島市教委 2007）

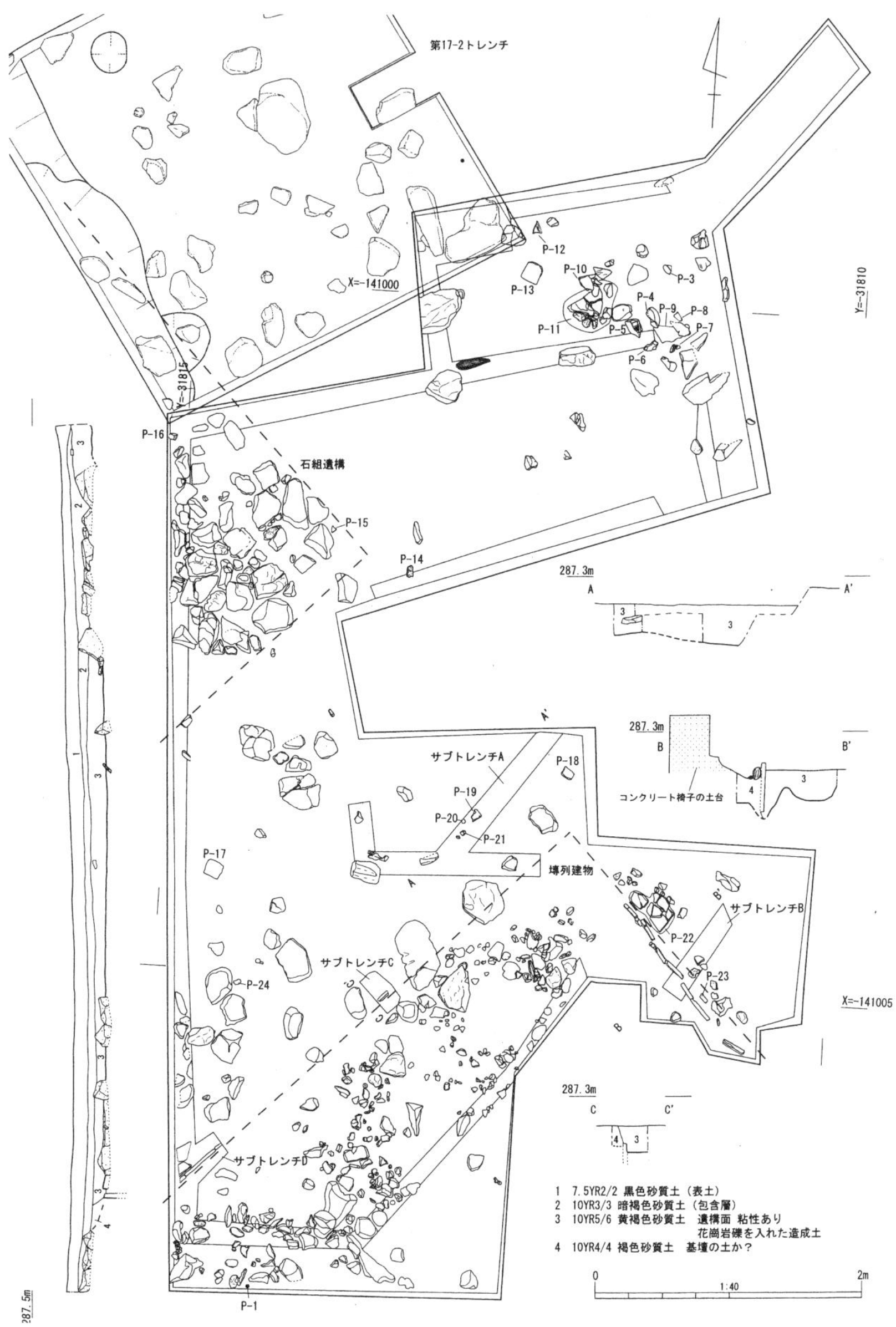

図７　飯盛城御体塚丸で検出された塼列建物・石組遺構平面図
（大東市教委・四條畷市教委 2020）

写真８　飯盛城御体塚丸

城は標高三一四㍍の飯盛山に築かれている。山麓からの比高は二八〇㍍を測る高い山城である。山頂の主郭からは河内・摂津・播磨・紀伊・山城が一望でき、戦国の覇者にふさわしい立地である。史跡指定を目指し、最近総合調査が実施され、発掘調査も実施された。なかでも注目されるのが御体塚丸の調査成果である（図７）。

御体塚丸とは永禄七年（一五六四）に飯盛城内で病没した三好長慶が、その喪を二年間伏せさせ、御体塚丸に仮埋葬させたと伝えられている。そのために名付けられた曲輪である。この曲輪の中心には塚状のマウンドがあり、伝承の塚と見まごうが、実は花崗岩の露頭である（写真８）。

この周辺の平坦面が発掘調査され、塼列建物の一部が検出された。さらに出土遺物には土師器台付灯明皿という極めて特殊な灯明皿や多量の鉄製釘があった。こうした遺構や遺物は御体塚丸に宗教的施設が存在していたことを示唆している。曲輪を兵の駐屯地として利用するのであれば、その中央に露頭する岩盤を残すことはあり得ない。

この岩盤は磐座の可能性があり、そうした場に宗教的施設を構えたと考えられる。あるいは長慶は飯盛築城に際して三好家の先祖である新羅三郎義光を祀る新羅社を勧請しているので、その新羅社が鎮座していた空間であった可能性もある。

3　各地の中小規模の山城

山城の選地と聖山の関係は、戦国大名の居城に限られるわけではない。近江国野洲郡の小堤城山城（こづつみしろやま）は戦国時代の石垣が認められる城である。近江は観音寺城で確実に弘治二年（一五五六）段階に石垣が築かれていたことがわかる。石垣の先進地域であるが、それらは数多く分布しているわけではない。現在近江で石垣・石積みが確認されている山城は、小谷城・鎌刃城・観音寺城・佐生日吉城・星ヶ崎城・小堤城山城・三雲城の七ヶ城にすぎない。滋賀県教育委員会による県下の中世城館跡の悉皆調査では約一三〇〇ヶ所の城館跡が確認されており、石垣・石積みを持つ城館跡の数は一三〇〇分の七にすぎない（約〇・五％）。しかし、数は少ないものの石垣構築の技術力は全国屈指のものであり、そこに寺院の技術が大きく関わっていたことは他の地方とは大きく異なっている。

さて、その石垣を有する城跡のひとつ小堤城山城は、登城道の両側の尾根筋に階段状に削平地が構えられている（図8）。そして登城道の最奥部に平坦地（Ⅳ）が構えられてはいるものの山頂部ではなく、一段低い部分である。城郭は山頂部（Ⅰ）に構えられているが、中心はこの登城道最奥部の削平地（Ⅳ）である。こうした構造は観音寺城や湖西の清水山城を小規模にしたもので、元来は山頂が聖地で、一段低い場所が山寺の本堂であった可能性が高い。そして城

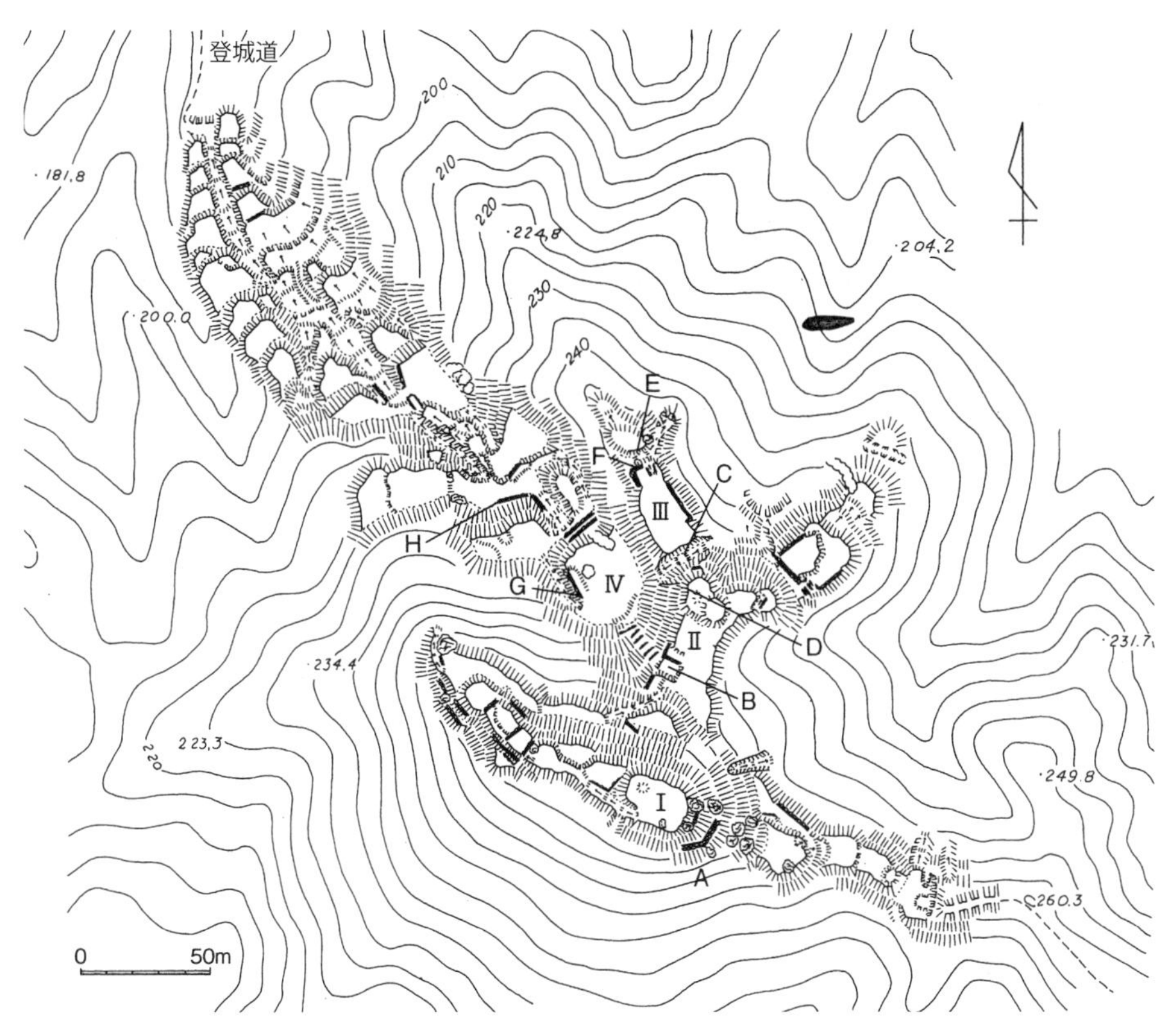

図８　小堤城山城概要図（福永清治作成『図解 近畿の城郭Ｉ』より）

郭に改修された段階で山頂部が城域に取り込まれたものと考えられる。城の歴史についての史料はないが、城主は永原氏といわれている。しかし、永原氏の本貫地である上永原からは離れた位置にあり、永原氏との関係は不詳と言わざるを得ない。むしろ石垣の存在することより守護六角氏との関わりを考えたい。

現在江南に存在する石垣・石積みを有する山城は六角氏との関わりが深い。居城の観音寺城と、その北方尾根上に構えられた佐生日吉城、六角氏の逃げ城である三雲城、そして観音寺城と三雲城の中間点に位置する小堤城山城である。六角氏が観音寺城を脱出して、甲賀へ向かう途中に利用する城として構えられたと考えられる。いわば六角氏の直轄城郭であったために石垣が用いられたのであるが、その選地も単純に中間点というものではなく、観音寺城と同様に聖地であった山寺を利用して構えたのである。なお、興味深いことに本堂と考えられる平坦地や山頂部では中世の瓦が採集できる。これらは城郭に用いられたものではなく、前身の山の寺に葺かれていた瓦と考えられる。

このように信仰の山、すなわち地域の聖山に意識的に城郭を構えたことは重要である。山城の選地は軍事的要衝の地だけではなく、これまで見てきたように地域の聖山が選ばれたのである。

また、山そのものも聖地であるが、それとともに神社を山頂に移して守護神とした事例もある。

備後国神辺（かんなべ）城が構えられた黄葉山（こうようざん）は円錐形の山容で、神辺は元来、甘南備（かんなび）(神奈備)山に由来する名である。山腹には天別豊姫（あまわけとよひめ）神社が祀られている。天別豊姫神社は式内社で、神辺大明神、甘濃巌大明神とも称される。南北朝時代の建武年間(一三三四～三六)に備後守護朝山景連が城を築くにあたってこの神社を城の守護神とし、城のある黄葉山中腹に遷したと伝えられている。

美濃国の近世城郭としての岩村城には八幡曲輪と呼ばれる曲輪がある。ここには明治維新まで八幡神社が祀られていた。その社伝によると鎌倉時代に加藤景廉が岩村城を築く時に城の鎮守として勧請したと伝えられている。その後明治に至るまで城内に鎮座しており、遠山氏、松平氏など歴代城主の崇敬が篤かった。明治五年(一八七二)に城内より山麓の現在地に遷宮された。

さらに土佐国の山城では詰の段と呼ばれる主郭や、副郭に神社が祀られている事例が多い。それらは城八幡と呼ばれている。たとえば朝倉城では副郭に現在も城八幡が鎮座している(写真9)。また、高知県下の発掘調査では芳原城の詰の段から懸仏が出土しており、主郭に仏の祀られていた空間が存在したようである。

発掘調査では山城の調査で五輪塔や石仏が出土する場合がある。山麓より持ち上げられた可能性もあるが、むし

写真９　朝倉城の城八幡

ろ山城が築かれる以前に山岳寺院などの信仰施設が存在した可能性を指摘しておきたい。たとえば近江の事例で、八幡山城は天正十三年（一五八五）に羽柴（豊臣）秀次によって築かれた織豊系城郭であるが、山麓居館から山城に至る尾根筋には城郭とは別の削平地が階段状に設けられており、五輪塔が散乱している。ここは聖徳太子建立四十八院のひとつで、最後に建立されたといわれる願成就寺があったところと伝えられている。また、山麓に所在する日牟礼八幡宮下社の神宮寺であったともいわれ、成就寺の名称が史料上に登場する。山麓谷筋の最奥部に構えられている秀次居館は寺院の本堂部分と考えられ、大手両脇に構えられた家臣屋敷も坊院の区画を踏襲したものである。

また、同じく近江の事例であるが、天正十三年（一五八五）に中村一氏によって築かれた水口岡山城では発掘調査の結果、本丸の櫓台石段や側溝に五輪塔や石仏が転用されていることが判明した。さらに本丸には今でも五輪塔が散乱しており、かつては寺院などの信仰施設が存在していたことを示唆している。さらに城郭構造では織豊系城郭では存在しない土造りの小削平地が点在している。水口岡山城が築かれる以前に城郭が構えられたことはなく、こうした小削平地は城郭に伴わない施設であることは明らかである。これらが元来存在した山寺に伴うものと考えられる。現在山麓に位置する大岡寺の寺伝ではかつては山頂に伽藍のあったことを伝えている。

若狭国の国吉城では本丸や本丸下の堀切部分に五輪塔や石仏が点在している。ところが発掘調査で検出された石垣の石材に転用材は認められない。これは極めて興味深い調査成果である。それは転用材として用いないのであれば、わざわざ山麓から運び上げる必要はない。つまりこれらの石仏や五輪塔は元々山上にあったものと解釈できる。国吉城もかつては山岳寺院の存在した山に築かれたのである。

このように五輪塔や石仏が存在する山城は数多く確認できる。従来、山麓より転用材として運び上げたものと考えがちであったが、実は城郭を構える以前に寺院など信仰施設の存在した山だったのである。そうした山岳寺院の跡地に城を構えたのは偶然ではなく、聖地を意識したものだったようである。

4　怖れの場としての聖なる場

河内守護所は誉田城であったが、享禄五年(一五三二)以降は史料に登場しなくなり、これ以降は高屋城が河内守護所となったようである。高屋城は高屋丘陵と呼ばれる中位段丘の北端に選地している(図9)。丘陵は氾濫原から最大一一㍍の比高差を有している。その端部に築かれた伝安閑天皇陵(高屋築山古墳)の墳丘に構えられたのが高屋城である。明応八年(一四九九)に畠山尚順が河内に入国すると高屋城に入城する。『公方両将記』(続々群書類従第四、慶長年

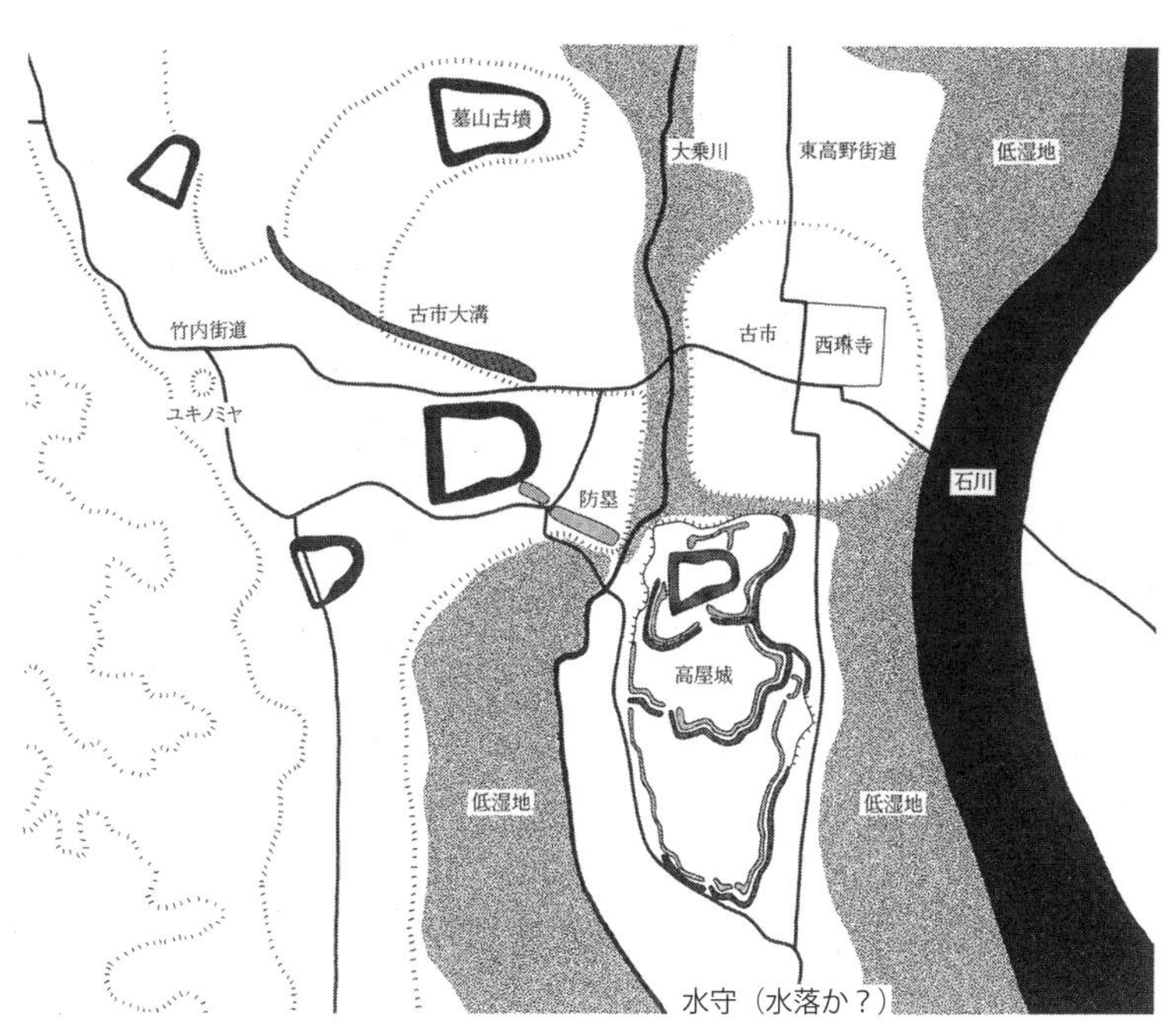

図９　高屋城周辺模式図（羽曳野市教委 1999）

間頃成立の軍記）には、「抑此高屋城ハ安閑天皇ノ御廟所也ケルヲ、要害能所也トテ、尚順初テ城ニ取立、安々ト居住セラシガ、霊神ノ祟ニヤ、程ナク落城シタリケルカト皆人申合ニケル」とあり、尚順が安閑天皇陵と知ったうえで築城していたことがわかる。前方後円墳の墳丘を利用した城郭の事例は少なからずあるが、築城に際して古墳である認識はほとんどなく、高屋築城は極めて異例と言えよう。また、その落城が陵墓に築かれた祟りと記されている。

さらに『足利季世記』（史籍集覧、慶長年間頃成立の軍記）の大永七年（一五二七）条には「此高屋ノ城昔安閑天王ノ御廟ナリ、然レハ要害ヨケレハトテ城ニ築立ラレケレトモ、本城ニハ恐レテ、畠山殿モ二ノ丸ニ住シケル」とあり、安閑天皇陵に築城したものの、それに対する恐れの観念から居住区とはならなかったことがうかがえる。一方で「此城ニ一ノ不思議アリ、安閑天皇ノ御廟ヲ城ニ用ラレシ故ニヤ、大和路ノ水越ト云道ヨリ城エ入ル者、生テ帰ル事ナシトテ、水越路ヲムカシヨリ明道ニテ、手向ノサタモナカリケル、柳本此道ハ心安トテ、水越ニカヽリテ退ク、ト山カネテ此心ヲ悟リ、水越山ノ処々ホリ切、石弓ヲ掛置テ野伏・足軽ヲ伏置テ、柳本カ人衆ヲ五百余人打殺シケレハ、水越ヲモ通得スシテ」とあり、陵墓を利用した築城に対する恐れの一方で、陵墓にまつわる迷信を加護として利用していた。

このように高屋城は明らかに陵墓を利用して築城していたとともに、少なくとも高屋築山古墳が室町時代には安閑天皇陵として認識されていたことは注目される。天皇陵という墓に城を築く怖れは存在したものの、その要害性という軍事面を優先した事例である。しかし、一方で迷信を加護としたことは一種の聖地であったことを示している。

5 織田信長の居城と聖地

(1) 小牧山城と岐阜城

ところで、織田信長の居城については以前に、石垣・瓦・礎石建物という三つの要素で分析したことがあるが、ここでは聖地との関わりから見ておきたい。石垣・瓦・礎石建物については天正四年(一五七六)に築城された安土城から始まったと考えていたが、近年の発掘調査で、永禄六年(一五六三)に築城された小牧山城で石垣・礎石建物が、永禄十年(一五六七)に築城された岐阜城で石垣・瓦・礎石建物が検出されており、織豊系城郭の特質である三つの要素の開始がさかのぼることとなった。そのなかで石垣に注目したい。

石垣・石積みが山城に導入されるのは十五世紀中~後半頃からで、特に信濃(松本周辺)、美濃、北近江、南近江、西播磨、東備前、北部九州などの地域で技術的に石垣として評価できるものや、石積みが多く築かれている。信長の

写真10　小牧山の間々観音出現地

石垣もこうした列島の城郭石垣と軌を一にしたものではあるが、明らかに他の城郭石垣や石積みと相違する点がある。それは巨石を用いる点である。

　小牧山城の石垣で最も注目されるのが、巨石を用いた石垣である。本丸の石垣は巨石を配して三段程度に積み上げるのを特徴としているが、これは高さを稼ぐためではなさそうである。小牧山は標高八五・九㍍の独立した小丘陵で、濃尾平野では屹立した山塊をなしている。この山は間々観音出現の地でもある。本丸の西方に伸びる尾根の頂部はチャートの岩盤が露頭しており、そこに観音が降臨したと伝えられており、間々観音出現之地の石碑が建立されている(写真10)。小牧山城は信長の美濃攻略の拠点として構えられた城郭ではあるが、それを信仰の山に選んだのである。その観音降臨の山に巨石を用いた石垣を築くことが重要だったのである。

　美濃攻略を終えると信長は惜しみもなく小牧山城を廃して斎藤道三の居城であった稲葉山城に居城を移してしまう。これが岐阜城である。標高三二八・八㍍、信長居館からの比高三〇〇㍍とやはり高い山である。岐阜城でも最近の発掘調査

写真 11　金華山の烏帽子岩

写真 12　岐阜城本丸（上之権現か）

によって信長時代の石垣や庭園などが検出されている。宣教師ルイス・フロイスは『日本史』のなかで、「驚くべき大きさの加工されない石の壁」と記した形状の巨石を用いた石塁が山麓の信長居館で検出されている。

ところで岐阜城で注目しておきたいのが金華山北方尾根丸山の伊奈波神社の旧社地に位置する烏帽子岩と呼ばれる岩盤である。伊奈波神社の古地と伝わる場所で、磐座と見られる。道三は伊奈波神社の聖地に築城し、信長もそれを踏襲したのである。永禄十二年(一五六九)八月一日に岐阜城を訪ねた山科言継は「上之権現」を見学しているが、この「上之権現」とは伊奈波神社の本宮峰権現と見られ、現在の模擬天守閣入口前面に屹立する巨石を指すものと考えられる。岐阜城山頂部の本丸に相当する場所は平坦地となっていない。ほぼ自然地形のままの状態である。これは磐座とみてよいだろう。信長は小牧山城に次いで岐阜城も聖地であるがゆえに居城としたと考えられる。さらに巨石を用いた石垣を積み上げることにより人工的に磐座を創出したのではないだろうか。山麓より見上げたとき、山上の巨石を用いた石垣に畏怖させたのである(写真11・写真12)。

十六世紀後半に巨石を用いた石垣が白山平泉寺、豊原寺といった寺社に用いられている。聖地としての石垣に巨石が用いられたのであろう。一方、城郭では信長の小牧山城、岐阜城以外では、越前国の戦国大名朝倉氏の居館である一乗谷の下城戸に認められる。城下との結界として構えられた城戸に巨石を用いたのである。岐阜城の信長居館の石塁と同じ意識であり、近世城郭の虎口鏡石の祖型となるものである。

(2) 安土城

では安土城にはこうした聖地としての選地は引き継がれなかったのであろうか。安土城は標高一九八㍍と岐阜城に比べると低いが、山麓からの比高は一一〇㍍を測る山城で、小牧山城よりも高い。信長は居城を移転するだけではなく、必ず山城を築いたのである。この安土山は大中湖と呼ばれる琵琶湖の内湖に半島状に突出した独立丘である。

この東西の山裾から複弁八葉蓮華文軒丸瓦や重弧文軒平瓦といった奈良時代の瓦が出土している。出土地の頂上部には薬師平と呼ばれる平坦地がある。また、天主台の西麓では同じく奈良時代の単弁八葉蓮華文軒丸瓦が出土している。ここには古くに九品寺と呼ばれる寺院があったと伝えられている。

こうした奈良時代の廃寺が戦国時代まで信仰されたとは考えられないが、内湖に浮かぶ安土山が古代以来の聖地であったことは重要である。ここでは薬師平について今少し詳しくみておきたい。貞享四年(一六八七)に作成された「近江国蒲生郡安土古城図」は安土城跡を描く最古の絵図で、信長の百年遠忌を記念して作成されたものと考えられている。絵図には摠見寺以外に「薬師山」「薬師ヶ鼻」「牛頭天皇」「天神」といった信仰に関わる地名が記されている。特にこうした地名に存在したと考えられる宗教施設は信長の安土築城によって城外に移された形跡はなく、併存していたようである。

安土城については天主を中心に様々な復元案が示され、城郭構造に関する研究も盛んであるが、不思議にも城域についての論考は皆無といっても過言ではないだろう。大手道と称する直線道路は南面に敷設されており、これまでの安土城研究の視点は南もしくは百々橋口の西側からだけであった。さらに内湖に半島状に突出する山容より安土山の全てが安土城だと思われてきた。実際に安土城の北限は安土山の北端だったのだろうか。北端には砲台と呼ばれるものがあるが、これは昭和十七年に刊行された『滋賀県史蹟調査報告第一二冊安土城趾』の付図に初めて記されたもので、貞享四年絵図には描かれていない。『滋賀県史蹟調査報告第一二冊安土城趾』の付図に記されている薬師平も貞享四年の絵図では「薬師山」と記されている。付図地名の史料的根拠はなく、昭和十七年に創作された可能性が高い。

さて、安土城の北端であるが、安土山全山ではなかったならば、城域はどこまでであったのだろうか。本丸の北方

写真13　安土城八角平の高石垣

には堀切を隔てて八角平と呼ばれる曲輪がある(図10)。貞享四年絵図では「菅屋九右ヱ門」と記されており、昭和十七年付図には「菅屋邸」とあり、八角平という名称は近代以降のものと考えられる。この八角平の北方石垣は貞享四年絵図に「石垣高五間」と記されており、絵図に記された石垣の高さでは天主台の八間に次いで高い。実際現存する石垣は天主台石垣よりも高く、九〜一〇㍍を測るもので、現存する安土城跡石垣のなかでは最も高い一群に属する(写真13)。八角平が城域を限る石垣として築かれた可能性は高い。八角平の北側には一段低く腰曲輪が付き、虎口が設けられており、それより北側には石垣は認められない。安土城の北限は八角平と見てよい。

この八角平よりさらに北方にある尾根頂部が薬師山であるが、ここが築城以前の安土山の中心であったと考えられる。貞享四年絵図には薬師山としか記されておらず、曲輪などの存在は認められない。昭和十七年付図には薬師平の頂部に対して南側に直線道路が敷設され、その両側に階段状に平坦地が配置されている構造が描かれている。一見すると城郭構

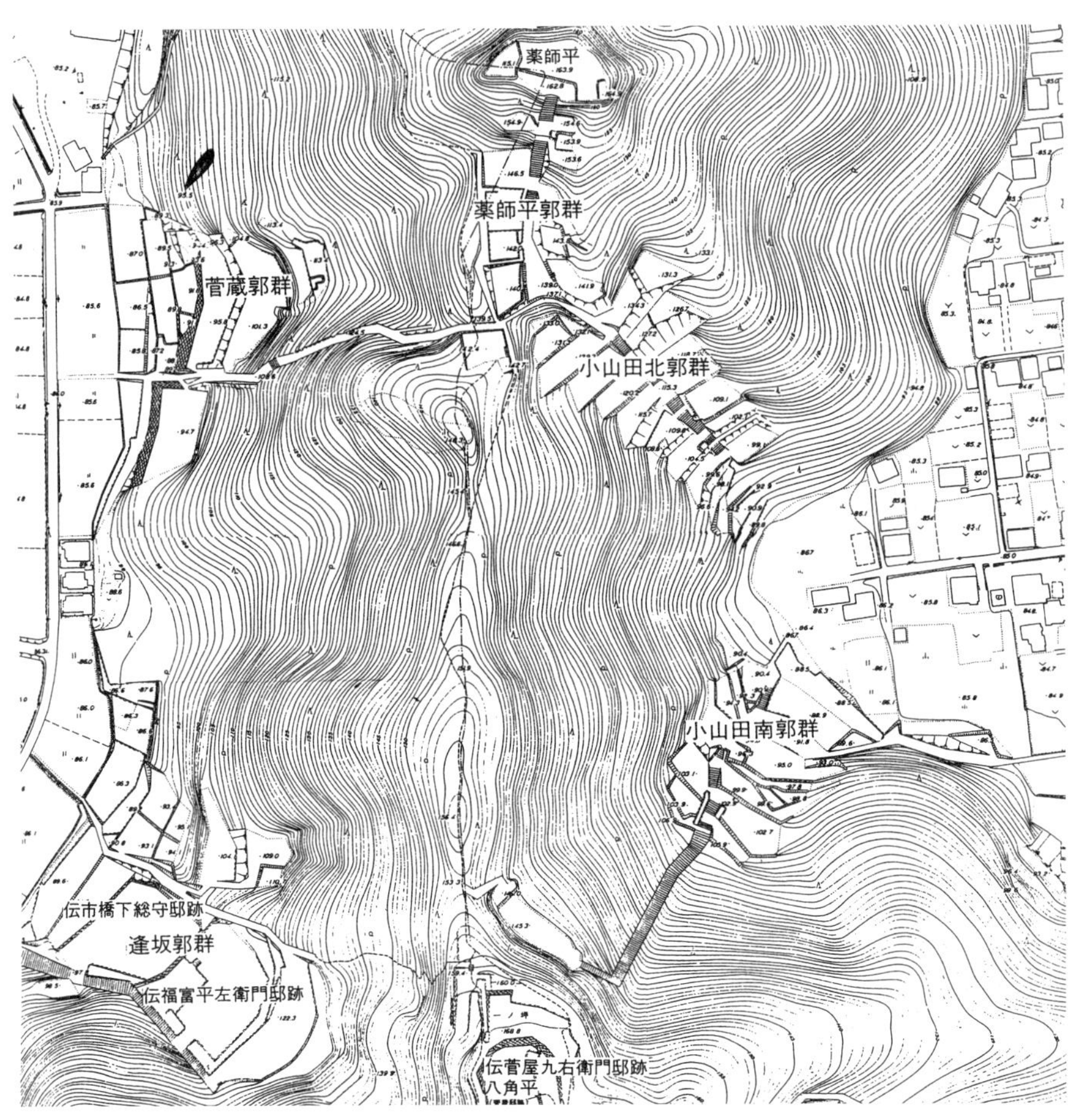

図 10　安土城薬師平周辺測量図（滋賀県教育委員会作成）

写真14　安土城薬師平

造に見えるが、その削平地の配置は安土城内では異質である。むしろ観音寺城や清水山城、小堤城山城でみた山岳寺院の配置に類似する。薬師山の名称からも頂部に本堂があり、南に階段状に坊院が配置され、その中央に参詣道が付けられていたようである。

実際に現存する薬師平では頂部には石垣が存在せず、これだけでも城郭施設とは考えられない。さらに直線道路には石段が残っており、参詣道の可能性が高い。両側の坊院と見られる平坦地には石垣も残るが、安土城に築かれた石垣とは違い、自然石を用いた野面積みとなる。こうした現存遺構からも薬師平は城郭施設ではなく、寺院に伴うものであることは明らかである(図10・写真14)。

さらに近江八幡市安土町の湖見堂に安置されている平安時代後期と見られる木造薬師如来立像は元来安土山の薬師平に祀られていた仏像であったと伝えられている。信長の安土築城に伴い現在地に移されたものである。安土山は薬師信仰の聖地であったことがわかる。小牧山、金華山同様に信長は聖地としての安土山に居城を求めたと考えられる。

古代からの聖地に築城するとともに、新たな信仰の場として造営されたのが摠見寺である。城郭の内部に伽藍を持つ寺院を建立することは極めて珍しい。大手も現在大手道ではなく、城下町を通って城内に通じるものであるとするならば、百々橋から登城する城道こそが大手である。そしてこの大手からの登城道で最初に入る曲輪が摠見寺となる。『信長公記』には摠見寺への参詣は町人にも許されている。信長は自ら寺院を建立することにより安土城を新たな聖地として創出したと言えよう。

その摠見寺の背後に聳えて見えたのが五重七階の天主であった。『信長公記』には「安土山御天主の次第　二重石くらの上、(略)同間の内御書院あり。是には遠寺晩鐘の景気かかせられ、其前にぼんさんをかせられ、」(天正四年〔一五七六〕条)とあるが、この「ぼんさん」は盆山と記したものと見られ、この盆山こそ天主の中に置かれた磐座であり、天主とは人工的な聖山として造営された高層建築だったのではないだろうか。

6　地を鎮める

これまで見てきたように、山城が聖地を求めて築かれた可能性は高い。それは神仏の住まう地に依存することにより、支配者の権威を示すとともに、神仏の加護によって防御力を増したのである。一方で神仏と共存することにより領民には聖地を守ることを示したと見られる。陵墓への築城には畏怖もあったが、通常の築城にあたっても地に対する畏怖から地を鎮める行為も行っている。

長野県諏訪市の城山遺跡は大熊城の山麓に位置する中世遺跡で、大熊城の山麓居館と見られる。この城山遺跡の二号建築跡から内側中央に梵字一字、それをとりまいて八字の計九字の梵字を墨書した土師器椀が出土している。宮坂宥勝によると中央の梵字は不動明王の種子を表し、周囲の八字は光明真言の全文を表したものであり、鎮宅法に使用したものという。

戦国時代の城館跡に関わる地鎮としては、近江小谷城で山麓居館の清水谷で宝輪を描いた土師器皿が二枚出土している。土佐の戦国大名長宗我部氏の居城である岡豊城では主郭の礎石建物から銭貨を収めた土師器皿五点（蓋に土師器皿を使用）が一括埋納された土坑を検出している。主郭の礎石建物は中心的建物で、天守に相当するような櫓であったと考えられており、その地鎮として埋納されたものである。

近世の事例となるが、紀伊和歌山城では本丸から宝輪・橛（けつ）が出土しており、真言の修法に則った地鎮の行われていたことが知られている。また、山城淀城では明治十三年（一八八〇）に二ノ丸火ノ見櫓台から銅製の賢瓶、橛、輪宝が出土しており、やはり地鎮の修法の行われていたことが知られる。

国宝に指定された松江城天守で、国宝指定の大きな資料となったものが祈禱札二枚と鎮宅祈禱札四枚と鎮物三点である。これらは天守とともに附として国宝に指定されている。そのなかの鎮物とは玉石と呼ばれる球形の石と槍、祈禱札の三点で、昭和の解体修理の際に、天守地階の南西隅（裏鬼門）の大根太受け礎石の下から発見されたものである。天守造営にあたって土地の神を鎮める地鎮具である。

このように築城に際して土地の神を鎮める地鎮行為は中世、近世を通じて行われていた。

おわりに

守護大名、戦国大名の居城と聖地との関わりについて考えてみたが、まとまりなく近世の城郭にまで視野を広げて

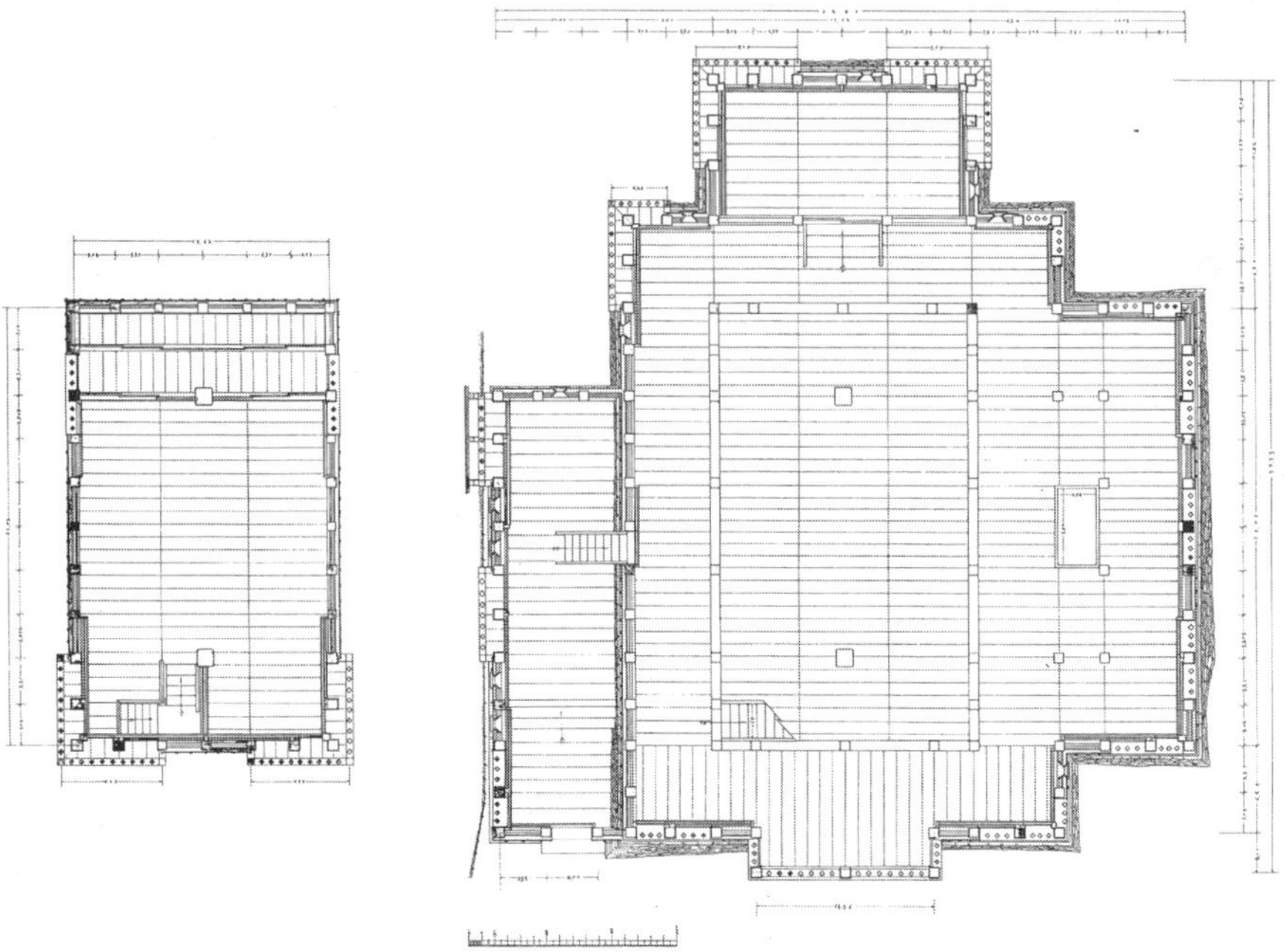

図 11　備中松山城天守平面図（文化財建造物保存技術協会 2003）

写真 15　備中松山城天守御社壇

写真16　備中松山城天神社

しまった。

そこで最後はまとめではなく、近世城郭の象徴である天守と祭祀について少し触れておわりとしたい。すでに城を聖地に選地することは偶然ではなく、意識されたものであることは述べた通りである。その聖地を織田信長は人工的に天主という高層建造物によって創出した。そしてそこには盆山と呼ばれる磐座が祀られた。以後天主は天守として近世城郭の大きな要素となる。しかし、天守を居住空間とすることは信長以降なくなってしまう。外観をシンボルとするだけのものとなってしまった。

天守は人間の住むところではなくなったが、神の居ます場へと変化する。備中松山城天守は天和三年（一六八三）に水谷勝宗によって修築された二重の小規模な構造である。その二階に舞良戸で仕切られた一室が設けられている（図11）。中には一段高く唐戸で区切られた御社壇（写真15）と呼ばれる神棚が設けられ、三振の宝剣と十六の神々が祀られている。備中松山城では城の築かれた臥牛山の最高峰は標高四八七㍍で大松山と呼ばれ、天神の

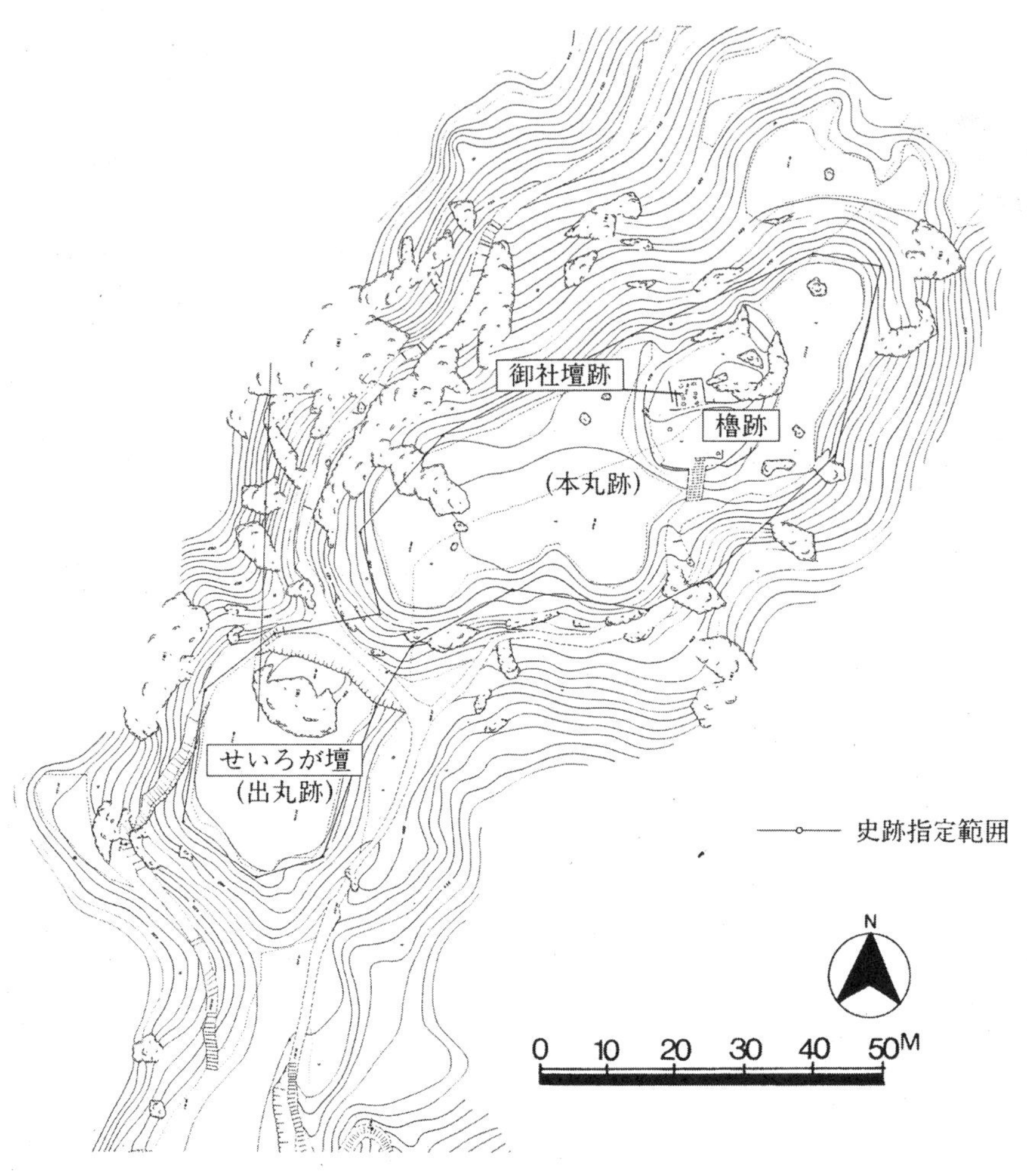

図 12　備中松山城天神の丸跡平面図（高梁市教委 1993）

写真17　備中松山城大池

丸が配されている。ここには天神社が祀られていた。山頂に本丸が置かれたのではなく、社が祀られていたのである。慶長年間(一五九六～一六一五)の絵図には天神として建物が描かれている。江戸時代を通じて祀られていたが、明治維新後に建物が荒廃し、御神体は城下の龍徳院に移された。平成二十三年に実施された発掘調査では本殿、拝殿の基礎や石段などが検出されている(図12)。本殿は城下に向いており、城下を守る守護神として最高所に祀られていた(写真16)。

なお、備中松山城では大松山に大池と呼ばれる石垣によって築かれた巨大な貯水池がある(写真17)。近世松山城は小松山に構えられており、確かに大松山のほうが標高は高く、城への導水としては理解できるのであるが、その距離はかなり離れている。城の明け渡しに来た大石内蔵助の手紙には覆屋の屋根があり、舟によって落葉なども取り払われていたと記されており、飲料水として利用されていたことはまちがいない。さらに発掘調査によって貯水池からの導水施設も確認されている。しかし、この地に構えられたのは単純に小松山より高いというだけではなさそうである。現在の大池の周囲には円形になると見られる石列が認められる。これが古い段階の貯水池の外形ではないかと見ている。円形の貯水池となれば、群馬県の太田金山城の日ノ池・月ノ池と同様に、古くより水に関わる聖地であった可能性も考えられる。天神社の直下に位置することも重要である。今後の石列までを含めた調査に期待したい。

松本城大天守の天井木組み部分には二十六夜様と呼ばれる神が祀られている。この神は城番が夜に巡視中に現れた二十六夜の神が自身を祀れば領国の豊穣と安寧、さらには城を火災から護ろうと告げ、それを聞いた藩主によって大天守天井に祀られたと伝えられている。

小田原城天守の最上階には摩利支天を含む天守七尊と呼ばれる仏像を安置する空間として上段の間が設けられていた。天守は神仏の住まう場となったのである。さらに小田原城天守から望む周囲の山々は諸山十尊と呼ばれ、信仰の対象とされていた。

聖地に城を築くという中世的意識は近世になると天守が信仰の場へと変容していったのである。

非常にまとまりのない考察となってしまったが、これまでの城郭研究の視点では語られることのなかった聖地への選地についての問題提起はできたのではないかと思っている。今後の城郭研究の発展に期待したい。

参考文献

伊吹町教育委員会　二〇〇三『京極氏の城・まち・寺―北近江戦国史―』サンライズ出版
滋賀県立安土城考古博物館　二〇一五『春季特別展 安土城への道 聖地から城郭へ』図録
新谷和之　二〇一八『戦国期六角氏権力と地域社会』思文閣出版
大東市教育委員会・四條畷市教育委員会　二〇二〇『飯盛城跡総合調査報告書』
高島市・高島市教育委員会　二〇〇七『第一二回全国山城サミット協議会及び記念フォーラム資料 高島の山城と北陸道―城下の景観―』
高梁市教育委員会　一九九三『史跡 備中松山城跡環境整備基本計画策定報告書』

時枝　務　二〇〇〇「淀城跡出土の地鎮具―発見記録の紹介―」『史迹と美術』七〇九号
中井　均　二〇一一「観音寺城の構造試論―観音正寺との関係を中心に―」『琵琶湖と地域文化』サンライズ出版
中澤克昭　一九九九『中世の武力と城郭』吉川弘文館
中澤克昭　二〇一五「戦国・織豊期の城と聖地」『城館と中世史料』高志書院
長浜市教育委員会　二〇一四『史跡小谷城跡保存管理計画書』
羽曳野市教育委員会　一九九九『栄町―仮称古市集合住宅建設に伴う栄町遺跡の調査―』
㈶文化財建造物保存技術協会　二〇〇三『重要文化財 備中松山城天守及び二重櫓保存修理工事報告書』高梁市教育委員会
米原市教育委員会　二〇〇五『国指定史跡 京極氏遺跡分布調査報告書―京極氏城館跡・弥高寺跡―』
米原市教育委員会　二〇〇九『米原市埋蔵文化財活用事業／第4回山寺サミット　新視点・山寺から山城へ―近江の戦国時代―』
松本市教育委員会　二〇一五『殿村遺跡―第5次発掘調査報告書―』
安来市　二〇一五『史跡富田城跡保存管理計画』

織田信長の自己神格化とその舞台装置・安土城

――宗教史・宗教美術史的視座から――

山下　立

1　本稿の視座

美術史研究、なかんずく神仏習合美術の解明を志している筆者が、安土城に関心を深めたのは、山内の一等地と言うべき地点に、城郭におよそ不似合いな伽藍建築が存在したことに疑問を抱いたからであった。確かに、安土城の目と鼻の先に存在した観音寺城もまた、観音正寺の境域に建てられており、城と寺とはしばしば共存する。しかし、もともと寺院の存在した土地に城郭が進出した多くの事例とは異なり、安土城の場合は、城郭建設に引き続いて摠見寺の造営が進められた。それも小規模な持仏堂の類ではなく、七堂伽藍に近い威容を誇り、一般人の参拝をも想定するものであった。しかも寺内の高所に信長の神体に比擬(ひぎ)した石を祀ったとされ、通有の寺とはその性格を大きく異にするやに見受けられる。他方でこの寺は、信長の菩提寺とも言われている(1)。さすればなおさら、山内ではなく、城外の適地に寺を造営すればよいのではあるまいか。たとえば、城下に建設された浄厳院のごとくに。そうしなかったところに、信長の強い意図が働いており、摠見寺の存在が安土城そのものの性格を暗示していると考えなければならないのではないか。このように思考したことから、筆者の織田信長と安土城へのアプローチは始まった。

信長と安土城については、様々な角度から多くの研究が積み重ねられている。文字通り汗牛充棟（かんぎゅうじゅうとう）ただならざる現状にあるが、宗教史・宗教美術史の視点から分析を加えた研究は必ずしも多くない。しかし信長には、自己神格化という天下人を貫く特質が看取され、安土城には、美術工芸の粋が尽くされるとともに宗教施設としての景観が備わっていた。そしてこの両者が、分かち難く結びついていると私考されるのである。かかる解釈には異論もあろうが、本論は、このような視座から信長の自己神格化とその舞台装置たる安土城との関係性に分析を加え、私見を提示することとしたい。

2　宗教思想・美術から見た人神化の様態

筆者は安土築城をいわゆる城郭の建設とは考えていない。政治・軍事拠点としての城郭であるとともに、神格化された信長の鎮座する宗教施設・聖域であり、世俗と宗教とに跨る巨大施設であると解しているのである。そこで迂遠ではあるが、武将の神格化成立の問題から本論を始めよう。まずは、その前提として、神格化を生じさせる宗教思想ないし宗教的背景を押さえておかなければならない。この問題については、かつて豊臣秀吉および天下人の神格化を論じた小稿中に卑見を記したので、(2)本節ではその大要を改めて整理し、具体的な美術作品の提示に及ぶこととする。

①神祇信仰から見た神格化　人霊奉斎社の二類型

わが国で実在人物の神格化と言えば、人霊奉斎社が問題の中心となる。(3)かかる神社は日本全国各地に数多存在しており、日本の神にとって、人物神の占めるウエイトが極めて大きなものであることが知られる。(4)人霊奉斎社は概ね二つの類型に分けることができる。一つは、藤原鎌足のように特定氏族の祖神として子孫によって奉祀されるタイプ、いま一つは、菅原道真の例のごとく、恨みを残して非業の死を遂げた故人の霊を慰め、その恨みが祟りとして発現しないよう神として奉斎する御霊信仰的なタイプである。

言うまでもなく、豊臣秀吉・徳川家康は前者に当たるが、彼ら以前にこのタイプは限定的であり、後者が主流であった。しかも前者の場合でも、祀られた人物の遺志によって、没後間をおかず神となった事例は秀吉以前には認め難い。権力者が自ら望んで神として祀られるのは、おそらく秀吉が最初であり、家康がこれに次ぐ。では、信長はどうであったのか。後述するように、信長には死後神として奉祀された形跡は近代以前には見られず、専ら生前のそれに止まっている。そこで、生前の神格化とはどのような様態か、という問題も生じることになる。

ところが、人霊奉斎社における神格化とは、あくまで故人のそれであって、生前の神格化とは大きな乖離がある。そこで注目されるのが、生前の神格化(仏菩薩化)を惹起させる仏教思想である。実在する人物の神格化を論じた先行研究にいささか違和感を覚えるのはこの点で、その議論が祭神化の問題に概ね収斂されてしまうからである。平安時代以来、わが国では神仏習合が広く定着していることから、神格化論もまた、神祇に限定すべきではないというのが筆者の考えである。そこで次に、仏教思想の影響を取り上げよう。

②仏教思想の影響

仏教は元来、自身が仏になることを目的とする教えであり、その考えは大乗仏教化以降も失われた訳ではなく、神格化現象を生起させうる思想や信仰が多々含まれる。その一つが密教思想である。手に印を結び、口に真言を読誦し、心に仏を観想するという、身・口・意の三密瑜伽行によって即身成仏に至るという教義が根本にあり、この考えによ

れば、現実を生きているわれわれ自身が仏に他ならないことになる。(5)

いま一つは、天台の所依経典『法華経』中の普門品に説かれる考えで、観音菩薩が人々の危難を救済するために、三十三種の姿に身を変えて示現するというものである。(6)この三十三応現身には、仏や天部などの尊格の他、出家・在家、老若男女といった様々な階層・タイプの人間が含まれており、われわれの身近に実在する人の中に観音が紛れ込む可能性が示唆される。(7)

最後に、わが国の神仏習合思想の普及・定着にあずかって力のあった本地垂迹説を挙げておこう。これによれば、わが国に垂迹する神々の本体・本地が仏であり、神と仏とは一体・同体ということになる。その中には、人霊奉斎社に祀られる神も含まれ、さらに神に加え、聖徳太子のごとく実在した人物が仏の化身・垂迹と認識され、奉祀されるケースも派生する。この場合に神格はなく、専ら本地が強調されることになる。

いずれにせよ、これらの諸説は当代において異端視されるものではなく、日本仏教を代表する教説といってよい。すなわち、仏・菩薩と神、そして人は、決して隔絶した存在ではなく、この娑婆世界において、時に応じて相互に身を変えて示現するものと、広く認識されていたことが理解される。

③美術に現われた高僧の神格化

そのため、祖師クラスの高僧像には仏菩薩と共通する特殊な身体造形がしばしば行われる。像内に梵書し、あるいは月輪や五輪塔などを納入して肖像の聖性を担保するなど、(8)外観からはわからない手法がとられる場合もあるが、祖師・高僧への尊崇の念から、礼拝する者にわかりやすい様々な造形的工夫を行うケースが存在する。

その一つは、金色相や丈光相(以上、三十二相)、長大な耳(八十種好)、三道相など、仏の身体的特徴を部分的に取り

挿図①　慈恩大師坐像（東京国立博物館）

入れるものであり、光背（前記した丈光相と共通）、蓮華座をはじめとする台座、天蓋、月輪など、仏菩薩の付属品を伴うもの、勢至菩薩の宝瓶、大黒天の俵といった、特定の仏菩薩の標識を現わすものなどが挙げられる。加えて、肖像の下部や周囲に脇侍・眷属のように神仏をめぐらすもの、奇瑞・奇跡を表現するものもあり、高僧を仏菩薩の垂迹と見なすがゆえの多岐にわたる手法がとられていることがわかる。

ここではいくつかの作品を例示しておきたい。一つは、東京国立博物館の木造慈恩大師坐像（挿図①、平安時代）で、注目すべきは、写実を旨とする肖像としてはいささか不自然な頸部の表現である。ここに、仏菩薩と変わらぬ三道相が現わされており、常人とは異なる聖性が看取されよう[9]。

京都・知恩院の法然上人像（挿図②、室町時代）は、宝瓶御影と呼ばれ、その頭頂に宝瓶が輝いている[10]。上人は知恵の法然房と呼ばれ、幼名が勢至丸であったこともあずかってであろう、上人が阿弥陀仏の脇侍である勢至菩薩の化身であるとの認識が周囲の人々に広がり、たとえば親鸞の『浄土和讃』では「大勢至菩薩　源空聖人御本地也」[11]などと記されるにいたる。頭上に宝瓶を戴くという勢至菩薩の図像的特徴が、上人画像の中に取り入れられる所以であり、両者の本迹関係が強く標幟されることになる。

兵庫・鶴林寺の慈恵大師像（挿図③、重文、鎌倉時代）は、画面を内外二区に分かち、内区中央に眩いばかりに輝く皆金色の衣を身に着け、獅子をあしらう礼盤上に坐す大師をひときわ大きく現わしている。肉身ではなく衣ではある

挿図②　法然上人像
(宝瓶御影)
(京都・知恩院)

挿図③　慈恵大師像
(兵庫・鶴林寺)

挿図④　他阿真教像
(滋賀・高宮寺)

が、皆金色というその色彩は、仏菩薩の身体的特徴の一つである金色相に準じるものであり、礼盤に獅子を配するという点もまた、仏の台座を示す獅子座にならったものと言える。また、大師像の上部に天蓋と幕を、下部に天台三祖を配し、さらに外区上部に山王二十一社の本地仏、同下部に龍を描いており、まさに神仏を従え大師を本尊とする慈恵大師曼荼羅と言い得る世界が構築される[12]。

滋賀・高宮寺に伝わる他阿真教像(挿図④、室町時代)で注目されるのは、上人が踏割蓮華上に立ち、二条の光を放っていることと、画面下部に往生願生者を小さく配していることである。上人の像高が画面向かって右の六字名号と同じ高さであることと相俟ち、来迎の弥陀として上人が観念されていることは明らかであろう[13]。肖像画には、常に写実を超えて理想化を図る傾向が認められるが、上記の作品はそれとはベクトルを異にし、高僧が仏菩薩と変わらぬ存在であることを様々な手法をとって視覚的に示すものと言えよう。

④美術に現われた皇族・貴族の神格化

かかる神格表現は高僧に止まらない。神として祀られ、あるいは仏の化身・垂迹として礼拝対象となった皇族・貴族を現わす美術にも、様々な神格表現が行われる。その一つは、実在した人物の本地仏を標幟する形式である。像主の本地仏画像・種子・尊名等を同一画面に加える肖像画と、本地仏を本尊に据える懸仏作品はその代表的なタイプである。像内・像底などに種子・尊名等を墨書する肖像彫刻もまた、外観からはそれと判断できないものの、同じく本地垂迹説による造像ということになる。

また、実在した人物を社殿の結構の中に描いて、神であることを示す形式は、のちに秀吉・家康によって踏襲され、新たな武将神像の美術として発展するという意味で重要な意味を持つ。表現形式ではないが、社殿の中に奉安される彫刻作品もまた、これに準じたものと言えよう。さらに、肖像の下部や周囲に脇侍・眷属のように神仏をめぐらすもの、あるいは、やや小さい人物・眷属を配して、像主の偉大さを示すもの、奇瑞・奇跡を表現するもの、神の怒り・神威など、通常の肖像には見られない面相表現を示すものなど、高僧像と同じく、多様な神格表現が行われていることが知られる。

天下人出現以前の人神化を代表する聖徳太子（仏の化身・垂迹）、藤原鎌足（特定氏族の祖神）、菅原道真（御霊信仰系）をモチーフとする作品には、それぞれ上記の造形的手法が看取されるので、いくつかの作例を挙げておこう。滋賀・聖衆来迎寺の聖徳太子像（挿図⑤、室町時代）では、柄香炉と笏を持つひときわ大きい太子の足下に、六名の人物が配

挿図⑤　聖徳太子像
（滋賀・聖衆来迎寺）

挿図⑥　三十三所観音曼荼羅図
（滋賀・観音正寺）

されている。太子と六随臣との間にかなりの身長差があり、太子の偉大さが強調され、観音の応現たることが示唆される。(14)

同じく、太子が登場する滋賀・観音正寺三十三所観音曼荼羅図（挿図⑥、室町時代）を紹介しよう。本図は、西国札所の各本尊を曼荼羅風に配列する作品で、画面全体に区画を設け、中央の大きな区画に釈迦三尊を、その上下の細長い区画に第一番那智山本尊如意輪観音像と聖徳太子像とを描く。さらに、その周囲の三十二に及ぶ小区画には、向かって右上の第二番紀三井寺より右下の三十三番華厳寺まで、概ね現行の順路通りに各本尊を現わしている。画面に、巡礼と関係が深いわけではない太子が登場するのは、太子が当寺の開基と伝承されることと、観音（特に如意輪・救世観音）の垂迹とされるがゆえであろう。つまり、この上下段の二尊は本迹関係を示すことになる。また、中央の釈尊と太子とは、仏教の開祖と日本仏教の祖、

挿図⑦　多武峰曼荼羅図
（奈良・談山神社）

挿図⑧　束帯天神像
（滋賀・個人）

法華経（普門品）の作者と講説者という関係性から並置されたものと考えられる[15]。

挿図⑦の多武峰曼荼羅図（室町時代）は、奈良・談山神社に多数伝来する藤原鎌足像の中で、長子定恵と次子不比等とを脇侍とする定型化した作例の一つで、一条兼良の賛が記される。神格表現の分類に照らせば、社殿の結構の中に像主を描き、やや小さい人物を従えるという形式をあわせ持つタイプと言える。なお、兼良の賛には神名が記されず、あくまで大織冠鎌足公の事績を説く形となっているが、一方で本地説に及び、金粟如来に比定される[16]。

滋賀・個人蔵の束帯天神像（挿図⑧、室町時代）は、画面全体を社殿に見立て、画面下部、すなわち手前側に俗形の天満大自在天神（菅原道真）坐像を大きく描き、上部、つまり天神背後にその本地である十一面観音坐像が影向する様を現わしている。社殿の中に像主が鎮座するとともに、本地と垂迹とを同一画面に並置し、本地仏を強調する手法をとっている[17]。

3　武将神格化と城郭

①神仏の側に立つおのれ

前節で確認した通り、神祇信仰と仏教にはそれぞれ人間の神格化を惹起する思想が含まれており、両者の習合により、かかる考え方がより普遍性を帯びたことがうかがえる。そして、それを反映するのが、各種の美術作品に現われた神格表現なのである。とりわけ、皇族・貴族の神格化および神格表現は、武将の神格化ならびにその造形化の先蹤として見逃すことができない。さらに加えて、武将神格化成立の要因として種々の歴史的な事象を挙げることができる。

その一つが、自己を神仏の側に置かんとする諸種の事象である。その代表例として、太子四天王造像説話[18]、矢取り地蔵説話[19]などを挙げておきたい。これらの説話では、神仏の側に立つ主人公側が苦戦に陥りながらも、最終的には勝利するという筋書が展開される。前者は、合戦相手が廃仏の側に立つとされた物部氏であるが、後者は、相手方もまた仏教信者の可能性無きにしもあらずで、いささか一方的な筋書と言えよう[20]。春日神木、日吉神輿など、神仏を担ぐ側の要求が正しいとする嗷訴もまた同断である。

さらに、阿弥陀仏号や上記した勢至丸など、仏菩薩の尊名を人名に取り込むことや[21]、造仏に際し、喜捨した人々の交名を像内に納入するという結縁の方法[22]、墓標に亡者の戒名・命日とともに仏菩薩の像を彫刻する墓標石仏の成立[23]なども無視しえない。これらの事象は、人が仏と一体化し（阿弥号など）、人が仏の世界に引摂され、もっと直接的に言えば仏の血肉となり（造仏の手法）、故人が仏の傍に常に控える（墓標石仏）といったイメージを喚起する。要するに、古代・中世以来、人々は造寺造仏といった最も顕著な作善をはじめ、己が神仏の側に立つことをあの手この手で試みているということである。無論、かかる現象は神格化そのものではないが、神仏との一体化を志向する点でそれとの親和性は高い。神仏の像や尊号を兜の前立に用いたり、あるいは聖地を城館に包摂するなどの手法もまた、これらと同根の事象であると言えるだろう。

②中世後期から近世初頭にかけての時代的趨勢・思潮

加えて、中世後期から顕在化する時代的趨勢・思潮についても考慮する必要がある。その代表的な現象が、十五・十六世紀に顕著に現われた下剋上の風潮であり、天皇・将軍・社寺・神仏といった伝統的・宗教的権威の凋落である。公武結合の形態は、相互依存によってそれをある程度維持しようとするものであり、戦国大名の強大化と彼らの自尊意識の形成は、その裏返しであるとも見なされる。

さらに注目すべきは、吉田神道において兼倶以後に変容した吉田家の葬送である。吉田家における葬送の変容とは、当主の遺骸の上に霊社を建立し、故人に神号を授与するというものである。[24]このことはあくまでも神道家一族による祖神崇拝であって、武将の事例とは必ずしも同一視できないけれども、御霊信仰によらない人霊奉斎の敷居を下げ、[25]権力者の祭神化への途を開くものと言えよう。事実、主著『神道大意』の中で吉田兼倶は「夫神ト者、天地ニ先テ而モ天地ヲ定メ、陰陽ニ超テ而モ陰陽ヲ成ス、天地ニ在テハ神ト云、万物ニ在テハ霊ト云、人ニ在テハ心ト云、心ト者神ナリ[26]」と記し、人霊祭祀を積極的に打ち出している。

加えて、伝統的三国史観や従来の神仏観に、揺らぎ・相対化を惹起したという意味において、キリスト教が南蛮から伝来したこともその一つに数えられよう。そして、上記の趨勢は相互に絡み合いながら、自己神格化への途を開いていったと考えられるのである。

③戦国武将に見られる神格化現象の予兆

下剋上の風や宗教的権威の凋落は、従来の高僧や太子などの神格化に止まらず、地方の戦国武将にもその波を及ぼすに至る。大内教弘のように、その没後に祭神化された事例（註(25)）の他、武将と神仏との一体化を図る現象が認められる。造形遺品を通して、二つの事例を紹介しておこう。まずは、武田信玄所縁の山梨・恵林寺木造不動明王坐像（室町時代）に注目する。本像の形制は、通例の不動尊像と大差はないが、『天正玄公仏事法語』(27)や『甲斐国志』(28)の記事などによって、京都から招聘された仏師康清が武田信玄と対面し、信玄その人を不動に擬して制作したと考えられている。(29)信玄即不動の造形化というわけである。

挿図⑨　飯縄権現立像（新潟・常安寺）

いま一つは上杉謙信の例である。戦国時代には、変わり兜と呼ばれる奇想天外な装飾を施す武具が流行したが、謙信所用のそれには、軍神として武将の信仰を集めた習合的尊格・飯縄権現像を取り付けたものが存在する（山形・上杉神社、新潟・常安寺蔵）。挿図⑨は常安寺像で、嘴と翼を備え、白狐の上に立つ異形異相の姿が表現される。合戦に当たって謙信は、黄金に輝く尊像を頭上に戴くことにより、飯縄権現の霊威を身にまとい、己自身がその尊格と一体化する。一時的ながらも謙信即飯縄権現であり、その刹那合戦相手は仏敵、すなわち征伐すべき対象となる。(30)また、美術史的に見れば、知恩院の法然上人像（宝瓶御影、挿図②）など、先行する神格表現の発展形ないし現実化とも解されよう。

こうした事例は、専ら神仏に縋(すが)って武運長久を祈願してきた武将たちの意識に変化が生じたことを示している。自尊意識の高揚などから、神仏との一体化意識が醸成され、故人を神として祀る以外に、生前の自己神格化に連なる考え方が社会の中に徐々に表出したことを物語ろう。かかる時勢の中、出現したのが信長に他ならない。彼は、どのように神格化を構想したのか。次節において改めてこの問題を検討しよう。その前に、信長の居所たる安土城が、城郭の展開と類型の中でどのような位置にあるのか、少しく検討を加えておきたい。

④城郭と聖地をめぐる類型　近江湖東地域の事例より

近江各地に点在する山峰は、独特の美しい景観を示すとともに、古来より在地の人々の信仰を育んできた[31]。山中に磐座や古墳が存在し、神社が鎮座し、あるいは天台寺院が進出して薬師・観音を中心とする諸尊が祀られる所以である。そして、このような山に城館が構えられるケースがしばしば出来する。安土城が築かれた湖東地域においても、安土山に隣接する繖山における観音寺城、箕作山における箕作城、八幡山における八幡山城など、いくつもの事例が存在する。

では、聖地と城館はどのような関係性にあるのか。そもそも聖地の定義が論者によって区々であり、聖地をどう捉えるか、これはこれでなかなかの難問である。磐座や寺社だけでなく、樹木(神籬)や山林(神奈備)などもまた、古来より神の依代として認識されている。たとえそこに寺社が存在せずとも、特徴的な岩や霊木、滝、あるいは小祠や石仏などが点在し、行者や住民から崇敬されるところは少なくない。回峰行や秘密社参の巡拝次第なども想起されよう[32]。ほどほどのものを含めれば、聖地はそこかしこに存在しており、さすれば、立地のみから選地されたものであっても、そこがたまたまそれなりの聖地であるケースは多かろう。とは言いながら他方で、聖地を意識的・戦略的に取り込んで築城される場合も想定される。かくのごとく、聖地とそこに進出した城館との関係性は一様には決め難く、個別の分析が要請されることとなる。[33]

城館と聖地の山との関係性について、大沼芳幸氏が類型化を試みている。氏は、「①領主も領民も聖地を拝する位置にいる。②領主が聖地に近づく。③領主が聖地に城を構える。④城が神殿になり、領主が神になる」という四つの類型を提唱しておられる。[34]それにならいつつ、以下に私見を交え、安土城にいたるまでの両者の関係性に若干の整理を試みよう。

類型1　城館に鎮守神・持仏堂などの宗教施設を勧請・建立する。…神仏の加護を期待する伝統的な手法であり、各時代にわたり広く行われた。これらは、貴族や将軍の邸内に作られた仏堂に淵源すると考えられ、摠見寺のように一般の参詣を想定したものとは異なり、基本的に私的な空間として構築される。

類型2　聖地の山を背後にして城館を構える。…領主が民衆と変わらず、神仏に見守られる初発的な段階で、太郎坊山麓にあった六角氏の居館・小脇館(東近江市)などが挙げられる。太郎坊山は山上に巨大な磐座が露頭し、山中に太郎坊宮(阿賀神社)、天台宗成願寺(本尊薬師如来)が存在しており、それらを仰ぐように館が構築された。

類型3　聖地の山に城館が進出する。…単なる要害性から選地されたケースの他、宗教的権威の利用、ないしそれとの一体化を進める側面も無視しえない。平地居館から山上へと移転した六角氏の居城、繖山の観音寺城はその典型例と見てよいだろう。山が本来持つ要害性による軍事的な意味に加え、霊験ある神仏の身近に城館を構えることにより、己を神仏の側に位置づけることになる。一方、麓から神仏を仰ぐ民衆にとっては、あわせて領主をも仰ぐことになる。政治権力と寺社との癒着・相互依存の様態でもあると言えよう。

類型4　聖地の山が城塞化する。あるいはそこに住僧が城を構える。…山僧の嗷訴などと同じく、己が神仏の側に立つことがそもそも自明であるという点で、類型3とはやや意味合いが異なる。しかし、聖地（神仏）と城（武威）との癒着の様態であることは共通する。東近江市百済寺などはその代表的な事例である。

類型5　聖地の山に城が進出するとともに、既存の社寺を適宜残しつつ、新たに伽藍を建立し、城の周囲にこれらの宗教施設を眷属のように布置する。…安土城がこれに当たり、信長はそれまでの手法を盛り込みつつ、自己神格化した己を最上位に置いて全山を再編したと見なされる。上記した神格表現を行う美術作品の中で、肖像の下部や周囲に脇侍・眷属のごとく神仏や人物をめぐらすタイプ（挿図③、⑤、⑦など）と共通する精神がうかがえるとともに、これら絵画作品の三次元化とも評しうるだろう。

4　織田信長の自己神格化をめぐって

①信長の自己神格化に関するフロイスの報告

信長の自己神格化について詳細な記録を残したのは、イエズス会の宣教師ルイス・フロイスである。彼がイエズス会の会員に書き送った天正十年（一五八二）十月二十日の報告や、多年にわたる見聞をもとにまとめた『フロイス日本史』には、その実態が生々しく記述されている。フロイスの記述には、信長の知遇を得た彼ならではの実に興味深い信長評が種々記されているので、いま両者に従ってその一端を見よう。[35]すなわち、信長は戦争において才略に長け、人心を支配する術を心得、公方を都から追放して、天下と呼ばれる諸国を征服し始めたこと、安土山に清潔・美麗な城・宮殿を造営し、市街・道路・橋梁などを整備して平和と安静の回復に努め、通行税の廃止で庶民の心を摑んだこと、さらに日本の偶像である神と仏に対する祭式と信心を無視したことなどである。

記事は続けて、信長の自己神格化へと進む。傲慢・尊大さから途方もない狂気に陥った信長は、彼自身が地上で礼拝されることを望み、彼以外に礼拝に値する者はいないと言い、自らに優る宇宙の造物主は存在しないとまで主張した。また、もっとも崇敬され、多数の参詣者を集めている偶像を諸国から運ばせ、自身への信仰心を高めるのに役立てようとしたという。さらに信長は、己自体が神体であると言い、その象徴として、摠見寺に安置した諸仏の上方に龕を設置し、そこに「盆山」という神体の石を安置した(36)。また、摠見寺は信長を礼拝するための寺院であり、聖日と定めた五月の信長の誕生日に参拝することを民衆に強制したといい、信ずる者は、富、子孫繁昌、長寿、疾病治癒、健康、平安などの現世利益を得るが、不信者は現世・来世を問わず滅亡に至るというのである。

ところで、フロイスが伝えるこの事象を概ね歴史的事実と見た場合、信長の自己神格化をわれわれはどのように解釈することができるだろうか。まず注意すべきは、神社に祭神として奉祀されるわけではなく、生身の神格化という形態を示すということである。かかる神格化は、上記した通り信玄や謙信にもうかがえるが、信長の場合は特に、己自身を神体と自任し、自らそのことを口に出して主張する点が他に見られない特異な様態であろう。

その一方で、己を信仰させるため、寺院という場を建立していること、龕の中に神体の石を納めることなど、既存の宗教的事象を恣意的・断片的に継承する面がうかがえる。また、様々な現世利益や現当二世にわたる支配を謳う点には、民衆が宗教に寄せる期待をわきまえた支配者らしい現実感覚が看取されよう。加えて、2節で取り上げたように、実在人物が神仏の化現や垂迹として認識されるケースは広く認められ、各宗の高僧が神仏同様の崇敬を集める例も少なくない。生身の神仏という概念は、中世以降広く浸透している考え方であり、当時の民衆に抵抗なく受容された可能性も考えられる。信長の後を継いだ秀吉もまた、日輪感生帝説により生前の自己神格化を図るとともに(37)、自らの意志によって死後の祭神化を模索した。このように見ると、唐突に見られがちな信長の自己神格化は、かかる宗教的土壌の上に起こり、秀吉・家康の神格化への先蹤と位置づけることが可能となる。

そこで、こうした可能性はひとまず措き、実際に信長は自己神格化を企図したのか、フロイスの記事内容に信が置けるのか、史実として認められるのか否かと言う点が問題となる。次項以降、議論が大きく分かれるこの問題に対する代表的な見解を掲げ、卑見を加えつつ、改めて議論を展開することとしよう。

②信長の自己神格化をめぐる肯定的見解

信長の自己神格化に関しては、様々な立場から言及されている。史実として肯定する研究の中で、まずは森龍吉氏の先駆的な研究を見よう。仏教史・真宗史研究を通じて氏は、信長の立場が、偶像崇拝の否定とそれに代わる信長自身への人神的崇敬であること、その前提として本願寺教団における法主崇拝、すなわち法主の人神化の成立を指摘される。なかでも証如・顕如の時代あたりから、法主の勘気を蒙れば往生不可とされるごとく、法主権力が肥大化・専制化したことを指摘される点は興味深い(38)。不信者は現世・来世を問わず滅亡するとの信長の主張とも通底しており、かかる時代的風潮が信長の神格化にも反映されていると私考されるからである。すなわち、往生の可否が特定の権威・権力の手中にあるがごとき恣意的な指向に、両者の共通性を看取することができる。

信長の神格化を将軍権力の生成・展開の中から位置づけ、その後の研究に大きな影響を与えたのが朝尾直弘氏である。氏はこの事象について、信長が「神にして不滅のもの」として尊敬を集めるため、山内に摠見寺を創建したこと、そこで強調された現世利益は、来世の利益を説いて戦った本願寺・一向門徒に対抗するためであると解釈される。さらに、個人の現当二世を支配する宗教的イデオロギーを、政治権力の支柱として取り込もうとしたこと、世俗の統一権力者を絶対者的な神格化で粉飾しつつも、キリスト教的な唯一絶対神ではなく、数多の偶像を否定しないなどの特質を指摘されている[39]。なお、現世利益の内容に関しては、法華宗からの借り物である可能性に触れられるが、大沼芳幸氏は薬師十二大願からの影響を想定される[40]。

さらに奥野高廣氏は、信忠はじめ一門以下大名・小名が礼銭百文ずつ持参して安土に伺候し、摠見寺毘沙門堂舞台から城内を拝見、最後に信長が礼銭を受け取り、後方へと投げたとの『信長公記』天正十年正月一日条の記載[41]について注目され、この礼銭を生き神信長に対する賽銭の意と解釈される。また、同三月、内裏から信長の敵国の神たちがことごとく流され、信長の本意が実現すれば改めて勧請されるとの風聞を伝えた多聞院英俊が、「神力・人力不及事也、一天一円可随ト見タリ[42]」と記した記事を取り上げ、神力・人力を超克した織田政権の到達点を、摠見寺の創建と信長自身の神格化に見ておられる[43]。なお、英俊はこの記事に続けて、仙学坊が語る可心の霊夢について記している。これもまた、信長の神格化を表象する事例と見られるものゆえ、後述することとしよう。

思想史の立場から、天道思想の分析を通して天下人の神格化を捉えたのが石毛忠氏である。氏は、信長が天道思想に基づいて将軍を追放し(下剋上)、自己神格化によって下剋上の運動を断ち切ろうとしたこと、さらに、安土城天主は単なる信長の居所ではなく、彼の超越的権威を象徴するものであり、天道と一体化し、聖・俗二世界の支配を目指す信長が鎮座するにふさわしい聖域であるとされる[44]。

安土城の特質と信長について、建築史学の立場から詳細な論を展開されたのが内藤昌氏である。内藤氏は、氏が静嘉堂文庫で見出された『天守指図』を安土城天主の平面図とされ、その論証とともに信長の神格化について検討を加えられた。氏は、当代の天道思想が儒・仏・道・神、キリスト教までを包含した重層的性格を具備するに至ったこと、このような天道思想により安土城天主・摠見寺が造営されたこと、それゆえ摠見寺が超宗派的性格を持ち、信長は総合絶対神を志向したことを指摘される。[45]なお、内藤氏が紹介した指図については、『信長公記』をもとに図面化したとする宮上茂隆氏の論[46]が出され、いまなお決着がついていない。

内藤氏の研究に触発され、天主内部の絵画の分析から神格化問題にアプローチしたのが美術史の平井良直氏である。平井氏は、天主五階中央の信長御座と、それを取り囲む転法輪を中心とする仏伝図襖絵が、仏堂建築における本尊像と仏伝図壁扉画とパラレルな関係にあり、その造形意図・機能としては、自己神格化のための装置以外には説明し難いと結論されている。[47]

切支丹史研究の海老沢有道氏の研究も見逃せない。氏は、秀吉の神格化の先蹤として信長の神格化に言及され、キリシタンの絶対神たるデウスの観念から触発されたとする見解を提示しておられる。[48]

以上のごとく、一口に肯定的な研究と言っても、論者によって依拠する学問的立場や方法論が異なるため、神格化への理解もまた多様性を帯びている。ただしその神格については、既存の神仏やデウスに相当する唯一神など、特定の神格に比擬する論者は少なく、[49]その意味で、内藤昌氏が唱道された総合絶対神の概念は興味深い。

③信長の自己神格化をめぐる否定的見解

信長の自己神格化について、史実と見なす研究はこの他にも多々あるが、一方で否定する研究も少なくない。否定的に捉える立場として、まずは三鬼清一郎氏の研究を挙げなければならない。氏は、神格化に関する出典がキリシタン宣教師の記録のみで、日本側の史料では裏づけられないこと、とくに大切な神体・本尊を没収されたという全国の寺社が何の反応も示さなかったとは考え難いにもかかわらず、現実にはこうした徴候が認められないこと、さらに宣教師の記録には誇張や作為が目立つことから、この記事自体の信憑性に疑問を呈し、信長の自己神格化そのものを否

定される。(50)

次に、脇田修氏がこの問題について種々の見解を明らかにされているので、目を移すことにしよう。氏は、権力者が生き神になるのは当時は考え難いこと、信長は広い意味で仏神信仰を捨てておらず、寺社領安堵も行っていることから、神格化は宣教師の判断であり、記事の信憑性は薄いとされる。また、宣教師の記事が、本能寺の変の後に記されたことから見て、信長の急死を意味づけるために神格化を持ち出したと解釈されている。(51)三鬼・脇田両氏の見解は、その後の研究に大きな影響を与えたようで、以後の神格化否定論者の多くが二氏の見解を踏襲する。

たとえば、本能寺の変後に書かれたことをもって、信長の死を神格化によって説明するとの脇田氏の見解を承けて上記三鬼清一郎氏も、以下のように自説に新たな説明を加えておられる。すなわち、フロイスのこの記事に関しては、信長の自己神格化をデウスへの冒瀆と捉えて非難し、本能寺の変をデウスによる天罰とみなすという文脈の中で理解すべきであるとされるのである。(52)谷口克広氏の見解も同様で、フロイスが報告したのは本能寺の変の四ケ月半後のことであり、信長の横死を知ったフロイスが、信長のデウスへの反逆のストーリーを創作したと推定される。(53)また、信長には神仏への信仰があり、寺社領安堵を進めたことからも神格化の意図はないとした脇田氏の見解についても、信長の宗教政策は寺社保護が基本であり、信長が自ら神になろうとしたとは考えられないと松下浩氏が同調されている。(54)

以上のごとく、否定的な研究を通観すると、神格化の論議が盛行し始めた一九七〇年代から近年の研究に至るまで、論者の主張が宣教師の記事の信憑性とその解釈に集約され、その他の視点を無視・黙殺する傾向にあることが注目される。宗教・思想・建築・美術などから、記事内容を補強・分析する森氏、石毛氏、内藤氏、平井氏らの研究・主張に触れるものがきわめて少ないのである。否定論者が戦国史および城郭史研究者に偏在するのに対し、肯定的な論者が、それ以外に宗教史・思想史・建築史・美術史など多岐にわたることがその一因であろうか。その意味で、天主内部の絵画を思想として従え、信長がその上に立つと解釈する研究に対し、自分の気に入らない目障りな宗教世界を毎日眺める部屋に描かせるだろうか、という疑問から神格化を否定された木戸雅寿氏の見解は、城郭研究の側からの数少ない言及として注意される。[55]いずれにせよ、様々な主張が展開される信長の自己神格化について、次項以降において否定論への反論などとあわせ、私見を開陳してゆくこととしたい。

④否定的見解への反論

さて、神体・本尊の没収記事に関する三鬼氏の説に対して、秋田裕毅氏が次のように反論されている。すなわち、安土山に遺存する摠見寺楼門と三重塔は、ともに近江甲賀郡から移築されたものであり、うち楼門に安置された金剛力士像もまた、同寺創建以前に遡る応仁元年(一四六七)の紀年銘を持つことから、[56]既存の像を徴発したというフロイスの記事に符合すると指摘されたのである。[57]

ところで、摠見寺の仏像は当然ながら仁王像に止まらない。今はなき仏殿や毘沙門堂などにも諸仏が祀られていたはずであり、[58]フロイスが報告した盆山は仏殿本尊像の上方に安置されていたと考えられる。安土城関連の史料には、絵師の狩野永徳や金工の後藤氏などのように、仏師についての記録が見られないことから、これらについても新造ではなく、既存の像を山内に運ばせたものと見てよかろう。事実、山内の建造物はほとんど甲賀郡からの移築であったと伝えられている。[59]また、山内ではなく城下での事例であるが、摠見寺創建に先立つ天正六年(一五七八)、信長は宗論の舞台となった浄厳院の建設で、比牟禮山下の多賀興隆寺の弥勒堂を移築して本堂とし、二階堂安置の丈六木造阿弥陀如来坐像を移座して本尊に据えている。[60]

また、仏像の徴発という観点からは従来ほとんど注目されていないが、一五八〇年(天正八年)九月一日付ジョアン・フランシスコの報告には、このことと関連する興味深い記事が記される。すなわち、安土城天主には室が多く、信長でさえ迷うことがあるといい、そのために標識として多種の木像を置き、さらに信長は、その像の出来栄えにも完全さを求め、最良の工人を各地に求めたという(61)。ただし上記の通り、仏師登用の記録が見られないことを考慮すると、これらの諸像もまた摠見寺や浄厳院の例と同じく、既存の像を城内に運ばせた可能性が高かろう。いずれにせよ、天主各所に仏と思しき像が道案内役のように配置されるのは、2節に例示した鶴林寺慈恵大師像(挿図③)のように、仏たちが眷属として信長神に随侍する状況に外ならない。なお、この報告は宣教師によるものではあるが、フロイスとは別人である点にも注目しておきたい。自己神格化に関して、複数の証言が存在することになるからである。

この他にも、天正十年(一五八二)に信長が甲斐武田氏を滅ぼした際、信玄によって信濃善光寺から同国に移座されていた善光寺阿弥陀像を岐阜へと移している(62)。岐阜に持ち帰ったのは信忠であるが、信長の意向を踏まえてのことに違いあるまい。かくのごとく、仏像の没収記事を否定することで、信長神格化の記事の信憑性を否定された三鬼氏の見解はいささか根拠薄弱であり、宣教師の神格化記録が必ずしも無稽なものでないことが明らかになったものと思う。

では次に、宣教師の記事が本能寺の変を承けたものであり、天罰の理由づけのため神格化を創作したという脇田氏以下諸氏の見解についてはどうか。己を神格化した驕慢な信長に対し、デウスが天罰を下したという記述に何か違和感が感じられるだろうか。フロイスはただ、己の認識・感想を素直に書き記したまでのことであろう。そもそも、そんな話をあえて捏造しなければならない必然性はなく、また、作り話と見るにはその内容がきわめて具体的であることも見逃せない。類似の事実が他にあれば、それをもとに話を創作することは可能であろうが、己の神体を寺の高所に安置するとか、参詣の功徳を高札に列挙するなど、他にあまり類例のない事象を一から創作するのはかなり困難なことではなかろうか。

加えてフロイスは、同じく光秀によって横死に至った信忠についても、異教の善光寺如来を祀り、異教の愛宕山に多額の寄付を行い、異教の苦行を行ったがために、デウスが天罰を下したと書いている(63)。これもまた概ね事実を伝えるものであろうし、そうした所業によって、本能寺の変で天罰を蒙ったとフロイスが感じたのも本心だろう。それとも、信長神格化の記事をフロイスの創作とされる方は、善光寺如来奉祀などの記事もまた、信忠の横死をデウスによる天罰と見なさんがために、フロイスがあえて捏造したとのお考えなのだろうか(64)。あるいは、信長に関わる記事は捏造としつつ、信忠の記事については事実と解釈されるのか。

さらに、脇田氏らの見解では、信長には神仏への信仰があり、寺社領の安堵を行っていることが、神格化の否定材料にされている。確かに信長は、他にも寺院の建立、寺社の修造などの事績もある。しかし、それらによって神格化そのものを否定するというロジックが、筆者には理解不能である。各種の寺社保護政策がなぜ、神格化の否定材料になりうるのか。信長とて、すべての宗教勢力を敵にしたわけではない。敵対勢力に対して弾圧を加える一方で、従順な勢力には種々の保護政策をとり、両者を峻別していたに過ぎない(65)。それともこうした論者は、全ての社寺に保護を与えず、並べて弾圧をするのでなければ、神格化が成立しないというのだろうか。

そもそも、一つの信仰が成り立てば、他の信仰が成立しないというロジックを持ち出すこと自体、近代以降に浸潤してきたキリスト教的な神観念に侵されてはいまいか(66)。たとえ信長に神仏への信仰心があったと仮定しても、あるいは、寺社を保護したとしても、信長の自己神格化成立とは別次元の問題に過ぎない。信長の意識としては、己も神仏だが、寺社領安堵によってそちらの神仏の顔も立てておこうか、ということだろう。秀吉にせよ、家康にせよ、神仏への信仰があり、寺社領の安堵、寺院の建立、寺社の修造などを行っている。と言うことは、否定論者の方は、秀吉・家康にも自ら神になる意図はないとされるのか。あるいは、秀吉・家康の信仰心や両者が行った寺社保護政策は神格化の否定材料にならぬとする一方で、信長の場合だけは否定材料になるとでもいうのだろうか。

最後に、木戸氏の見解に触れておきたい。氏の問題提起については、これを支持する研究もあるが[(67)]、それに反する説の一例として、池上裕子氏の研究を挙げさせていただこう。池上氏は、天主内部の画題に中国的要素が重視され、仏教的なモチーフが含まれることについて、信長は世界(東アジア世界)の中心である中国の文物中に自己を位置づけて中国皇帝になぞらえ、仏教世界を取り込んで天竺を抱え込むという政権イメージを創造したと記される[(68)]。画題の選定は、やはり思想の問題としなければならないだろう。

⑤自己神格化の要因

大きく評価の分かれた信長の自己神格化について、諸先学の見解を紹介しつつ、愚見を提示してきた。すなわち、フロイスの当該記事については、外国人宣教師という立場からの誤解や誇張があるとしても、自己神格化について一から創作・捏造するような作為の色は少なく、大筋では事実を伝えていると考えるのが自然な史料解釈だと判断する次第である。それは上記した通り、宗教史・思想史・美術史上の様々な事象の中からもありうるものであり、下記に示すように信長自身の志向からもうかがえよう。

では、信長をして、自己神格化へと進ませた要因は何か。一つには、朝尾氏はじめ諸先学が述べておられる通り、政治権力や軍事力だけでは統制できない宗教の持つ世俗を超える力が、権力者にとって脅威となるからに違いない[(69)]。とりわけ信長は、長島の一向一揆との戦いでかなりの犠牲を払っている。元亀元年(一五七〇)十一月二十一日、一揆に小木江城を襲撃されて、弟・彦七郎信興が自刃。同二年五月の長島攻めでは、柴田勝家が負傷して退却、氏家卜全も多数の将兵とともに討死した。天正二年(一五七四)九月二十九日、長島攻め最後の総攻撃で、ようやく一揆を撲滅するも、この日兄信広が討死している。長期にわたり、宗教勢力と対峙した信長にとっては、軍事・政治力だけでなく、生身の仏のごとく崇敬される本願寺法主[70]らを超える宗教的権威を確立することが課題となったと考えられる。

このことに付随していま一つ挙げておきたいのは、信長が当時の宗教者に対して抱いていた感情についてである。信長は、己に対して敵対しない従順な者、己の持つ様々な関心や課題に対して応え得る者、人格高潔で清廉と認めた者などに対しては、保護を加え一定の敬意を払う反面、そうでない大多数の僧侶に対しては嫌悪感を抱き、ことに敵対すれば徹底的に弾圧を加えている。各宗僧侶への対応をいくつか例示しよう。安土宗論の舞台となった浄土宗浄厳院の長老応誉明感は、信長が見込んで金勝山から安土へと呼び寄せた僧である。それなりの敬意を払ってしかるべきだが、朱印状を見ると、安土に移れば寺領を与えるが、そうしなければ欠所にするとかなり高圧的に二者択一を迫っている[71]。五山の禅僧への対応になると、信長の感情がさらに明瞭に現われる。若年からのブレーンであった沢彦宗恩、明の事情に通じた策彦周良、「安土山ノ記」を撰述した南化玄興など、己にとって役に立つと認めた僧に対しては、信長は一定の敬意を払って交際している。しかし、沢彦と同じ法系で南化の師でもある快川紹喜に対しては、武田氏に与したことで焼き殺している[72]。

比叡山の僧に対しては、『信長公記』に次のような記述がある。すなわち、「山門山下の僧衆、王城の鎮守たりといへども、行体・行法、出家の作法にも拘らず、天下の嘲哢をも恥ぢず、天道の恐をも顧みず、婬乱、魚鳥服用せしめ、金銀賄に耽って浅井・朝倉贔負せしめ、恣に相働く[73]」などと筆誅を加えている。無論、これは太田牛一の筆であって信長の言葉ではなく、また、王城鎮護の霊場を焼き尽くした信長側の言い訳の側面もあるが、叡山の僧たちへの信長自身の認識もまた、概ねこのようなものであったろう。本願寺法主や法華宗など各宗僧侶への認識もほぼ同様で、戒律を守らず、俗人と変わらぬ暮らしを送りながらも[74]、僧たちが無知な大衆から神仏同様の崇敬を集めていることに対し、信長は我慢ならなったのではなかろうか。かかる宗教者への憤りの感情もまた、彼らを自己の下に位置づけ、己の神格化へと駆り立てた一因だったろう。

以上は、主として宗教的な事情によるものだが、そこに世俗的な事情と対外的な事情を加える必要があるだろう。後述するように、信長は将軍・天皇の権威をも相対化する志向があり、安土城にはかかる真意を形象化する意義を籠めていたと考えられるからである。また、国内の統一が進展し、六十六ヵ国の領主になった暁には、一大艦隊を準備して明を征服し、子息たちに諸国を分かち与える考えであったとフロイスは伝えている。(75) 遣明使として明の事情に明るかった策彦周良ら、禅僧たちから得られた大陸の知識や、唐物と呼ばれて当時もてはやされた文物の蒐集によって、信長には早くから中国皇帝・中国文化への憧憬が生じていたに違いない。天主を唐様に設え、中国由来の画題を室内にめぐらす所以である。加えて、地球儀を使って宣教師から海外事情を収集し、そこでもたらされたであろう明国征服論などの情報は、大陸への進出という想念を惹起せしめ、次第に現実味を帯びさせたと考えられる。(76) 中国皇帝は伝統的に、天帝より預託された皇帝則神という存在であり、信長の中華皇帝化・自己神格化には、それに対峙するという側面もあったと察せられる。

ところで、信長の構想のいくつかは、秀吉によって継承されている。秀吉は中国歴代王朝に見られる日輪感生帝説による粉飾で自己神格化を図り、(77) 朝鮮への派兵、唐入り・三国国割構想を打ち出すにいたっている。この自己神格化と中華皇帝化を兼ねる秀吉の超越的志向は、信長が描いた構想を承けたものと推察され、さらに信長路線から一歩現実へと踏み出したものと言えよう。したがって、秀吉の唐入りも本をただせば信長の構想を下敷きにしたものであり、日輪感生譚によって図られた秀吉の自己神格化もまた、内実は別としても信長の方向性をある程度踏襲したものと考えられる。

⑥神格化につながる信長の思想的立場と行動

信長の自己神格化は、国内外の諸事情への対応とともに、信長自身が持つ志向・考え方に依拠する面も大きいように思われる。その兆しはすでに、永禄七年(一五六四)・八年頃から使用された「麟」字の花押、[78]永禄十年に始まった「岐阜」の公称と「天下布武」の印、[79]さらに天正改元などからもうかがえる。また永禄十二年、岐阜城に信長を訪ねたフロイスに対して、一切は予の権力の内にあるがゆえに、内裏・公方様を意に介するに及ばず、などと述べたという。[80]これらから信長は、安土築城以前から己を恃むところすこぶる厚く、天帝より命を承けて政治を行う中国皇帝のように、天下・天道との一体化を企図していることが理解される。[81]

これらを承け、「安土山ノ記」の中で南化玄興は、「宮ノ高キコト阿房殿ヨリモ大ニ似タリ」、「鳳凰瑞ヲ現シ麒麟祥ヲ呈スルコトハ今時ニ非ズシテ何レノ時ゾヤ」[82]と書き記し、築城の功なった信長をば始皇帝になぞらえ、さらに理想の治世を実現する聖王に擬している。南化の信長への阿諛であるとともに、まさに信長の意図を体した評言であったとしなければならない。自他ともに認めた天下・天道との一体化、中華皇帝化である。同記ではさらに、信長を梵釈に見立てており、自己神格化を示唆する内容となっている。それからさほど間を置かず完成したのが摠見寺であり、ここにおいて信長の構想は一応の完成形に達したと言えよう。

次に、幕府・将軍との関係性や朝廷と官位をめぐる動向に目を転じよう。永禄十一年(一五六八)の幕府再建後、将軍足利義昭は信長を副将軍または管領職に准じる意向を示し、本人に勧めている。普通であれば名誉な話として感激・受諾してもおかしくないが信長はこれを辞退し、一方で堺などを直轄地にすることを申し出たという。信長は義昭との間に直接的な主従関係が生じないように対処し、専ら経済的実利を求めたもののようである。

では、官位に対する態度はどうか。信長が正式に任官したのは、義昭を奉じて入京してからかなり後年の天正三年

（一五七五）十一月四日のことで、[83]従三位権大納言・右近衛大将に叙任されたのがそれである。爾来、信長の官位は加速度的に上昇を続け、天正四年十一月に右大将はそのままで正三位・内大臣、五年十一月にはさらに従二位・右大臣へ、翌六年正月には正二位となった。しかし同年三月には、右大臣も右大将も返上して朝廷を慌てさせ、その後の推任を受けぬまま亡くなってしまった。なお、無官にはなったが、無位ではなく、いちおう正二位のままであったが、これをもって朝廷重視などとは言い難く、むしろ反対に、官職と同じくいつでも返上できるカードとして、ひとまず手元に残しておいただけではないかと察せられる。

朝廷からの推任に対する信長の対応、いわゆる三職推任については議論百出しているが、安土城建設という歴史的大事業が完成に近づき、自己神格化を本格化させる舞台装置が姿を現わした時期に当たる点は見逃せない。信長は、将軍や天皇の権威、官位などを尊重する体裁を取りつつ、必要に応じてその権威を利用してきたが、もはやその利用価値を感じなくなったと言うことなのであろう。そこで問題となるのは、新たな聖地として創出された安土山・安土城の持つ意義、ことに信長の自己神格化との関係性である。節を改め、いま少し解析を続けよう。

5　信長神の鎮座する安土山

①安土山の立地と宗教的環境

築城後の安土山について論じる前に、築城以前の安土山の状況、とりわけ宗教的環境はどのようなものであったか、少しく確認しておきたい。安土山は、周囲の埋め立てによって現状は大きく様変わりしたが、本来は周囲を琵琶湖の内湖に囲まれた独立した山であり、山に面して北から東側にかけては伊庭内湖、北西側は弁天内湖に接し、西の湖、大中の湖を経て琵琶湖へとつながっている。内湖群による水郷地帯の美しい自然に加え、西国札所を擁する長命寺山と同じく、補陀洛山を想起させる立地として注意されよう。山内からは奈良時代の瓦が出土しており[84]、早くから信仰の山であったことがうかがえる。寺院の実像は不明ながら、九品寺という寺名が伝わる。

安土山西麓の百々橋口には、天台宗会勝寺が建っている。当寺は安土築城に際して退去を免れており、観音堂には平安後期の木造千手観音立像(重文)が伝来する。この山が醸し出す補陀洛山のイメージに合致する尊像と言えるだろう。秋田裕毅氏は、当寺を上記九品寺の後身と推測されている[85]。同じく百々橋口に鎮座する石部神社は、会勝寺同様、築城後も止め置かれた。鎮座時期は不明ながら、社伝では延喜式内石部神社とされており(論社)、平安後期の木造薬師如来坐像(重文)が伝わり、当社の本地仏を示唆する[86]。滋賀県内に遺存するこの時期の仏像彫刻は、会勝寺像をはじめ、比較的鄙びた作行のものが多いが、本像は円派の作風を思わせる都作の優品である。本像の存在は、この山が古代から都とつながりのある信仰の山であることをよく物語ろう。

山内主郭の北側に薬師平(薬師山)と称する一角があり、同所に祀られていた仏像は、築城に当たり山下へ退去したという。地元の伝承では、安土駅近くの湖見堂に現存する木造薬師三尊像(中尊立像・平安後期、両脇侍立像・南北朝〜室町時代)がそれに当たるとされる。また、創建時期は不明ながら、同じく山内北側に岩駒祇園社が祀られる。祇園社に祀られる牛頭天王の本地は通例薬師である。さらに、山に近接して活津彦根神社(庄神)と新宮神社が城下に鎮座し、前者には熊野の修験行者が彫刻した室町時代の木造十一面観音立像、後者には南北朝期の絹本著色薬師三尊十二神将像(県指定)が伝わる[87]。

以上のように、三方を湖に囲まれた安土山は、古代から中世にかけて都とのつながりもうかがえる霊山で、小規模ながらそれなりの宗教的な施設が点在し、尊像が祀られていたことが知られる。これらから、安土築城以前の当山が、薬師信仰を中心に観音信仰や阿弥陀信仰、神祇信仰など、近江の山々に典型的に現われる信仰形態を備えた空間であったことが理解される。

②安土城建設の戦略

それでは、この安土山を本拠地とすべく信長が築城した理由は何なのか。諸先学がこれまで指摘される点は、安土が当時、信長の拠点であった岐阜から京都への中間地点に当たること、麓を東山道が通り、東海道、北国街道にも近く、東国と北陸を押さえる交通の要衝であること、また都や比叡山に睨みを利かす坂本城、浅井氏亡き後の湖北を押さえる長浜城からそれぞれ等距離に当たり、対岸の大溝城と合わせ、琵琶湖の水運・湖上交通を押さえることができる点などである。安土城下町の一角には築城以前からの常楽寺船入があり、既存の流通拠点を組み込んで城下を構築できる利点も見逃せない。これらは、いずれも築城の大きな要因であって、定説といって差し支えないだろう。

こうした政治・経済上の理由に加え、信長の築城目的にはさらにいくつか別の理由が存すると考えられる。一つには、観音寺城が築かれた繖山に安土山が隣接することである。これにより、観音寺城を詰の城として利用しつつも、旧支配者佐々木六角氏の拠点であったこの城と、新支配者信長の安土城とが、一望のもとに比較対照できることになる。とりわけ安土山は、山下からの比高が一〇〇メートル足らずであるがゆえに、山上を振り仰いだ山下の人々誰もが、山頂の巨大建造物を目に焼き付けることになる。後者の圧倒的な権威・権力・財力が誇示される点で、政治的にも大きな意味を持つものと言えよう。あわせて、繖山にはかつて十二代将軍足利義晴によって仮幕府が置かれており、将軍権威や幕府をも相対化することができる。

かくのごとく、信長の築城は旧勢力を圧倒し、新旧の対比によってそれを視覚的に表現するという点に主眼が置かれていたと考えられる。それは安土城に限らない。焼き討ち後の比叡山延暦寺・日吉山王二十一社に代わる象徴的建築が坂本城であり、浅井氏の拠点だった小谷城に代わる存在が長浜城なのである。坂本城も長浜城も湖岸の城である。経済活動を主眼に置いた選地ではあるが、そこに旧勢力を凌駕したことを見せる意図も含まれていたに違いない。坂本城に関してフロイスが、「日本人にとって豪壮華麗なもので、信長が安土山に建てたものにつぎ、この明智の城ほど有名なものは天下にない[88]」と評する所以である。美術史は比較の学問でもあるので、比較できることに着目せざるを得ないが、信長の意図もまたそこにあったと言えよう。

対比すべきはまだある。他に三つあげておきたい。一つは、会勝寺観音堂、石部神社など、地域の信仰を集めていた山麓の寺社と、中腹から山頂への途中にかけて建てられた摠見寺、そして山上の天主との比較である。安土山全体から見れば、山麓の寺社は末寺や摂末社、摠見寺伽藍は本尊のお前立、そして山上の天主が生身の本尊・信長神が鎮座する聖域ということになる。この聖域には一般人が立ち入ることはできない。言わば秘仏・ご神体の領域である。その中核からの遠近および高低差によって、安土山における神仏の序列が標幟される。

二つ目は、家臣の屋敷跡が集まる領域と主郭部、さらに主郭内の二つの建物、すなわち天皇の行幸を意図したと見られる御幸の間を備えた御殿と天主との比較である。家臣と信長とのヒエラルキーは言わずもがな、注目すべきは天主から見下ろされる位置に御殿が建築されたことで、天皇権威をも相対化しようとする信長の志向がうかがえる[89]。神仏の序列化と同じく、世俗の序列もまたここに可視化されることになる。このように安土城は、王法・仏法双方にまたがって信長が君臨するという意図のもとに構築され、それを目に見える形で示したと言うことになろう。

三つ目は、本願寺が唱道する来世の極楽浄土という肉眼では見えない世界と、地上の極楽・安土山という目に見える世界という比較があったと思われる。この点については後述する。

以上を踏まえ、安土山内の構成について、山を曼荼羅に見立てる伝統の面から少しく考えてみたい。このような霊山は各地に存在するが、尾張・美濃の崇敬者も数多存在した中世後期の富士信仰では、富士山を中台八葉院のごとく八葉九尊に当てている。(90)かかる観点から、試みに安土山を胎蔵曼荼羅に擬して解析すると、城下・周縁部が第四重の外金剛部院、山麓から中腹にかけて、石部神社や会勝寺、家臣の屋敷跡と伝える郭が連なる山の下半が第三重、仁王門から三重塔、今はなき仏殿などに至る摠見寺伽藍が第二重となる。本丸、二ノ丸、三ノ丸など、黒金門内の主郭部は第一重、その中央に聳える天主部分が中台八葉院に当たる中枢部・秘奥部であって、この中央に大日如来よろしく信長神が鎮座することになる。無論、信長が曼荼羅に比擬して築城した確証があるわけではないが、天主を中心とした遠近・高低差による整然たる配置をみれば、少なくとも己自身を中核とし、寺社や家臣たちを眷属のように布置しようと企図したことは確かだろう。

最後にもう一つの理由を加えておきたい。それは、中国文化・美術、あるいは景観との関係である。城郭の選地に関しては長く、軍事・政治・経済的な視座から分析がなされてきた。近年、そこに宗教・信仰・聖地の視点が加わるようになったが、さらに文化・美術・景観という視座を提案しておきたい。安土城天主の大きな特徴は唐様をベースとし、内部の絵画に伝説上の帝王、儒者、賢人、仙人、煙寺晩鐘など、中国文化を表象するモチーフが多用される点にある。南化の「安土山ノ記」には、安土山とその周辺の光景が瀟湘八景の遠寺（煙寺晩鐘）と帰帆（遠浦帰帆）になぞらえられ、安土の月が西湖の月に見立てられている。瀟湘と西湖は当時の日本人にとって最も著名な中国の景勝地であり、その光景が瀟湘八景図・西湖図として様々に描かれ、わが国の文化・美術に多大な影響を与えてきた。(91)結論を先取りするならば、安土城の選地には、この二つの光景を現実化する意図があったのではないか、ということである。

現存する瀟湘八景図を見ると、人物を点景として配し、建物も小さく描き添えるに止めており、あくまで水郷地帯の風光と気象を描くことに主眼が置かれていることがわかる。[92]そして信長は、内湖に囲まれた安土山周辺の景観に、瀟湘八景のイメージを感得していたのではないかと考えられるのである。『信長公記』に、天主の画題として煙寺晩鐘が記されるだけでなく、著者牛一が、城周辺の実景を遠浦帰帆・漁村夕照の二景にたとえ、[93]「安土山ノ記」がなぞらえる所以であろう。

信長のイメージはさらに広がりを見せる。安土築城を遡る四十年あまり前、この地から眺められる琵琶湖が西湖に見立てられている。天文元年(一五三二)、安土山に隣接する繖山の桑実寺に仮幕府を構えていた将軍足利義晴は、願を発して『桑実寺縁起絵巻』の制作を行った。当寺に伝わる同縁起絵には、以下のごとき詞書が記される。すなわち、「当山桑実寺は、病即消滅の霊場、不老不死の仙窟たり。向上の青峰峨々として、入松の風の声空に、緊那(羅)、瑠璃の琴瑟を鼓し、直下の西湖漫々として、緑水の浪の響き、妙音、海潮の琵琶を弾ず。眺望不思議の勝地たり」[94]と。

中国趣味に通じていた信長が、このような両者の関係性に無関心であったとは考え難い。ことに、二度の入明を果たし、西湖を逍遥して漢詩を詠じた策彦周良から聞き及んでいたであろう彼の地の風光は、信長の心中にまだ見ぬ中国への憧憬を掻き立てたに違いあるまい。いまに伝わる西湖図を概観すると、瀟湘八景図とはまた対照的な画面構成が看取される。中央に広がる湖と変化に富んだ山々の自然景観に、蘇堤や城壁、仏塔などの人工構造物を取り合わせているからである。ひときわ印象的なのは、南北の高峰や宝石山といった屹立する山上に、多層の仏塔などを布置する景観である。[95]そのイメージによく合致するのが、この地域の琵琶湖畔に立つ山々であり、それも繖山のようななだらかな山容ではややそぐわない。安土山が選地され、天主が山上に営まれ、しかも多層塔形式を襲う所以であろう。

安土山に選地することにより、瀟湘八景が付随的にもたらされ、山上に天主や摠見寺を建築することにより、西湖図の画面が現実化する。かくして信長は、中国を代表する二つの景勝をも自家のものとすることとなった。在地の人々の信仰を集めてきた風光明媚な聖地が、信長によって大掛かりに改変され、これまでの日本人が見たことのない景観がここに出現した。まさに新たな聖地の創出であり、新たな権力の登場であり、新たな神の影向に外ならない。天主の主である信長は、天皇・将軍を超えて中華皇帝化・自己神格化を果たし、都を見据え、そして遥か遠くに大明帝国を望んでいたことになろう。

③安土城の特質・構造

安土山の大きな特徴の一つは、山上の天主を中心とする巨大な城に加えて、既存の社寺建築や仏像を移して新たに摠見寺が建立されたことである。摠見寺は現状、創建当初の建造物としてはわずかに仁王門と三重塔が遺存するのみであるが、かつては仏殿を中心に、鐘楼、熱田社、同拝殿、鎮守社、庫裏、毘沙門堂、舞台などが並ぶ本格的な伽藍を備えていた(96)。参詣する者は、百々橋口から山上に向かって参道を進む。やがて間もなく仁王門が現われる。門には応仁元年(一四六七)、仏師院朝が制作した阿吽一対の木造金剛力士立像が身構えており、摠見寺を守護する役目を果たしている。あわせて、その奥、天に聳える天主に鎮座する信長神をも守護する恰好となることに注目すべきである。さらに進んで仏殿に参詣する者は、仏像とともに、その上方に安置された信長神の神体である盆山を礼拝し、さらに寺の遙か上方に、生身の信長神が鎮座する巨大な天主がそそり立つさまを仰ぎ見ることになる。天主と摠見寺伽藍との関係性は、秘仏本尊とお前立との関係性になぞらえられ、摠見寺伽藍は天主の引き立て役としての役回りをも担うことになる。信長は、一般に馴染みの深い既存の社寺建築(摠見寺伽藍)を下に見下ろす山上に、誰も見たことのない新奇な宗教建築(安土城天主)を構築し、神仏にも勝る己自身を視覚的に標幟したと言えよう。上記した美術作品を例にとれば、挿図③の鶴林寺慈恵大師像や、挿図⑤の聖衆来迎寺太子像などに描かれた大師や太子に対する眷属との関係性が、天主に対する摠見寺や周辺社寺との関係性に照応する。

安土城はまた、礎石建物・瓦・石垣という三つの要素がそろう織豊系城郭の初期の事例とされている。[97] ことに石垣を高く積み上げる高度な技術を確立したことが、天を突くような天主の高層化を可能にし、その視覚効果をより高めることとなった。石垣構築の技術は、湖東三山に見える子院群の雛壇状石垣や石段などのように、基本的には寺院の造営に用いられてきたものを活用・発展させたと推察される。なお、安土築城に先立つ永禄十二年(一五六九)、三好三人衆らに襲撃された義昭の身を守るため、四方に堀と高い石垣をめぐらせた将軍の城館を造営している。この工事には、近畿一円から多くの役夫・職人が動員されており、後の安土築城への布石ともなっていることがよくわかる。こうした試行を経て、わが国初めての総石垣づくりの城郭が構築されたことになる。

石垣とともに人々の目を奪ったのが瓦である。[98] これについては、「唐人の一観に仰せつけられ、奈良衆焼き申すなり」[99]と『信長公記』が伝えるように、安土城のために特注し、さらに、軒丸瓦・軒平瓦の瓦当面の凹部に純度の高い金箔を押す念の入れようであった。瓦葺建築は、都城などでも採用されたが、神宮の忌詞「瓦葺」からもうかがえるように寺院建築中心に行われてきた。戦乱で荒廃した戦国時代にはなおさら、寺院以外で目にする機会は少なく、城郭への採用もまだ限定的であった。[100] 瓦職人もまた、寺院に属して活動する者が多く、この時期の瓦葺建築は一般的に、寺院の堂舎と見られるものなのである。なお、信長の瓦利用の記録では、檜皮葺だったらしい紫宸殿を瓦葺に改めたという『多聞院日記』永禄十三年(=元亀元年・一五七〇)三月十八日条が初見である。[101] また、坂本城などの家臣の城でも行われており、安土城への採用前に、瓦の特性・効用を見極めようとしたものと考えられる。

瓦に関しては、金箔瓦であることにも重大な意義が認められる。[102] 金は神聖な色彩であり、従来は仏身(金色相)をはじめとする仏教美術、浄土の有様を再現するための仏教工芸や堂内荘厳、金色堂・金閣など、仏教関連の文物・建築中心に用いられてきたものであった。天主にこれを採用したのは、財力と権力の誇示に加え、この城が信長神の鎮座する神殿であることを視覚的にも印象づける意図が想定される。

山上の天主、すなわち巨大高層建築の持つ意義についても触れなければならない。今日では広く存在する高層建築もまた、信長の時代には仏塔や三門など、寺院建築にほぼ限定される存在であった。すなわち、高層建築とはそもそも、宗教施設と見なされる存在なのである。事実、南化玄興は「宝塔之突兀トシテ林間ニ出ルハ遠寺ヲ絵カト疑ヒ」云々と、天主を宝塔のごとき存在として描写する。なお、城の設計施工を担当した御大工棟梁は、熱田神宮の工匠で中京地域の社寺造営に活躍した岡部家の岡部又右衛門以言である。信長は、義昭の御所造営などを通じて幕府や禁裏に属する技術者を支配下に置き、宗教施設造営の技術者を中心に天主の建設に従事させ、彼らの手腕を発揮させることに成功した。

以上の通り、石垣、瓦、巨大高層建築など、安土城天主の様々な要素が寺院建築を踏襲しつつ、そこに中華の色を加え、中国の仏塔を思わせる唐様のモニュメントとして出現した。近世城郭成立以前の日本人にとって、初めて目にする異形の巨大建築であり、しかも、どの要素をとっても当時の人々の想定を遥かに凌駕するものと言えよう。このような天主の景観・意匠は、天主の主・信長が生身の神仏として民衆から仰ぎ見られることを意図して、考案されたものであることをよく示している。

続いて天主内部に目を移そう。天主内部は七重で、地階の石蔵および石垣上六階からなっている。内部には、当代を代表する絵師・狩野永徳一門によって、各種の技法を駆使した絵画が制作された。モチーフも多岐にわたるが、龍虎や鷹、鳳凰などの鳥獣、木々や花、瀟湘など中国の風景の他、古代中国の皇帝、儒・仏・道にわたる聖人や仏が数多登場するところに大きな特徴が認められる。たとえば、三重目(二階)に賢人(伯夷・叔斉)、呂洞賓、西王母など、四重目(三階)に許由・巣父、八角四間の六重目(五階)には、十大弟子等を従えた釈尊成道説法図、餓鬼などの六道絵が加わる。さらに、七重目(六階)には三皇五帝・孔門十哲・商山四皓・竹林七賢等が描かれ、天井にも天人の影向が現わされる。[103]このように、数多の尊格、人物、動物、植物、自然景観まで、東アジア世界の森羅万象が本尊たる信長神を囲繞・讃嘆して眷属・取り巻きとしての役目を果たし、同じく、天主各所に置かれた仏像や、新たに創建された摠見寺伽藍、山内各所に点在する既存の宗教施設の神仏が随順することになる。

④祭政一致の安土城

南化玄興の「安土山ノ記」には、標高わずか一九九メートルほどの当山が「六十ノ扶桑第一ノ山」と誇称されている。国史上類を見ない人工構造物を伴う山という点で、その規模は確かに日本一と言っても過言ではない。「其ノ山高ニ在不レドモ、其ノ名太山ヨリモ高シ」と記される所以である。尋常の尺度を超えた光り輝く山上の巨大建造物への驚きが、かかる表現につながっていよう。

南化はまた、「山ヲ安土ト名ク太平ノ兆」と謳い、「安土」の山名を築城以降に公称されたように記している。確かに信長には、井ノ口を岐阜に改めた先例がある。その場合、そこには理念が籠められたと思われ、安土もまた、なにがしかの理念が用意されていたに違いない。これを承けて内藤昌氏は、この山名には「平安楽土」の概念、すなわち、天下統一の意を籠めたものと解され[104]、この見解が定説となっている。無論それもあるだろうが、もう一つ加えたい。信長の真意として、この安土こそが「安養浄土」「安楽浄土」「安楽国土」、すなわち極楽なのだ、という思いがあったのではないかと解されるからである。信長の行動様式には、己に対抗・抵抗するものに対して徹底的に対決し、それ以上のものを持ち出す志向がある。本願寺の唱道する肉眼には見えない極楽浄土に対してぶつけたものが、現世において極楽を目の当たりにできる安土山だったと私考される。信長を信ずる者に対しては、富、子孫繁昌、長寿、疾病治癒、健康、平安などの現世利益を与え、不信者は現世・来世を問わず滅亡に至るとした、フロイス報告にも照応する名称と言えるだろう。

付言すれば、「山」字は単に山岳のみを指すにはあらず、しばしば寺を含意することにも注意すべきである。「安土山」「扶桑第一山」との表現は、安土山が政治・軍事施設であることに加え、極楽世界を目の当たりにでき、本願寺や相洛五山、比叡山、高野山などをも凌駕したわが国第一の宗教施設であることをも謳ったものと言える。すなわち、寺と城とを別物と考えては本質を見誤ることとなる。寺域は摠見寺伽藍に限定されず、天主・御殿なども含みこむものと言い得られる。いわば、ここに新しい祭政一致の場が出現したと評せよう。

祭政一致の「祭」を象徴するものが、天正九年(一五八一)七月十五日夜に行われた盂蘭盆会である。[105] 通常のごとくに城下に明かりを灯させず、天主はじめ安土山中の建物に提灯の灯を掲げ、堀に松明を焚いた船を浮かべ、この世のものとも思えぬ美しい夜の情景を現出せしめた。盂蘭盆会という人々に馴染みある名称を用いながら、その規模と視覚効果は人々の想定をはるかに超えたものであった。帰国する宣教師ヴァリニャーノの送別のためと言われているが、かかる大掛かりな仕掛けが、ただのもてなしであろうはずがない。そこには、信長一流のメッセージ、社会的な意義を籠めていたと見なければなるまい。すなわち、摠見寺という新たな信仰の場のお披露目[106]とあわせ、来世に極楽を求めた本願寺門徒などに向けて、信長は現世において光り輝く極楽世界を現出させた心算ではなかったか。あたかも極楽は本願寺の側にではなく、安土山にありと言うかのごとく。

なお、かかるライトアップのヒントとなったのは、信長の地元にある津島神社(津島牛頭天王・天王坊)で行われる宵祭であろう。これは五艘の巨大な船に多くの提灯を吊るし、宵闇の中を進む幻想的な祭礼である。摠見寺初代住持の堯照法印(同寺は信長没後に禅宗寺院となったため、堯照は累代から除外され、爾来、織田家出身の正仲剛可を初代とした)が当社の僧であったことも想起される。いずれにせよ、津島の宵祭や精霊流しのように川の中をゆく光や、一般に行われた盂蘭盆の光、火祭りの光などを体験した人はいても、一〇〇メートル以上の高所にある天主(宝塔)や摠見寺伽藍などが闇夜に光輝く情景は誰しも未体験のものであったに違いない。それだけに、この光景を目撃した人々の驚き・感激は察するにあまりあろう。そして、その光を放つ天主の主がただの人間ではなく、神仏の化現だという実感が民衆の中に生まれても不思議ではなく、信長もまた、このような意図で盂蘭盆会を行ったと見なければならない。その意味で、この献灯は、安土山の本尊たる信長神自身への法楽であるとも解されよう。

この他にも、「祭」の一形態に当たるものとして信長は、相撲や馬揃(左義長)などを盛んに行っている。相撲については、好角家のように愛好しただけではなく、見ごたえのある勝負をした相撲取を家臣に登用しており、人材スカウトの側面もある[107]。加えて、当時廃絶していた宮中における相撲節や頼朝以来の将軍による相撲上覧の再興を含意し、あわせて、寺社の祭礼における奉納相撲の伝統を継承したと見ることもできる。馬揃については、安土城下とともに京都で盛大に開催しており、ことに後者の内容については神格化の一端を担っていると解されるため後述する。

また、宗教との関わりから注目されるのが、天正七年(一五七九)五月二十七日に城下の浄厳院で行われた安土宗論である[108]。これについては近年、信長の意図的な役割を否定する論者もいるが[109]、権力者がそんなにお人好しであるはずがない。敗者の法華宗(釈迦)に厳しい罰を与え、その力を抑えるとともに、勝者の浄土宗(弥陀)には褒美を取らせており、俗界・教界にわたる天主の主たる信長が、彼らよりも上位者であることを示すのがこの出来事であった。この延長上に、秀吉による東山大仏千僧会への出仕要請や園城寺闕所命令、家康による諸宗寺院法度の制定など、天下人による教界支配の路線が展開してゆくことになる。中尾堯氏の「安土宗論こそは、徳川政権成立期にみられる諸宗寺院法度に至る伏線をなすもの[110]」との評言も想起されよう。

「安土山ノ記」では、安土城を阿房宮にたとえ、信長を始皇帝になぞらえるとともに、築城の功を梵釈のなせるわざのごとくに讃嘆し、「玉楼金殿雲上ニ秀デ　碧瓦朱甍日辺ニ輝ク　帝釈梵王地ニ在カト疑ヒ」云々と描写する。梵釈二天は、起請文ではしばしば罰文冒頭に記され、武将にとってはことにその罰を恐れなければならない尊である[111]。不信者は現世・来世を問わず滅亡に至るとする信長神に合致する尊格であるとも言えるだろう。うち梵天は、娑婆世界の主、国土人民の護持神であり、中世神道では天御中主尊、豊受大神、天照大神（大日孁貴神）、両部大日など、最尊最貴の諸尊に比定・習合される点[112]は見過ごせない。一方帝釈天は、須弥山頂上の喜見城（善見城）に住し、阿修羅と戦闘を繰り広げてこれを降し、仏法を守護するとされる尊である。さらに経典では、間々「帝釈天主」「天主帝釈」「天主」などと漢訳されており、安土山上の天主の構想に著名な須弥山がイメージされ、その主たる信長にもまた、帝釈天主が投影されたと解されよう。信長にとっては、須弥山上から娑婆世界を治めた帝釈天主のごとくに、扶桑第一の山であり、地上の安楽浄土たる安土山上から天下を摠見し、守護していた心算であったに違いない。反対に民衆にとっては、信長の鎮座する山景を遠くから眺めただけで、喜悦と満足が得られる（フロイスが伝える、信長が摠見寺に掲げた一文）というわけである。すなわち、信長の自己神格化の一面には弥山上の天主に擬すという側面とともに、このように解釈することによって、摠見寺の山号（安土山・扶桑第一山・遠景山）・寺号（摠見寺）の真義が了解できるだろう。

⑤同時代の信長神イメージ

安土山に君臨する「信長神」は、生身の神仏であることを自任する一方で、天主二重目と摠見寺に盆山という石を安置しその神体とする。伝統的に神社では、神体・依代として宮殿内に石を安置するケースが多く見られるが、信長は形式上それを踏襲したようである。生身の信長神と石の神体が併存し、しかも後者が二所に奉祀されるのにはいささか違和感を覚えるものの、わが国の神祇はいたる所に勧請されて祀られるものゆえ、異とするには当たらない。無論、註(36)に記すように、盆山については、二所に祀られたのではなく、天主二重目から摠見寺へと移したと見ることもできる。いずれにせよ、このあたりには本地垂迹的な信仰形態すらうかがわせる。あるいは、習合色の強い津島天王社から初代住持となった堯照法印の入知恵もあったかもしれない。

加えて、信長神が鎮座する天主には、信長を囲むように古代中国の帝王や儒・仏・道にわたる尊格・聖人などの絵画がめぐらされ、本尊たる信長を荘厳する役目を果たす。このような構成の発想には、平井良直氏が指摘される(註(47))ように、仏殿における木造の本尊像とそれを荘厳する背後の壁画と、安土城における信長神と周囲の絵画とのパラレルな関係性が想定される。また、天皇の身体と賢聖名臣を並置する「賢聖障子」との関係性などもヒントになり、神仏や天子、中国皇帝と並び、あるいはそれをも凌駕しようとする信長自身の意図が籠められていよう。なお、本節③項で触れた通り、信長は賢聖障子を備えた紫宸殿の修理を行っている点も想起される。また、天主内部には各所に仏像と思しき木像が配置され、信長の眷属、道案内役を務めている。天主内部の構成については、専ら画題のみが注目されてきたが、このような諸尊の扱いにも注目すべきである。

ところで、摠見寺仏殿と天主の信長神との関係性は、お前立と秘仏本尊とのそれに比擬することができよう。一般の参詣が許されない天主の主・信長神は、秘された聖域からしばしば娑婆世界へと出御して大股で歩を進め(布武)、最強の武神帝釈天主のごとくに威を振るって天下静謐を実現し、時には祭礼の場にもその姿を示現する。かくのごとく信長の自己神格化の様態は破天荒で、いささか理解し難い面があるため、今谷明氏は、その神格化は苦し紛れの方策であり、成功しなかったと評されている。[113] しかし一方で、その神格化が、当代の世人にある程度受容されていたと見られる節もないではない。

その一つが、天正九年（一五八一）二月二十八日に京都で開催された馬揃である。数多の大名・小名・御家人を率いて登場した信長は、「唐土か天竺にて、天守・帝王の御用に織りたる物と相見え」たる金紗や唐織物、唐冠などの扮装を身にまとい、時にはヴァリニャーノが献上した濃紅色のビロードの椅子に坐るなど、様々な趣向で臨席した天皇はじめ群衆の目を奪っている。参集した人々に対して信長は、中国皇帝としての姿を見せ、さらに「住吉明神の御影向もかくやと、心もそぞろに各神感をなし奉り訖」と、住吉明神の示現であると思わせたのである。[114] ただし、住吉明神は通例、美術作品では老翁の姿に表現される。[115] またこの神は、一般には広く和歌の神として崇敬を集めており、この豪華・勇壮な信長の風体との間に齟齬を来しているやに見られなくもない。そこで注目すべきは、見物人がこのように実感したのが、後頭部に花を立てたことによる連想からであったと思われる点である。『信長公記』の中で牛一は、「梅花ヲ折リテ首ニ挿セバ、二月ノ雪衣ニ落ツ心歟」と、その姿から能の人気演目「高砂」のクライマックスシーンに思いを馳せる。[116]「白楽天」など、他の能楽作品に登場する住吉神は、美術作品と変わらず概ね老翁形とされるのだが、「高砂」における場合だけは若い神であるという。[117] 頭に花を挿した颯爽たるこの日の信長の姿は、この演目最大の見せ場、住吉神の神舞のイメージと二重写しとなる。神の影向は結果論ではなく、信長自身がそれを意図して見せたことが明らかであろう。さらに加えて住吉神は、神功皇后に対していわゆる三韓征伐の神託を垂れ、行軍に同行したとされる神である。すなわち、中国皇帝・住吉明神を二つながら演じた信長の姿形には、座興の扮装などではなく、それを超えた真意を見なければなるまい。[118]

いま一つ、例示しておきたい。信長の自己神格化があからさまに主唱される頃、天正十年(一五八二)三月に、多聞院英俊が仙学坊から聞いて記録した三河国明眼寺の可心が語った夢告もまた、信長の神格化をめぐる挿話として興味深い。可心の話とは、この話が記録された時期を遡る十年前の正月二日、可心の夢中に太子が示現し、次のように語ったというものである。すなわち、「天下を平定できそうな朝倉義景・武田信玄・織田信長のうち、本当にそれを可能にするのは信長だけである。かつて私(太子)が源頼朝に授与した太刀が熱田神宮にあるので、早くこれを信長のところへ渡しに行くように」(原漢文)と。この依頼に応えて、可心は実際に信長に太刀を献上したという[119]。南都諸大寺の僧ら当代の知識層の間で、信長が太子から天下の付託を受けた存在として解されていることは注目すべきである。この時期の太子イメージとは、古代日本の偉大な政治家であり、大陸文化の摂取や仏教興隆につとめたという教科書的なそれに止まらない。和国の教主(日本の釈尊)と讃えられ、救世観音・如意輪観音の垂迹として信仰され[120]、物部守屋征伐の事績などから、軍神として崇敬を集める存在となっているからである[121]。信長のイメージの中に、政治家であるとともに、観音の化現であり軍神でもある和国の教主・太子と、武門の棟梁たる頼朝の姿が投影されている。すなわち、信長は太子・頼朝の再誕・化現というわけである。また、信長自身にも、太子の後身であることを意識していた節がある。将軍義昭の失政をとがめた意見書が十七ヵ条であったのは、単に十七条憲法の条数にならっただけでなく、己を太子に比擬した結果であると考えられよう。

なお、英俊に可心の話を聞かせた仙学坊は、安土宗論で判者を務め、浄土宗側に助勢した因果居士が個人的に呼び寄せ、同じく判者の列に加わった法隆寺仙覚と同一人と見られる[122]。であれば、信長の内意を受けて立ち回った居士のように、意図的に信長寄りの話を吹聴していたとも解される。いずれにせよ、これらの事例から見て、信長の神格化イメージが、当代の人々の間にある程度受容されていたことは確かなことのようである。

⑥自己神格化構想と安土城

以上分析してきたことを、自己神格化に絞って改めて整理し直しておこう。信長の自己神格化に関連する事象を年代順に整理すると、ほとんど安土築城以降のことであることが判明する(次頁・織田信長自己神格化関連年表参照)。なかでも、それを直接的に語る史料は、天正十年(一五八二)、信長が亡くなる少し前の出来事をまとめたフロイスの報告である。それによれば、信長を祀る摠見寺(前年夏頃に完成か)への帰依を民衆に強要し、現世利益などの功徳と不信者への罰について掲げ、自己神格化が明確な形で打ち出されている。信長の神体として盆山が設置されたこともここに見える。その一方、天主などの主要建築の建設が一段落した天正七年頃には、すでに自己神格化が次第にその姿を現わし始めている。この時期、安土築城という歴史的大事業を後世に伝えんがため、信長は当代を代表する五山の禅僧・南化玄興に「安土山ノ記」を撰述させている。この記の中で信長は、始皇帝や堯舜、梵釈に擬せられており、すでに生身の中華皇帝化・自己神格化が示唆される内容になっているからである。加えて、同八年、フロイスとは別人の宣教師ジョアン・フランシスコが、天主内部に仏像と思しき木像が数多配置されていると報告している点も見逃せない。己の眷属・取り巻きとして仏像を用いているからである。さらに同九年二月、天皇臨席の京都馬揃に登場した信長は、自らを中国皇帝・住吉明神と思わせるパフォーマンスを見せている。同年七月、安土山内で大掛かりな盂蘭盆会が行われたが、闇夜に輝く天主・摠見寺の姿は、その主たる信長の神格化を強く印象づけたに違いあるまい。

ところで、安土築城以前に遡ることとして、元亀二年(一五七一)の比叡山焼討後、その再興を考えていた武田信玄への返書として送った書簡に、信長自身が「第六天魔王」と称したことをフロイスが記録している。[123]これは、天台座主を僭称した信玄の売り言葉に対する買い言葉として自称しただけのようにも見られるが、一方で本能寺の変後間もなく、「麒麟潜隠シ犬猿趍ル。六天ノ魔王形チヲ現ルヤ否ヤ」と、信長をこの尊に当てて批判した記録があり、[124]当代

織田信長自己神格化関連年表

年 月 日	事　象	出　典
天正元年(1573)	比叡山焼討後、その再興を考えていた武田信玄への返書として送った書簡に、信長自身が第六天魔王を称する	1573年4月20日付フロイス報告
天正元年(1573)	信長は自らについて「日本においては、己自身が生身の神仏であり、石・木は神仏に非ず」と語る	1573年4月20日付フロイス報告
天正4年(1576) 1月中旬	安土城築城開始	信長公記巻9
天正7年(1579) 初春	主要建築の建設が一段落し、南化玄興に「安土山ノ記」を撰述させる。この記の中で信長は、始皇帝や堯舜、梵釈に擬せられており、生身の中華皇帝化・自己神格化が示唆される	安土山ノ記
天正7年(1579) 5月27日	浄厳院にて安土宗論開催。信長は敗者の法華宗に罰を与え、勝者の浄土宗に褒美を取らせ、彼らよりも己が上位者であることを示す	信長公記巻12　1579年6月付オルガンチノ報告 フロイス日本史
天正8年(1580)	天主内部に、仏像と思しき木像が標識として各所に配置される様を宣教師が報告。仏像が信長の眷属・奉仕者の役目を果たす	1580年9月1日付フランシスコ報告
天正9年(1581) 2月28日	京都馬揃開催。信長は金紗や唐織物など中国皇帝の如き華麗な扮装で登場し、あわせて住吉明神の影向を思わせるパフォーマンスを見せる	信長公記巻14　1581年4月14日付フロイス報告 フロイス日本史
天正9年(1581) 7月15日	この頃に摠見寺伽藍完成か。盂蘭盆会開催。闇夜に輝く天主・摠見寺の姿は、その主たる信長の神格化を強く印象付けるものとなる	信長公記巻14　1582年2月15日付クエリヨ報告 フロイス日本史
天正10年(1582) 1月1日	安土山に伺候し、摠見寺から城内を拝見した家臣たちを迎えた信長は、礼銭百文ずつ受け取り、後方へと投げる(信長への賽銭か)	信長公記巻15
天正10年(1582) 3月23日	内裏から信長の敵国の神たちが悉く流され、信長の本意が実現すれば改めて勧請されるとの風聞を多聞院英俊が伝え聞く	多聞院日記同日条
天正10年(1582) 3月23日	多聞院英俊が三河国明眼寺の可心が語った夢告を仙学坊から聞く。信長は、太子から天下の付託を受けた存在として解され、観音垂迹・軍神たる太子と、武門の棟梁たる頼朝の姿が投影される	多聞院日記同日条
天正10年(1582)	信長を祀る摠見寺への帰依を民衆に強要し、現世利益の功徳と不信者への罰について掲げる。自己神格化が明確な形で打ち出される	1582年11月5日付フロイス報告　フロイス日本史
天正10年(1582) 5月	信長の誕生日に摠見寺への参詣者多数あり	1582年11月5日付フロイス報告　フロイス日本史
天正10年(1582) 6月2日	本能寺の変にて討死	信長公記同日条　1582年11月5日付フロイス報告 フロイス日本史ほか

にそのような認識が行われていた節もある。この尊については、このように仏法に仇なす印象だけでなく、梵天、自在天、大自在天、伊舎那天、大己貴神との混同・習合や、『太平記』では日本開闢時に天照大神の国土支配を保証する役割を担うとされるなど[125]、尊格イメージが多義的・複雑化する。単なる障礙神と言えない尊であることは、石津三次郎氏の先駆的な研究をはじめ、近年の中世神話研究でも詳細に論じられている[126]。その意味で、信長がこの尊を自称した真意も、叡山焼討の首魁としての意味に止まらず、あるいは天皇権威を己が保証するといった含意を踏まえたものとも察せられる。いずれにせよこの時点で、すでに自己神格化への志向が信長の中に胚胎していたのは確かなようで、フロイスはこの記事に続けて、日本においては己が生身の神仏であり、石・木は神仏にあらずと信長が豪語したと書き及んでいる(註(123))。

このように、信長の自己神格化構想は築城以前から心中に兆しつつも、実際には安土築城と山内の整備とともに具現化され[127]、摠見寺伽藍を付属させることによって、その構想が完成の域に達したと考えられる。信長における自己神格化の内実を明らかにするためには、これら表面に現われた事象とともに、当時の神仏観、信長の政権構想から行動様式・趣味嗜好に至る点までを考慮しつつ、分析を加えてゆくことが要請されよう。本稿はそのささやかな試みなのである。

6 信長神の試行と挫折、安土城の意義

神戸市立博物館本や愛知・長興寺本など、没後間もなく制作された信長像の形式は、当時一般の肖像画の形式からほとんど出ておらず、武将の肖像以外の何物でもない。本稿で取り上げた神格化された高僧や皇族・貴族の肖像に加

え、秀吉（豊国大明神）像・家康（東照大権現）像にも広く見られる神格表現[128]は、信長像にはほとんど認められない。

こうした信長像の特徴は、天正十六年（一五八八）、七回忌に合わせて制作された京都・報恩寺本織田信長像（挿図⑩）と、その画面上部に記された近衛前久による追善の和歌六首によく示されている。

なけきても名残つきせぬなみた哉猶したはるゝなきかおもかけ
むつましきむかしの人やむかふらむむなしき空のむらさきの雲
あたし世のあはれおもへは明くれにあめかなみたかあまるころもて
みても猶みまくほしきはみのこしてみねにかくるゝみしかよの月
たつねてもたまのありかは玉ゆらもたもとの露にたれかやとさむ
ふくるよのふしとあれつゝふく風にふたゝひみえぬふるあとの夢

各首冒頭の一文字を並べると、「なむあみたふ」となり、信長の面影を偲びつつ、彼の後生善処を祈念しようとする前久の心情が伝わってくる。[129] ここには、信長本人の意図とは別に、彼が神として崇敬されるのではなく、供養される存在であることが示されている。

信長の自己神格化は、このように彼の死をもって終わりを告げた。信長神格化へのわれわれの理解を妨げている最大の要因は、その時期があまりにも短く、十分に形をなす前に本能寺で討死してしまったからであろう。後継者もまたこれ幸いにと、神ならぬ人として信長の葬儀を行い、神格化

挿図⑩　織田信長像
（京都・報恩寺）

などなかったことのように対処した。秀吉・家康のように、死後の祭神化にいたらなかった所以である。彼が祭神の列に加わったのは、近代になってからのことである。

上記した通り、信長の自己神格化は、本願寺法主など既存の宗教勢力を超え、あわせて天皇・将軍といった既存の政治権力を相対化してその上に立つために、中華皇帝化とともに試行された。いわば、聖と俗両面に跨る集権化を、その一身に集約しようとするものであった[130]。安土城は、そのための舞台装置であり、聖・俗二面にわたる序列を三次元で可視化した壮大な実験場であったと言えよう。

実験的であるがゆえに信長の自己神格化は変幻自在で、その姿には始皇帝や堯舜、梵天、帝釈天、第六天、住吉明神、聖徳太子、観音菩薩、軍神、源頼朝などが投影されている。そこに、系統だった教義などをうかがうことはできないが、かかる雑多な尊格や信仰が同居する状況はむしろ、当時かなり普遍的だったと見なければならない。信長は、神・儒・仏・道にわたる種々の尊格や本地・垂迹、生身の神仏などが同居する時代を生き、宣教師を通じてキリスト教のデウスの知識も学び、各宗の僧侶や神官と交際し、宗派に属さない下級宗教家にまで関心を払っている。こうした体験・知見が、自己神格化を形成する基盤にあったと見てよいだろう。神格化と言っても無論、新宗教や新宗派の創唱などではない。神仏やそれ同様に崇敬を受ける高僧らを超え、生身の神仏として己自身をそれら以上に崇拝させようとした、それが信長の自己神格化なのである。

その神格イメージのうちには、上記のように多岐にわたる諸尊が認められるため、これらを統合すれば、内藤昌氏の主唱される総合絶対神の概念に近づくことになる。ただし信長自身の意図は、もう少し融通無碍な有様ではなかったかと考えられる。世俗の最高権力者であるとともに、生身の神仏そのものであり、人々を導くために三十三応現身のようにさまざまに姿を変えて示現する存在、およそそのあたりを意図したのではなかろうか。信長の自己神格化の内実について、本稿ではこのように推察しておくこととしよう。

信長没後、天主を伴う城郭建築はますます盛行した。ことに豊臣政権では、金箔瓦の多用により、広範囲にその権力と財力が誇示された。このように、城郭の政治権力のシンボルとしての役割は増大したが、天主の宗教性・神格化を表象する役割は著しく希薄化した。祭政一致を象徴する天主は、信長一代・安土一城で消滅したと言うべきだろう。かくして、信長の破天荒な企てやその真意は歴史の彼方に忘れ去られ、現代人から見た常識的な理解、無難な解釈が通行することとなる。

本稿はもとより眼に一丁字無きゆえの浅見にすぎないが、僧俗の神格化(仏菩薩化などを含む)の歴史的展開の中から信長の自己神格化を捉え、そこから生まれた造形の系譜の中から、安土城という信長の作品を理解しようと試みた。実在する人物の神格表現は、概ね美術作品の中で行われるが、信長の神格表現は安土山ひと山丸ごと造成し、宗教施設兼城郭を建設することにより実現したというのが筆者の解釈である。尋常の尺度を超えた信長のスケールは理解し難い面も多く、どこまで迫りえたか甚だ心もとないが、博雅の士のご示教・ご叱正をお願いして、ひとまず擱筆することにしよう。

註

(1) たとえば、元禄二年(一六八九)十月二十日の『覚(摠見寺々僧岡首座より本多紀伊守役人中宛由来書)』(摠見寺蔵)には「江州安土遠景山摠見寺者天正年中信長菩提所雖為建立、縁起等無之、故年月不分明候」などと見える(『近江蒲生郡志』七巻、一九二二年)。熱田公氏もまた、建立目的の動機は信長の菩提寺を意図したと推測される(同『天下一統』集英社、一九九二年)。

(2) 拙稿「武将の神格化と新たな神像の誕生—秀吉の神格化と豊国大明神像成立の意義を中心に—」(赤松徹眞編『日本仏教

の受容と変容』永田文昌堂、二〇一三年)、山下立編『武将たちは何故、神になるのか』(滋賀県立安土城考古博物館展覧会図録、二〇一八年)。

(3) 人霊奉斎に関しては、柳田國男「人を神に祀る風習」(『民族』二巻一号、一九二六年)、加藤玄智『本邦生祠の研究』(明治聖徳記念学会、一九三四年)、高階成章「人霊奉祀神社の成立過程」(『國學院雑誌』六〇巻八号、一九五九年)、宮田登「人を神に祀る民俗」(同『民俗宗教論の課題』未来社、一九七七年)、小松和彦『神になった人びと』(淡交社、二〇〇一年)、佐藤弘夫『ヒトガミ信仰の系譜』(岩田書院、二〇一二年)などを参照。

(4) 教務局調査課『人臣奉祀神社一覧』(一九四三年)、高野信治「武士神格化一覧・稿(上・下)」(『九州文化史研究所紀要』四七・四八号、二〇〇三・〇五年)。

(5) 空海撰『即身成仏義』(『大正新修大蔵経』七七巻、三八一頁b以下)などを参照。

(6) 観音三十三応現身は、鳩摩羅什訳『妙法蓮華経』観世音菩薩普門品(『大正新修大蔵経』九巻、五六頁c以下)などに記される考え方である。これに関する研究としては、後藤大用『観世音菩薩の研究』(山喜房仏書林、一九五八年)、たなかしげひさ「観音三十三応現身と三十三観音」(同『観音像』綜芸舎、一九七七年)、壬生台舜「観音三十三身説について」(勝又俊教博士古稀記念論文集刊行会編『大乗仏教から密教へ』春秋社、一九八一年)などを参照。

(7) たとえば、貞応元年(一二二二)「慈円願文」に「聖徳太子・大織冠・北野天神・慈恵和尚、皆是観世音化現、施無畏方便也」(『鎌倉遺文』五巻、三〇三八号)などと見える。

(8) 像内梵書や納入品の意義については、拙稿「仏像彫刻における梵字表現」(山下立編『神秘の文字―仏教美術に現われた梵字―』滋賀県立琵琶湖文化館展覧会図録、二〇〇〇年)に私見の一端を記しておいた。

(9) 本像は一木割矧造、像高三〇・五センチ(以下、作品の法量はセンチに統一する)。本像については、興福寺・薬師寺ほか編『慈恩大師御影聚英』(法蔵館、一九八二年)を参照。

(10) 本図は絹本著色、竪一一二・四×横三九・六。宝瓶御影については、植村拓哉「「宝瓶御影」の図像成立に関する覚書」(『佛教大学宗教文化ミュージアム研究紀要』一一号、二〇一四年)を参照。

(11) 『大正新修大蔵経』八三巻、六六〇頁a。

(12) 絹本著色、竪一〇九・六×横三七・〇。本図については、註(2)拙稿・図録に取り上げ論じた。
(13) 絹本著色、竪一二五・五×横四一・〇。本図も註(2)拙稿においてその意義について論じた。
(14) 絹本著色、竪一二二・四×横五七・三。註(2)図録も参照。
(15) 絹本著色、竪一五三・三×横九四・〇。本図については、石川知彦「三十三所観音曼荼羅について」(『佛教藝術』一八九号、一九九〇年)、山下立編『安土城への道』(滋賀県立安土城考古博物館展覧会図録、二〇一四年)参照。
(16) 絹本著色、竪八二・〇×横三一・二。本図については、中島博・野尻忠・谷口耕生編『談山神社の名宝』(奈良国立博物館展覧会図録、二〇〇四年)、註(2)図録参照。
(17) 絹本著色、竪八七・〇×横三一・六。本図については、山下立編『湖西の風土と遺宝』(滋賀県立安土城考古博物館展覧会図録、二〇一〇年)、註(2)図録参照。
(18) 『聖徳太子伝暦』(『聖徳太子全集』二巻、八〇~八一頁)。
(19) 『今昔物語集』巻十七「地蔵菩薩、変小僧形受箭語」(『新日本古典文学大系』三六巻、八~九頁)。
(20) 横田光雄氏によれば、中世の地方郷村社会に村落共同体特有の守護神が成立し、それへの篤い信仰は、他所の寺社への尊重・崇敬に結びつくとは限らず、排他的な面を持つことが指摘されている(同「戦国大名と寺社の破壊・修造—東国の事例を中心に—」(『戦国史研究』三二号、一九九六年))。矢取り地蔵説話の一方的な功徳の有様、普遍性の乏しさにも、すでにかかる動向をうかがうことができる。
(21) 阿弥陀仏号については、水上一久「阿弥陀仏号についての一考察」(『國學院雑誌』五七巻四号・五八巻二号、一九五六・五七年)、伊藤唯眞「阿弥陀仏号について—我が国浄土教史研究の一視点—」(『佛教大学研究紀要』三五号、一九五八年)、石田尚豊「重源の阿弥陀名号」(『大和文化研究』六—八、一九六〇年)、梅谷繁樹「中世の阿号、阿弥陀仏号について—時衆(宗)・非時衆の別及び文学、芸能とのかかわりの一面—」(『仏教文学』六号、一九八二年)などを参照。
(22) 法然の弟子源智発願の浄土宗木造阿弥陀如来立像(重文、滋賀・玉桂寺旧蔵)は、その厖大な交名などの納入品と相俟ってこの種の代表的な作例である(玉桂寺阿弥陀如来立像胎内文書調査団編『玉桂寺阿弥陀如来立像胎内文書調査報告書』一九八一年)。

(23) 若杉慧「日本墓標石仏私考」(同『新版野の仏』東京創元社、一九六三年)、拙稿「あの世でも楽しく酒を飲んでいたい」(大槻暢子編『人ノ性、酒ヲ嗜ム』滋賀県立安土城考古博物館展覧会図録、二〇一四年)。

(24) 岡田荘司「近世の神道葬祭」(大倉精神文化研究所編『近世の精神生活』続群書類従完成会、一九九六年)。

(25) 山田貴司氏は、十五世紀半ばに中国・北部九州を支配した大内教弘が、御霊信仰によらず神格化され、吉田家によって神号が授与された事例を報告されている(同「中世後期地域権力による武士の神格化」『年報中世史研究』三三号、二〇〇八年)。

(26) 『神道大系』卜部神道上巻、一八頁。

(27) 『恵林寺殿機山玄公大居士起龕拙語』(『大日本史料』一〇編一五、一一五頁)。

(28) 『甲斐叢書』一一巻、九六六頁。

(29) 守屋正彦「「武田信玄図」に見られる不動明王像について」(同『近世武家肖像画の研究』勉誠出版、二〇〇二年)。

(30) 鎚起した金銅板を矧ぎ合わせて成形した作品。像高二七・二。本像については、山下立編『戦国・安土桃山の造像—仏像彫刻・懸仏編—』(滋賀県立安土城考古博物館展覧会図録、二〇〇四年)、拙稿「軍神とは何か—特別展「武将が縋った神仏たち」の視点—」(山下立編『武将が縋った神仏たち』滋賀県立安土城考古博物館展覧会図録、二〇一一年)を参照。

(31) 聖地の山については、景山春樹『神体山』(学生社、一九七一年)、和歌森太郎編『山岳宗教の成立と展開』(名著出版、一九七五年)などを参照。

(32) たとえば、焼討後に再興された日吉山王社の秘密社参について、祝部行丸の『日吉社神道秘密記』には、巡拝対象に関して山王の主要堂宇のほか、寺堂、小祀、霊石、神木、滝、湧水などが列挙されている(『神道大系』日吉、三一七~三七八頁)。秘密社参については、嵯峨井建「日吉社の秘密社参」(『神道学』一〇一号、一九七九年)、村山修一「神々の群生」(同『変貌する神と仏たち—日本人の習合思想』人文書院、一九九〇年)参照。

(33) 城と聖地をめぐっては、中澤克昭「中世城郭史試論—その心性を探る—」(『史学雑誌』一〇二編一一号、一九九三年)、同「戦国・織豊期の城と聖地」(齋藤慎一編『城館と中世史料—機能論の探求—』高志書院、二〇一五年)、同「城郭と聖地再考—中世から近世へ」(岩下哲典・「城下町と日本人の心」研究会編『城下町と日本人の心性その表象・思想・近代化』

岩田書院、二〇一六年）、大沼芳幸「聖地から山城へ」（註(15)『安土城への道』所収）などを参照。

(34) 註(33)大沼芳幸「聖地から山城へ」。

(35) 松田毅一・川崎桃太訳『完訳フロイス日本史』（三巻、一三一〜六頁）、一五八二年十一月五日付フロイス報告（村上直次郎訳『イエズス会日本年報』上巻、二〇五〜八頁）、松田毅一監訳・東光博英訳『一六・七世紀イエズス会日本報告集』（三期六巻、一一九〜二二頁）を参照。

(36) 盆山について『信長公記』では、天主第二重に安置すると記しており（奥野高広・岩沢愿彦校注『信長公記』角川文庫本二一三頁）、神体を二所に安置しているやに見受けられる。ただし、天主から摠見寺へと移した可能性も考えられよう。

(37) 駒井義明「日輪伝説の伝統について」（『神道史研究』九巻四号、一九六一年）、北島万次「豊臣政権の対外認識と東アジア世界」（永原慶二ほか編『中世・近世の国家と社会』東京大学出版会、一九八六年）。

(38) 森龍吉「幕藩体制と宗教―本願寺教団を対象とした封建的宗教の思想史的な試論―」（家永三郎ほか監修『日本宗教史講座』一巻、三一書房、一九五九年）。

(39) 朝尾直弘「「将軍権力」の創出」（『歴史評論』二四一・二六六・二九三号、一九七一〜七四年）、同『大系日本国家史』（三巻、東京大学出版会、一九七五年）。

(40) 大沼芳幸「安土城―信長神が坐す神殿―権威を視覚化する戦略」（『滋賀県立安土城考古博物館紀要』二一号、二〇一三年）。

(41) 『信長公記』巻十五、天正十年正月一日条（註(36)角川文庫本三七三〜五頁）。

(42) 『多聞院日記』天正十年三月二十三日条（『増補続史料大成』四〇巻、二一二頁）。

(43) 奥野高廣「織田政権の基本路線」（『国史学』一〇〇号、一九七六年）。

(44) 石毛忠「織豊政権の政治思想」（古川哲史・石田一良編『日本思想史講座』四巻、雄山閣出版、一九七六年）、同「思想史上の秀吉」（桑田忠親編『豊臣秀吉のすべて』新人物往来社、一九八一年）、同「織田信長の自己神格化―織田政権の思想的課題」（同編『伝統と革新―日本思想史の探究』ぺりかん社、二〇〇四年）。なお、池上裕子氏もまた、安土山における自己神格化の有様について「世俗世界と宗教世界の二つの頂点に立つ自分を可視的に位置づけた」と説明される（同『織豊政権と江戸幕府』講談社、二〇〇二年）。

(45) 内藤昌「安土城の研究」(『國華』九八七・九八八号、一九七五年)、同『復元安土城』(講談社、一九九四年)。

(46) 宮上茂隆「安土城天主の復原とその史料に就いて—内藤昌氏「安土城の研究」に対する疑問—」(『國華』九九八・九九九号、一九七七年)。

(47) 平井良直「安土城天主五階の空間構成に関する一試論—障壁画を手掛かりとして—」(『日本歴史』五七〇号、一九九五年)。

(48) 海老沢有道「秀吉神の登場」(同『キリシタンの弾圧と抵抗』雄山閣出版、一九八一年)。なお、石毛忠氏もまた、同様の指摘をされている(註(44)「織田信長の自己神格化—織田政権の思想的課題」)。

(49) 信長の神格を特定の尊格に比定する研究がないわけではない。たとえば、赤城妙子「織田信長の自己神格化と津島牛頭天王」(『史学』六〇巻一号、一九九一年)では牛頭天王に、藤巻一保『第六天魔王と信長』(悠飛社、一九九一年)では第六天魔王に比定される。

(50) 三鬼清一郎「戦国・近世初期における国家と天皇」(『歴史評論』三二〇号、一九七六年)、同「織田政権の権力構造」(深谷克己・加藤栄一編『講座日本近世史』一巻、有斐閣、一九八一年)。

(51) 脇田修『近世封建制成立史論』(東京大学出版会、一九七七年)、同『織田信長』(中公新書、一九八七年)。

(52) 三鬼清一郎「信長と岐阜」(岐阜市歴史博物館編『信長—岐阜城とその時代—』同館展覧会図録、一九八八年)。

(53) 谷口克広『信長の天下布武への道』(吉川弘文館、二〇〇六年)。なお、松下浩「織田信長の神格化をめぐって」(滋賀県安土城郭調査研究所『研究紀要』四号、一九九六年)、千田嘉博『信長の城』(岩波新書、二〇一三年)、加藤理文『織田信長の城』(講談社、二〇一六年)なども概ね同様の見解を記される。

(54) 註(53)「織田信長の神格化をめぐって」。なお、谷口克広氏も概ね同意見である旨を記される(同『信長の政略』学研パブリッシング、二〇一三年)。

(55) 木戸雅寿『よみがえる安土城』(吉川弘文館、二〇〇三年)。

(56) 本像については、奈良国立博物館『室町時代仏像彫刻—在銘作品による—』(學藝書林、一九七一年)参照。

(57) 秋田裕毅『織田信長と安土城』(創元社、一九九〇年)。

(58) 正保三年(一六四六)二月二十五日の『安土山摠見寺由来書』(摠見寺蔵)によれば、幕末まで遺存した仏殿に本尊十一面観音像と脇侍文朱(殊)・普賢両菩薩像の記載がある(『近江蒲生郡志』七巻)。ただし、いささか不自然な三尊構成であり、また、当初からの尊像配置であったのか否かについては明らかにしない。

(59) 註(58)『安土山摠見寺由来書』には、摠見寺諸堂のうち、仏殿、三重塔、鎮守社、熱田大神宮、同拝殿、鐘楼堂などは並べて、天正年間に信長が甲賀より移させた旨が記載されている。信長は堂内の仏像に限らず、屋外の石仏も石垣用に多数集め、寺社や城館などの建造物の移築もしばしば行っている。また当時は、信長に限らず、既存建築の解体移築は常套的に行われており、都近辺の人目を引く事象は記録されるが、それ以外の仏像の移座や建造物の移築などは記録され難かったと見ることもできよう。

(60) 『近江蒲生郡志』(七巻)による。この記事には資料的な典拠が記されてはいないが、本像は平安後期の作で天正期の新造ではないこと、台座の真柱に天正六年(一五七八)の移座当時と見られる墨書銘があり、「此尊像雖為弐階堂本尊／従信長殿様被下候条／天正六戊寅歳浄厳院／願□(以下不明)」と記されており(滋賀県教育委員会文化財保護課編『重要文化財浄厳院本堂修理工事報告書』一九六七年)、二階堂本尊を当寺に移座したことが知られる。この堂については、佐々木氏の庇護下にあった甲良庄の二階堂宝蓮院であり、当寺が西大寺流であった可能性が指摘されている(代表研究者・津田徹英『近江の古代中世彫像の基礎的調査・研究』科研費成果報告書、二〇一五年)。なお、本像に関しては、井上正「浄厳院阿弥陀如来像に就いて」(『國華』七九一号、一九五八年)も参照。

(61) 村上直次郎氏の訳による(同訳『耶蘇会士日本通信』下巻、四八六頁)。なお、東光博英氏は「種々の彫像」と訳される(松田毅一監訳・東光博英訳『一六・七世紀イエズス会日本報告集』三期五巻、二七九頁)。

(62) 『家忠日記』天正十一年六月五日条(『増補続史料大成』一九巻、一六一頁)。なお、フロイスもこの件について記載するが、安置場所を尾張国とする(註(35)『完訳フロイス日本史』三巻、一三七頁など)のは誤解であろう。

(63) 註(35)『完訳フロイス日本史』(三巻、一三六〜七頁)、同『イエズス会日本年報』(上巻、二〇八〜九頁)、同『一六・七世紀イエズス会日本報告集』(三期六巻、一二二〜三頁)。

(64) 少なくとも、善光寺如来像を甲斐から持ち帰ったことは、註(62)『家忠日記』天正十一年六月五日条にも見える。

(65) 朴秀哲「織田政権における寺社支配の構造」(『史林』八三巻二号、二〇〇〇年)。

(66) かかる論法に陥りがちな理由に関しては、山折哲雄編『日本の神』(一巻、平凡社、一九九五年)に収める山折氏の「はじめに」が参考になろう。

(67) 神田千里『宗教で読む戦国時代』(講談社、二〇一〇年)。

(68) 池上裕子『織田信長』(吉川弘文館、二〇一二年)。

(69) 註(39)「「将軍権力」の創出」など。

(70) たとえば、顕如についてフロイスは「全一向宗徒から、神託を告げる聖なる祭司と見なされ、阿弥陀自身が彼のうちに住み給うと信じられていた」(註(35)『完訳フロイス日本史』三巻、二五九頁)と記し、ガスパル・ビレラもまた、一五六一年八月十七日付の報告の中で「之に対する崇敬甚しく、只彼を見るのみにて流涕し、彼等の罪の赦免を求む」「毎年甚だ盛なる祭を行ひ、参集する者甚だ多く、寺に入らんとして門に待つ者其の開くに及び競ひて入らんとするが故に常に多数の死者を出す。而も此際死することを幸福と考へ、故意に門内に倒れ、多数の圧力に依りて死せんとする者あり」(村上直次郎訳『耶蘇会士日本通信』上巻、四二〜三頁)と、法主への熱狂的な信仰の有様を伝えている。

(71) 奥野高廣『増訂織田信長文書の研究』(下巻、吉川弘文館、六六三号文書)。

(72) 信長と禅僧との関係については、辻善之助『日本仏教史』(七巻、岩波書店、一九五二年)、牧田諦亮『策彦入明記の研究』(上・下巻、法蔵館、一九五五・五九年)、竹貫元勝『新日本禅宗史—時の権力者と禅僧たち—』(禅文化研究所、一九九九年)などを参照。

(73) 『信長公記』巻四、元亀二年九月十二日条(註(36)角川文庫本一二六〜七頁)。

(74) 註(70)ガスパル・ビレラの報告では、本願寺顕如について「此人は公に多数の妻を有し、又他の罪悪を犯せども、之を罪と認めず」「諸人の彼に与ふる金銭甚だ多く日本の富の大部分は此坊主の所有なり」などと記す。

(75) 註(35)『完訳フロイス日本史』(三巻、一四〇頁)、同一五八二年十一月五日付フロイス報告(『イエズス会日本年報』上巻、二一一頁、『一六・七世紀イエズス会日本報告集』三期六巻、一二四頁)。なお、明の諸国を分与されるのが、有力家臣ではなく、子息たちとされる点には注意が必要である。織豊期に広がる金箔瓦が、信長政権時代には安土城以外では、専ら信忠・信雄・信孝の居城に限定されていた(加藤理文「金箔瓦使用城郭から見た信長・秀吉の城郭政策」(『織豊城郭』二号、一九九五年)、石田雄士「織田政権期の金箔瓦の特質と織田家中の権力構造」(『古文化談叢』六五集(2)、二〇一〇年))ことも想起され、信長の自己神格化志向から派生する信長神の血脈を重視する方向性が、海外戦略にも垣間見えることになるからである。

(76) 堀新「織豊期王権論―「日本国王」から「中華皇帝」へ―」(『人民の歴史学』一四五号、二〇〇〇年)、同「織豊期王権の成立と東アジア」(『歴史評論』七四六号、二〇一二年)、平川新『戦国日本と大航海時代』(中公新書、二〇一八年)。

(77) 註(37)「日輪伝説の伝統について」、同「豊臣政権の対外認識と東アジア世界」。

(78) 「麟」字の花押については、佐藤進一「日本花押史の一節―十六世紀の武家の花押―」(名古屋大学文学部国史学研究室編『名古屋大学日本史論集』下巻、一九七五年)を参照。本論において氏は、「麒麟祥ヲ呈スルコトハ」云々との註(82)南化玄興「安土山ノ記」には触れておられぬが、その内容から見ても氏の解釈が正鵠を射たものであることが了解される。なお、同記は、佐藤論文と同じく一九七五年に発表された註(45)「安土城の研究」に全文の写真が掲載され、改めてその内容に関して研究者の注目を集めた詩文である。しかし、文学作品の史料的価値を低く見るがゆえであろうか、その後の研究でも、石崎建治「織田信長と「麟」字型花押の含意」(『日本歴史』六六四号、二〇〇三年)のごとく、これに一切触れずに立論されるケースがあるのはいささか不審である。

(79) 安土築城開始後から、「天下布武」印の意匠として双龍が囲むタイプが現われる。これは、小島道裕氏も指摘されるように、天皇権威を超える存在としての中国皇帝に、信長自身がなぞらえていたものと解される(同『信長とは何か』講談社、二〇〇六年)。

(80) 松田毅一・川崎桃太訳『完訳フロイス日本史』(二巻、二一一頁)、一五六九年七月十二日付フロイス報告(註(61)『耶蘇会士日本通信』下巻、五二〜三頁、松田毅一監訳・東光博英訳『一六・七世紀イエズス会日本報告集』三期三巻、三三九頁)を参照。

(81) 藤井譲治氏によれば、信長は公儀を切り捨てて天下を掲げ、義昭追放後から「天下」との一体化を本格化させたという(同「一七世紀の日本―武家の国家の形成」『岩波講座日本通史』一二巻、岩波書店、一九九四年)。

(82)「安土山ノ記」は、宝暦三年(一七五三)に刊行された『特賜定恵円明南化国師虚白録』に収録されたものが、註(45)「安土城の研究」に写真版で掲載される(内閣文庫蔵)他、「安土記」の題名で『金鉄集』に収載されたものが翻刻されている(『続群書類従』一三集下、九〇九〜一〇頁)。本稿での引用は、以下全て前者の写真版に依拠して読み下し、註記は以下省略に従うこととする。

(83)ただし『公卿補任』では、前年の三月十八日に一応、正四位下・参議、さらに同日に従三位に昇進したことになっているが、これは信長が次第の昇進をせず、無位無官から一挙に顕位顕官についた事実を糊塗したものと指摘されている(橋本政宣「織田信長と朝廷」『日本歴史』四〇五号、一九八二年)。

(84)小笠原好彦・田中勝弘・西田弘・林博通『近江の古代寺院』(近江の古代寺院刊行会、一九八九年)。

(85)註(57)『織田信長と安土城』。

(86)江南洋「石部神社」(式内社研究会編『式内社調査報告』一二巻、一九八一年)。

(87)石部神社・湖見堂像は、註(15)『安土城への道』展に出陳され、同図録に図版・解説を掲載した。また、活津彦根神社像については、拙稿「活津彦根神社十一面観音像について」(宇野茂樹編『近江の美術と民俗』思文閣出版、一九九四年)を参照。

(88)註(35)『完訳フロイス日本史』(三巻、一四四頁)。

(89)天主とそこから見下ろされる御殿(御幸の間)との関係性について石毛忠氏は、天皇の貴威を自己の超越的権威に包含せしめようとする信長の意図を指摘されている(註(44)「織豊政権の政治思想」)。このように、両者の配置に信長の意図を見る見解と、そうした意図を否定する見解とに分かれている。そこで想起されるのが、信長の神体に擬した盆山を、全ての仏像よりも上部に当たる寺内の最高所に安置するよう、信長自身が指示したとするフロイスの記事である(註(35)『完訳フロイス日本史』三巻、一三六頁)。さらに、藤井譲治氏は、信長は禁裏との関係を保ちつつも、正式な参内を行っていないとされ、その要因として、天皇が上位にあることを目に見える形で示す正式な参内の場を忌避した可能性を指摘される(同『天皇と天下人』講談社、二〇一一年、同「信長の参内と政権構想」『史林』九五巻四号、二〇一二年)。安土山内の諸建築の配置とあわせ考えると、天主との高低・遠近差によって、上下関係を視覚化せんとする信長の真意がよくうかがえるのではあるまいか。

(90) 拙稿「富士に集う人々」(『富士吉田市史』通史編一巻、二〇〇〇年)。

(91) 瀟湘は湖南省長沙市に所在する洞庭湖の南、瀟水・湘水が合流する辺りの水郷地帯を言い、西湖は浙江省杭州市の湖で、ともにその風光明媚な景観は、多くの文人墨客、禅僧らによって詩文に詠まれ、様々な手法で描かれてきた。

(92) 瀟湘八景図については、島田修二郎「宋迪と瀟湘八景」(『南画鑑賞』一〇号、一九四一年)、金沢弘「相阿弥筆 瀟湘八景図」(『國華』八八六号、一九六六年)、太田孝彦「室町時代における瀟湘八景図―受容と制作にみるその形式化について」(『藝術論究』三編所収、一九七五年)、同「瀟湘八景図と西湖図―「情」と「知」の世界―」(『文化学年報』五四号、二〇〇五年)、渡辺明義編『瀟湘八景図』(『日本の美術』一二四号、一九七六年)、芳賀徹「風景の比較文化史―「瀟湘八景」と「近江八景」」(『比較文學研究』五〇号、一九八六年)、鈴木廣之「瀟湘八景の受容と再生産―十五世紀を中心とした絵画の場」(『美術研究』三五八号、一九九三年)、畑靖紀「失われた瀟湘八景図をめぐって」(『MUSEUM』五六九号、二〇〇〇年)、田中伝編『名勝八景 憧れの山水』(出光美術館展覧会図録、二〇一九年)等々、詩文の解釈を中心に論じた研究を除いても多数にのぼる。また、信長が玉澗・牧谿筆の瀟湘八景図を収集し、茶会などで披露していることは、高木文『玉澗牧谿瀟湘八景絵と其伝来の研究』(聚芳閣、一九二六年)、塚原晃「牧谿・玉澗瀟湘八景図―その伝来の系譜―」(『早稲田大学大学院文学研究科紀要別冊』一七集・文学・芸術学編、一九九一年)などに詳しい。ことに前者には、作品ごとの歴代所蔵者が一覧表にまとめられており重宝する。

(93) 註(36)角川文庫本二一三・二一七頁。

(94) 小松茂美編『続日本絵巻大成』(一三巻、中央公論社、一九八二年)所収の尾下多美子氏の釈文による。この他、同縁起の詞書は『続群書類従』(二八集上)にも収録される。なお、同縁起絵については、吉田友之「桑実寺縁起絵巻考―土佐光茂試論―」(『藝術論究』四・六編、一九七七・七九年)、同「「桑実寺縁起絵」の制作」(『続日本絵巻大成』一三巻)、亀井若菜「「桑実寺縁起絵巻」研究」(『國華』一一九三号、一九九五年)、同『表象としての美術、言説としての美術史―室町将軍足利義晴と土佐光茂の絵画』(ブリュッケ、二〇〇三年)、高岸輝「琵琶湖岸の同床異夢―足利義晴・三条西実隆と「桑実寺縁起絵巻」」(同『室町絵巻の魔力 再生と創造の中世』吉川弘文館、二〇〇八年)、小谷量子「『桑実寺縁起絵巻』と慶寿院の結婚をめぐって」(『日本女子大学大学院文学研究科紀要』二五・二六号、二〇一九・二〇年)などを参照。

(95) 西湖図に関しては、宮崎法子「西湖をめぐる絵画―南宋絵画史初探―」(梅原郁編『中国近世の都市と文化』京都大学人文科学研究所、一九八四年)、太田孝彦「如寄筆「西湖図」について」(『帝塚山学院大学研究論集』二一集、一九八六年)、註(92)「瀟湘八景図と西湖図―「情」と「知」の世界―」、山下裕二「室町後期山水画論―「真景」の枠組み・内海のイメージ」(『國華』一二〇一号、一九九五年)、城市真理子「室町時代の水墨画における中国イメージ―広島県立美術館蔵　西湖図屏風をめぐって―」(『広島国際研究』一九号、二〇一三年)、板倉聖哲監修『描かれた都　開封・杭州・京都・江戸』(大倉集古館展覧会図録、二〇一三年)、梅沢恵編『西湖憧憬―西湖梅をめぐる禅僧の交流と15世紀の東国文化―』(神奈川県立金沢文庫展覧会図録、二〇一八年)などを参照。

(96) 註(58)『安土山摠見寺由来書』、註(36)角川文庫本『信長公記』三七三頁。

(97) 中井均「織豊系城郭の画期―礎石建物・瓦・石垣の出現―」(村田修三編『中世城郭研究論集』新人物往来社、一九九〇年)、同「織豊系城郭の特質について―石垣・瓦・礎石建物―」(『織豊城郭』一号、一九九四年)。

(98) 木戸雅寿「安土城出土の瓦について―その系譜と織豊政権における築城政策の一端」(『織豊城郭』一号、一九九四年)。

(99) 註(36)角川文庫本二一七頁。

(100) 中井均「安土城以前の城郭瓦」(『織豊城郭』九号、二〇〇二年)。

(101) 『増補続史料大成』三九巻、一七四頁。

(102) 中村博司「金箔瓦試論」(『大阪城天守閣紀要』六号、一九七八年)、同「金箔瓦論考」(『織豊城郭』二号、一九九五年)、註(75)「金箔瓦使用城郭から見た信長・秀吉の城郭政策」、同「織田政権期の金箔瓦の特質と織田家中の権力構造」。

(103) 天主内部の絵画については、註(45)「安土城の研究」、平井良直「安土城天主六階障壁画に関する『天守指図』の整合性について」(『遙かなる中世』一三号、一九九四年)、註(47)「安土城天主五階の空間構成に関する一試論―障壁画を手掛かりとして―」、大西廣・太田昌子編『安土城の中の「天下」―襖絵を読む』(歴史を読み直す16、朝日新聞社、一九九五年)、太田昌子「服属儀礼と城郭の障壁画」(池享編『天下統一と朝鮮侵略』吉川弘文館、二〇〇三年)などを参照。

(104) 註(45)「安土城の研究」。なお、築城以前の史料に「安土山」の名は見えないが、安土山周辺地域の豊浦庄に関する鎌倉後期の史料に「安土寺」の記載があることから（ただし、所在地が安土山内か否かも含め比定できず、存続時期も不明という）秋田裕毅氏は、この寺名からとって安土山の命名をしたと推定される（註(57)『織田信長と安土城』）。一方、足利健亮氏は、この寺を浄厳院の所在する大字慈恩寺に含まれる小字安土に建立された寺院と推定され、安土築城以前、『信長公記』に唯一見える元亀元年五月十二日条の「安土城」（註(36)角川文庫本一〇八頁）についても、この寺が城砦化したものとされ、さらに安土命名に関しては、「土を安んじたり」との意を籠めたと解釈される（同『地理から見た信長・秀吉・家康の戦略』吉川弘文館、二〇一六年）。

(105) 註(35)『完訳フロイス日本史』（三巻、一一七〜一一九頁）、一五八二年二月十五日付ガスパル・クエリヨ報告（同『イエズス会日本年報』上巻、九六〜七頁）、同『一六・七世紀イエズス会日本報告集』三期六巻、六一〜二頁）。なお、盂蘭盆会は、宣教師たちの関心を惹くものであったようで、ガスパル・ビレラは「祖先の霊魂を祭るものなり。各人市街所々に多数の火を点したるランプを置く、各及ぶ丈美麗に画きたるものなり」などと盂蘭盆会について詳しく報告している（註(61)『耶蘇会士日本通信』上巻、三七頁）。

(106) 秋田裕毅氏は、盂蘭盆会を利用して、創建なった摠見寺の披露を行ったと解釈されている（註(57)『織田信長と安土城』）。

(107) 註(36)角川文庫本『信長公記』三二三頁など。なお、江戸期以前の相撲については、『古事類苑』（武技部）、酒井忠正『日本相撲史』（上巻、ベースボール・マガジン社、一九五六年）、和歌森太郎「相撲の起り」（長坂金雄編『講座日本風俗史』一巻、雄山閣、一九五八年）、野口実「相撲人と武士」（中世東国史研究会編『中世東国史の研究』東京大学出版会、一九八八年）、新田一郎『相撲の歴史』（山川出版社、一九九四年）などを参照。

(108) 安土宗論については、辻善之助「安土宗論の真相」（『仏教史学』一編一・三・五・六号、一九一一年）、註(72)『日本仏教史』（七巻）、中尾堯「安土宗論の史的意義」（『日本歴史』一一二号、一九五七年）、半田実「安土宗論について」（『年報中世史研究』五号、一九八〇年）、神田千里『戦国乱世を生きる力』（中央公論新社、二〇〇二年）、同「中世の宗論に関する一考察」（大隅和雄編『仏法の文化史』吉川弘文館、二〇〇三年）などを参照。

(109) 神田千里氏は、宗論に当たって信長は和睦を勧告しており、もし法華宗側が勧告を受け入れて帰ってしまったら、八百長を仕組んで弾圧する手筈を整えていたはずの信長は一体どうするつもりだったのかと疑問を呈された。弾圧が目的ならば、わざわざ法華宗側に逃げ道を開き、その好機を逸するような間の抜けたことをするはずがなく、結局、信長の標的は法華宗ではなく宗論それ自体であると解釈され、山門焼討、一向一揆、安土宗論どれ一つとして、信長が仏教に対して厳しい姿勢をとったことを示すものがない、と結論されている(註(108)『戦国乱世を生きる力』)。しかし、勧告しているからといって、信長が公平な調停者であるわけではない。論争に自信を持つ法華宗側が、勧告を素直に受け入れる可能性は低く、信長の調停はそれを見越して、法華宗側が自ら不利な状況に陥るように図ったもの、と見なければならない。無論、弾圧の好機を逸するような間の抜けたことを信長がするはずはないのであって、この調停は、弾圧をより厳しくするための調停なのである。それは、判者の因果居士に因果を含めていたことからも明らかであろう。仏教に対する信長の厳しい姿勢によって法華宗は骨抜きにされ、信長の慈悲にすがって教団の存続が許されるという屈辱的な立場に追い込まれてしまったと言えよう。

(110) 註(108)「安土宗論の史的意義」。

(111) 石毛忠「戦国・安土桃山時代の思想」(石田一良編『体系日本史叢書』二三巻、山川出版社、一九七六年)、竹居明男「起請文等神文・罰文集成ならびに索引(稿)」(『人文學』一五八・一六〇・一六二・一六六・一六八号、一九九五~九九年)。

(112) 上妻又四郎「中世仏教神道における梵天王思想」(『寺小屋語学・文化研究所論叢』一号、一九八二年)、伊藤聡「『法華経』と中世神祇書」(『国文学　解釈と鑑賞』六三巻三号、一九九七年)、小川豊生「中世神話のメチエ…変成する日本紀と『麗気記』《天札巻》」(三谷邦明・小峯和明編『中世の知と学　〈註釈〉を読む』森話社、一九九七年)などを参照。

(113) 今谷明『信長と天皇』(講談社、一九九二年)。

(114) 『信長公記』巻十四、天正九年二月二十八日条(角川文庫本三四三~四五頁)。馬揃は宣教師の記録にも大きく取り上げられている(註(35)『完訳フロイス日本史』三巻、一〇八~一一〇頁など)。なお、唐冠については、豊国大明神(秀吉)像の象徴ともなっており、その意義については、註(2)拙稿にて論じておいた。

(115) 住吉明神像の実例に関しては、宮地直一氏の先駆的研究(同「住吉明神の御影に就て」(『國華』六〇〇号、一九四〇年))をはじめ、吉田豊編『住吉大社—歌枕の世界—』(堺市博物館展覧会図録、一九八四年)、相蘇一弘編『住吉さん—社宝と信仰—』(大阪市立博物館展覧会図録、一九八五年)、大阪市立美術館編『住吉さん　住吉大社一八〇〇年の歴史と美術』(同館展覧会図録、二〇一〇年)などに、絵画を中心に現存作品が種々掲載されるが、その大多数が老翁形となる。

(116) 註(114)参照。なお、謡曲「高砂」では「梅花を折つて頭に挿せば、二月の雪衣に落つ」(『謡曲集』上(『日本古典文学大系』四〇巻、二二五頁))となる。

(117) ジェイ・ルービン、田代慶一郎、西野春雄編『桂坂謡曲談義』(国際日本文化研究センター、二〇〇六年)。

(118) 住吉社は畿内から西国にかけて広く分布しており、式内社について見ると、摂津国住吉郡(住吉坐神社四座)をはじめ、播磨国賀茂郡(住吉神社)、長門国豊浦郡(住吉坐荒御魂神社三座)、筑前国那珂郡(住吉神社三座)、壱岐嶋壱岐郡(住吉神社)、対馬嶋下県郡(住吉神社)にそれぞれ鎮座する(『新訂増補国史大系』交替式・弘仁式・延喜式前篇二〇三〜三二〇頁)。穿ち過ぎのきらい無きにしもあらずだが、住吉神および中国皇帝としての姿のうちに信長は、畿内から山陽・九州へ、壱岐・対馬を経てさらに半島・大陸へと、己の進むべき道を大衆に暗喩したとも見られよう。

(119) この霊夢については、林幹彌「乱世の太子信仰」(同『太子信仰─その発生と発展─』評論社、一九八一年)、黒田智「信長夢合わせ譚と武威の系譜」(『史学雑誌』一一一編六号、二〇〇二年)、堀新「『平家物語』と織田信長」(『文学』三巻四号、二〇〇二年)などを参照。

(120) 福井康順「聖徳太子の観音化身説について」(『宗教研究』一二七号、一九五一年)、久保田収「聖徳太子観音化身説の源由」(『密教文化』三二号、一九五六年)、堅田修「聖徳太子観音化身説成立の背景」(仏教史学会編『仏教の歴史と文化』同朋舎出版、一九八〇年)、註(119)『太子信仰─その発生と発展─』などを参照。

(121) 松本真輔「聖徳太子の新羅侵攻譚─輪王寺天海蔵『聖徳太子伝』に見る護国的太子像─」(『国文学研究』一三三号、二〇〇一年)、同「海を渡った来目皇子─中世太子伝における新羅侵攻譚の展開─」(『日本文学』五一巻二号、二〇〇二年)、拙稿「油日神社懸仏群調査報告─懸仏から窺う太子信仰と軍神信仰─」(『滋賀県立安土城考古博物館紀要』一六号、二〇〇八年)などを参照。

(122) 天正九年十一月二日の助念『安土問答』一巻(浄厳院蔵)に、判者として「和州法隆寺ノ僧仙学坊」の名が見え(滋賀県安土城郭調査研究所編『摠見寺文書目録・浄厳院文書目録』一九九五年)、註(108)「安土宗論の真相」に引く因果居士の記録にも「私シニ和州法隆寺ノ仙覚坊ヲ喚出ス也」「法相宗学匠」などと記される。

(123) 一五七三年四月二十日付フロイス報告(註(61)『耶蘇会士日本通信』下巻、二五六頁)、松田毅一監訳・志田裕朗・東光博英訳『一六・七世紀イエズス会日本報告集』(三期四巻、二〇〇～一頁)を参照。
(124) 島田大助「新出宝光山金西寺蔵『當寺御開山御真筆』:織田信長関係資料」(『東海近世』二五号、二〇一七年)。
(125) 『太平記』巻十六「日本朝敵ノ事」(『日本古典文学大系』三五巻、一六六～八頁)。
(126) 石津三次郎『第六天神の研究』(蔵前史跡研究会、一九四三年)、新田一郎「虚言ヲ仰ラルゝ神」(『列島の文化史』六号、一九八九年)、細川涼一「謡曲「第六天」と解脱房貞慶─貞慶の伊勢参宮説話と第六天魔王─」(『金沢文庫研究』二八七号、一九九一年)、註(49)『第六天魔王と信長』、伊藤聡「第六天魔王説の成立─特に『中臣祓訓解』の所説を中心として─」(『日本文学』四四巻七号、一九九五年)、同「中世神話の展開─中世後期の第六天魔王譚を巡って─」(『国文学　解釈と鑑賞』六三巻一二号、一九九八年)、彌永信美「第六天魔王と中世日本の創造神話」(『弘前大学國史研究』一〇四～一〇六号、一九九八～九九年)などを参照。
(127) 安土築城を境に、発給文書の印判状化、薄礼・尊大化が劇的に進行する(山室恭子『中世の中に生まれた近世』吉川弘文館、一九九一年)ことも思い合わされよう。
(128) 秀吉像・家康像における神格表現については、註(2)拙稿・図録で詳細に論じたので参照されたい。
(129) 紙本著色、竪一〇二・六×横四五・七。註(2)図録も参照。
(130) その萌芽は、一切は予の権力の内にあるが故に、内裏・公方様を意に介するに及ばず、との永禄十二年の発言(註(80))と、日本においては己が生身の神仏であり、石・木は神仏にあらずという天正元年に記された発言(註(123))とに既に認められる。安土築城は、かかる聖・俗二面にわたる信長の超越的な志向を現実化・造形化するものと見なされよう。

〔謝　辞〕本論中で取り上げた作品の調査・写真撮影に際しては、所有者・管理者各位より格別のご高配を賜わった。関係資料を提供して頂いた遠藤美保子氏、本研究会での報告にお誘い下さった中澤克昭氏、研究会当日、貴重なご意見を賜わった諸氏とあわせ、ここに記して、深く感謝の念を捧げたい。

近世東アジアにおける城と〝聖地〟

井上智勝

序

近世日本の城郭が〝聖〟性をまとっているか否かという問題については、これまで中澤克昭らによって精力的な研究が進められてきた［中澤 二〇一五・二〇一六］。それによれば、城郭の〝聖〟性は人知の及ばぬ超越的な力で城砦を加護する神仏の由縁の地が城郭内に包摂されたり、あるいは神仏を勧請することによって付与される。この神仏由縁地や勧請場所が〝聖地〟となる。近世日本の城郭が〝聖〟性をまとうということは、その域内にかような〝聖地〟を内包していることによって認知される、というのが前述の研究が示す理解である。

かかる問題は、近世、さらには中世の武家が、宗教性をどの程度まとっていたかという問題に連繫する。すなわち、中世で指摘される武家の吉書［中野 一九八八］や、近世史における武家の「心意統治論」［落合 一九九六、高野 一九九七］、ひいては徳川家の家廟祭祀を近世国家祭祀の中核とみなす議論などに連関してゆく問題なのである。

報告者は以前、徳川家の祭祀は基本的に家廟祭祀の域を出ないものであり、近世日本の国家祭祀は天皇・朝廷によって担われたという見解を、東アジア諸国の国家祭祀との比較において示したことがある［井上 二〇一〇］。したがって、ここでも城と〝聖地〟という問題を、日本一国に止まらない、より広い視野から検討することを試みてみたい。もとより、東アジアという領域は広大である。したがって、検討材料は報告者の手元にあるいくばくかの断片に過ぎないが、素材と話題の提供を兼ねて、近世における東アジアの城と〝聖地〟の関係性を考えてみたいと思う。

検討に入るに先立って、本報告で用いる語句の定義を行っておきたい。まず、東アジアとは、近世に漢字と儒教道徳を共有した文化圏にある諸国、すなわち中華(明・清)・越南・朝鮮・琉球そして日本を指すこととする。東アジアは近世、小農社会に立脚し、儒教規範を共有するなどの点において、一定の程度、等質な社会を達成していたと考えられる。もちろん、儒教規範の浸透度の差違などにおいて、それぞれに個性的な様相を保っており、その個性が各国の宗教性や祭祀にも滲出している。

次に、〝聖地〟とは、祭祀施設としておきたい。諸国において最も重視される祭祀施設は、国家祭祀において現れる。近世東アジア諸国の国家祭祀について、報告者はかつて、中華・越南・朝鮮すなわち大陸の国々において採用される類型と、日本・琉球すなわち島嶼部の国々において採用される類型に二分されることを指摘した[井上二〇一〇]。前者は、儒教祭祀を基軸とした類型であり、後者は神祇や御嶽(うたき)などの在来宗教を基軸とした類型である。近世の東アジアは確かに儒教道徳を共有したが、儒教祭祀の導入には大陸部と島嶼部で少なからざる温度差を有していたのである。したがって、大陸において〝聖地〟は主として儒教祭祀の対象として現れることが多い。だが実際は、道教の要素が色濃く認められ、仏教寺院も存在する場合がある。島嶼部である日本では神社、琉球では御嶽という在来宗教の施設が〝聖地〟をなすほか、仏教寺院もそこに列する。

また、人鬼を享祀する施設を〝聖地〟と扱うか否かには議論が必要であろう。殊に大陸部諸国において、儒教祭祀の立場から人鬼を祀る施設は、本来、顕彰や追想のための施設であり、祭られる対象に超越的な力を認めて吉凶禍福を祈念するための施設ではない。ただ、そこから派生して、例えば孔子を祀る文廟に登科や学業の成就を祈念するごとく、様々な利益を祈る対象に転じる施設が少なくないことも事実である。したがって人鬼の内でも、単なる顕彰や追想を越えて吉凶禍福を祈念する対象であることが明らかであるものについては〝聖〟性を認め、〝聖地〟の列に加えることとしたい。

最後に城についてであるが、本報告においては、やや層位の異なる「城」同士の比較になるかもしれない。大陸諸国において本稿が扱うことになるのは、主として地方城市や都城である。中華や朝鮮のそれは城内に街を内包し、一つの都市を為している。越南においても、河内(Hà Nội)や順化(Huế)は街を内包する都城である。日本の場合は都城といえば、城壁は具えないものの平安城などが想起されようが、近世城郭でも惣構までを視野に入れれば城市として理解が可能である。かかる点や、近世日本の城が行政拠点としての性格を濃厚にしてゆくことを勘案すれば、大陸諸国の行政拠点であった城市を比較対象とすることも強ち妥当性を欠くものとはいえない。このような観点から、両者の比較検討を行ってゆくこととする。

1　大陸部諸国の城と〝聖地〟

(1)朝鮮—〝聖地〟なき城—

地方城市　朝鮮国の地方城市から検討を始めよう。朝鮮国は、地方行政の拠点の多くに城を設けていた。それらは当該地方行政拠点の格に応じて、府城・邑城などと呼ばれた。ただ、全ての地方行政拠点が城を有していたわけではない。

朝鮮国では、地方官が地方の祭祀を担った。地方官が担当するのは、成宗五年(一四七四)成立の『国朝五禮義』の規定では社稷・文宣王・酺祭・厲祭・禜祭であった。社稷は土地と穀物の神の祭祀、文宣王は孔子の謚号で文廟における釈奠、厲祭は無祀鬼や横死者の霊に対する祭祀、酺祭は虫害などの禳祭、禜祭は祈晴の祭儀である。これらの祭祀は中央でも催行されているが、その地方版として地方官が行うのである。酺祭・禜祭同様、勧農のための祭儀として祈雨祭などが行われることもあった。これらの祭祀を執行するために、管内に祭祀施設が設置された。文廟は、しばしば郷校に設けられることがあった。

かかる〝聖地〟の所在地を、いくつかの邑城に則して確認してみよう。

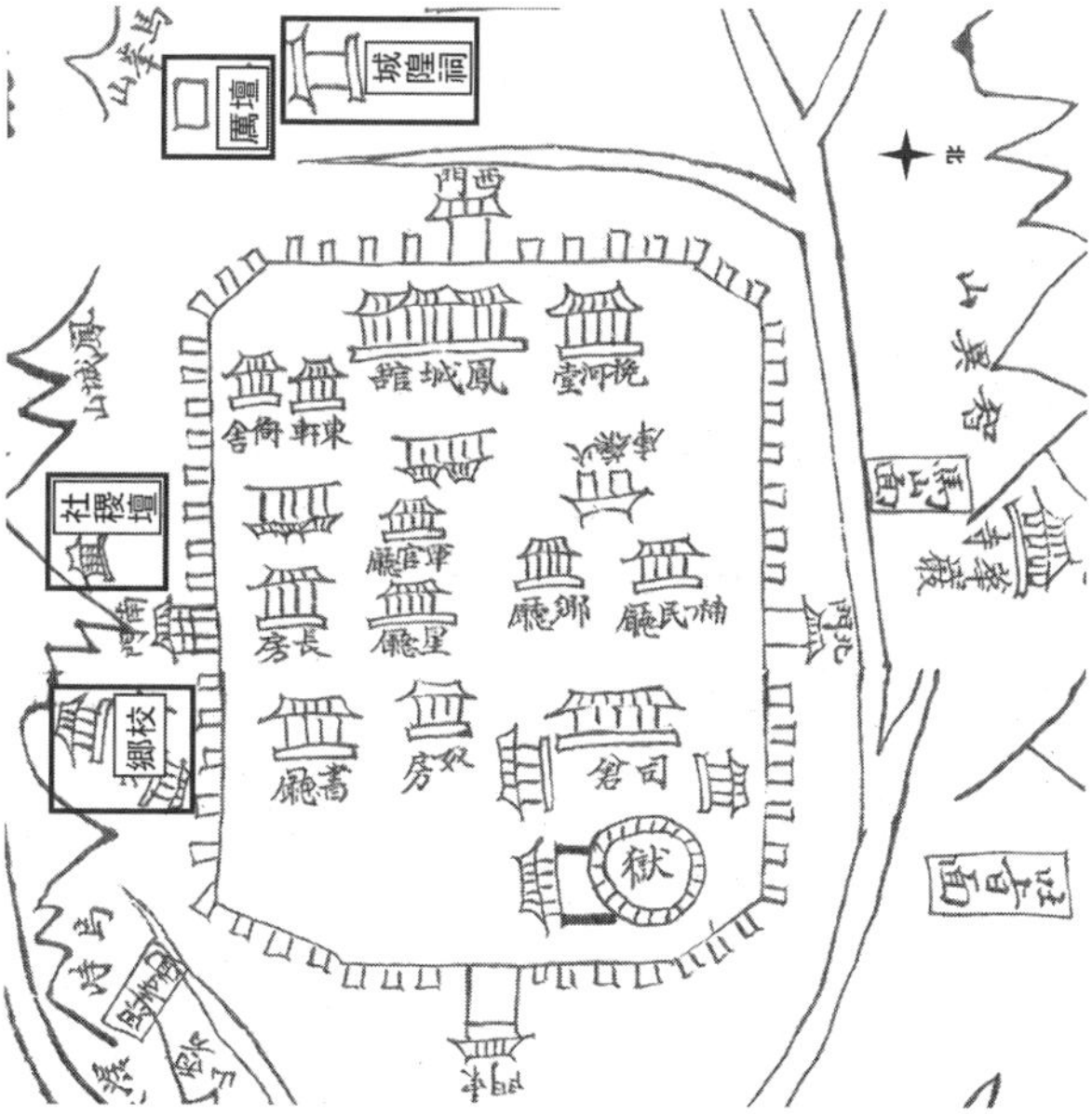

第1図　鳳城誌上　求禮縣（部分）
(「湖南邑誌」のうち『邑誌』4 全羅道 1 亞細亞文化社 1983 に加筆)

第1図は一八七二年頃に編まれた全羅道求禮邑城の図「湖南邑誌」所載「鳳城誌上　求禮縣」である。城内に官衙が立ち並び、西側に城隍祠・厲壇が、南側に社稷壇・郷校(文廟)があることが明瞭である。これら四つの祭祀施設は、ほとんどの朝鮮国の地方城市に具えられていた。城隍祠は、場所によって城隍廟・城隍壇・城隍堂とされる場合もある。そこに祀られる城隍神の性格は複雑であるが、その地の守護神と考えておけば大過ない。

第2図は、十九世紀に成立したとされる慶尚道の「金海府内地圖」である。城内の描写は精巧で、瓦葺の官衙の間に藁葺の民家(草家)が立ち並んでいた様子が看て取れる。だが、祭祀施設はそこになく、社稷壇・城隍壇・厲壇(疫厲壇)の全てが城壁の外部にある。金海府の管内には祈雨壇もあったが、いずれも城外の山嶽や堤塘に所在している。加耶諸国時代の王・王后陵も城外にみえる。

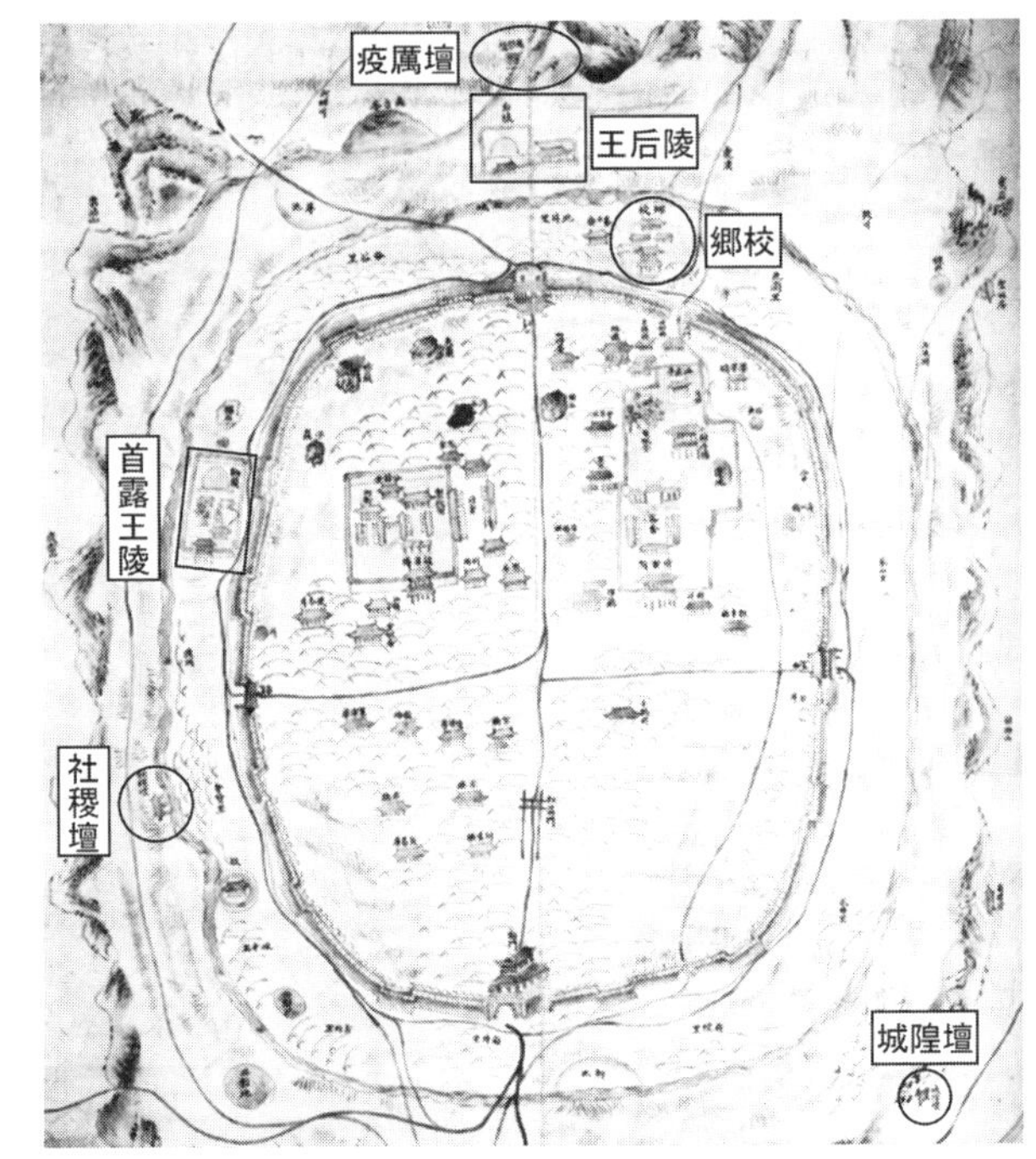

第２図　金海府内地圖（部分）
（『김해（金海）』国立金海博物館 2018 に加筆）

写真１　金海邑城北門（撮影：井上智勝）

第3図は、十八世紀中葉に成立した「海東地圖」のうち黄海道平山府の図である。ここでも、城外南方に城隍壇・社稷壇・厲祭壇・郷校が見えている。

第4図は、同治十年（一八七一）「務安縣邑誌」所載の全羅道務安邑城の図である。社稷壇・厲壇・郷校は城外西方に認められるが、城内中央やや南に城隍堂が官衙に交じって見えている。一八七二年頃編纂の「北關邑誌」所載「咸

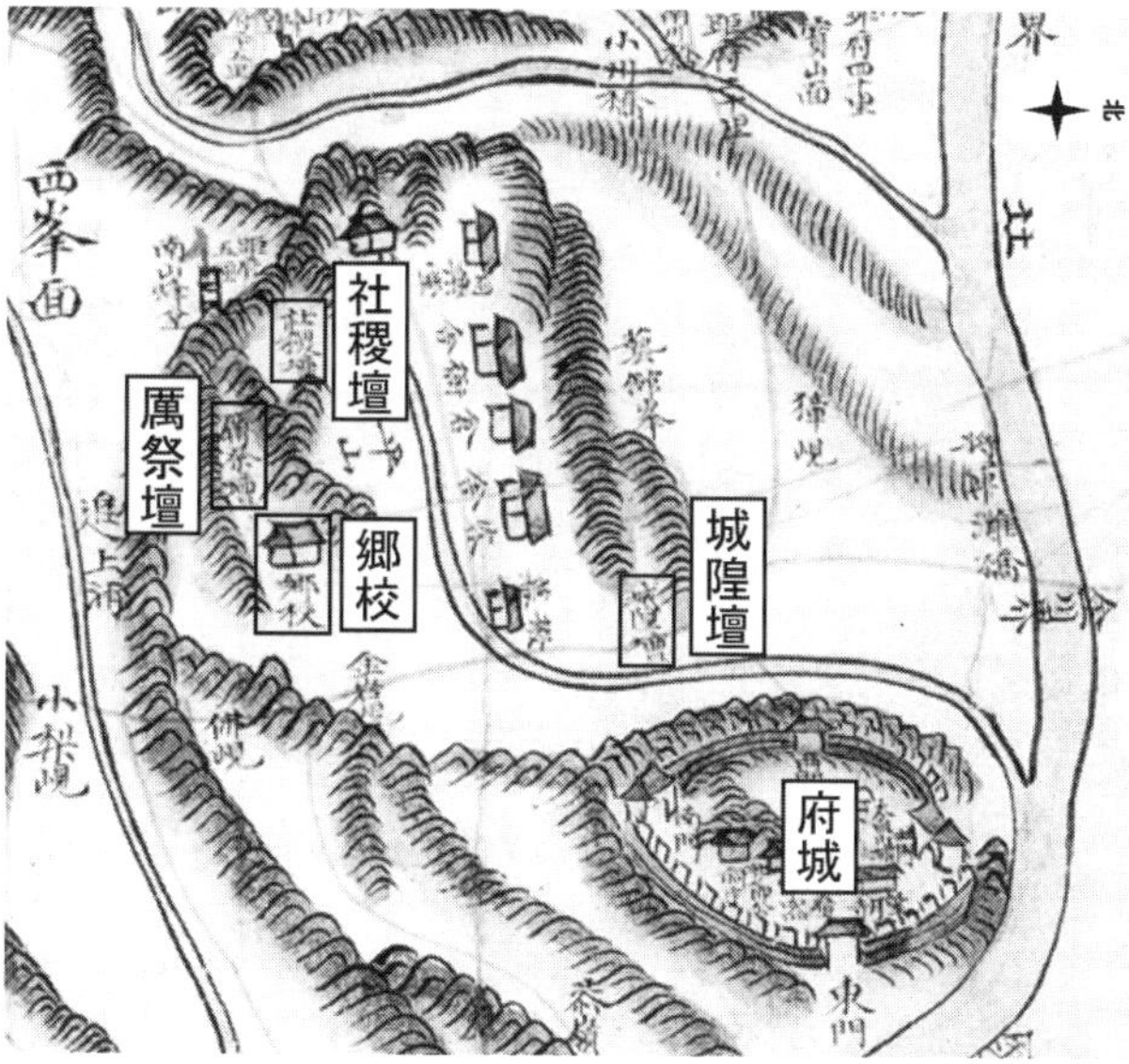

第3図　平山府（部分）
（「海東地圖」のうち、『한국 의 옛 지도（韓国の古地図）』文化財廳 2008 に加筆）

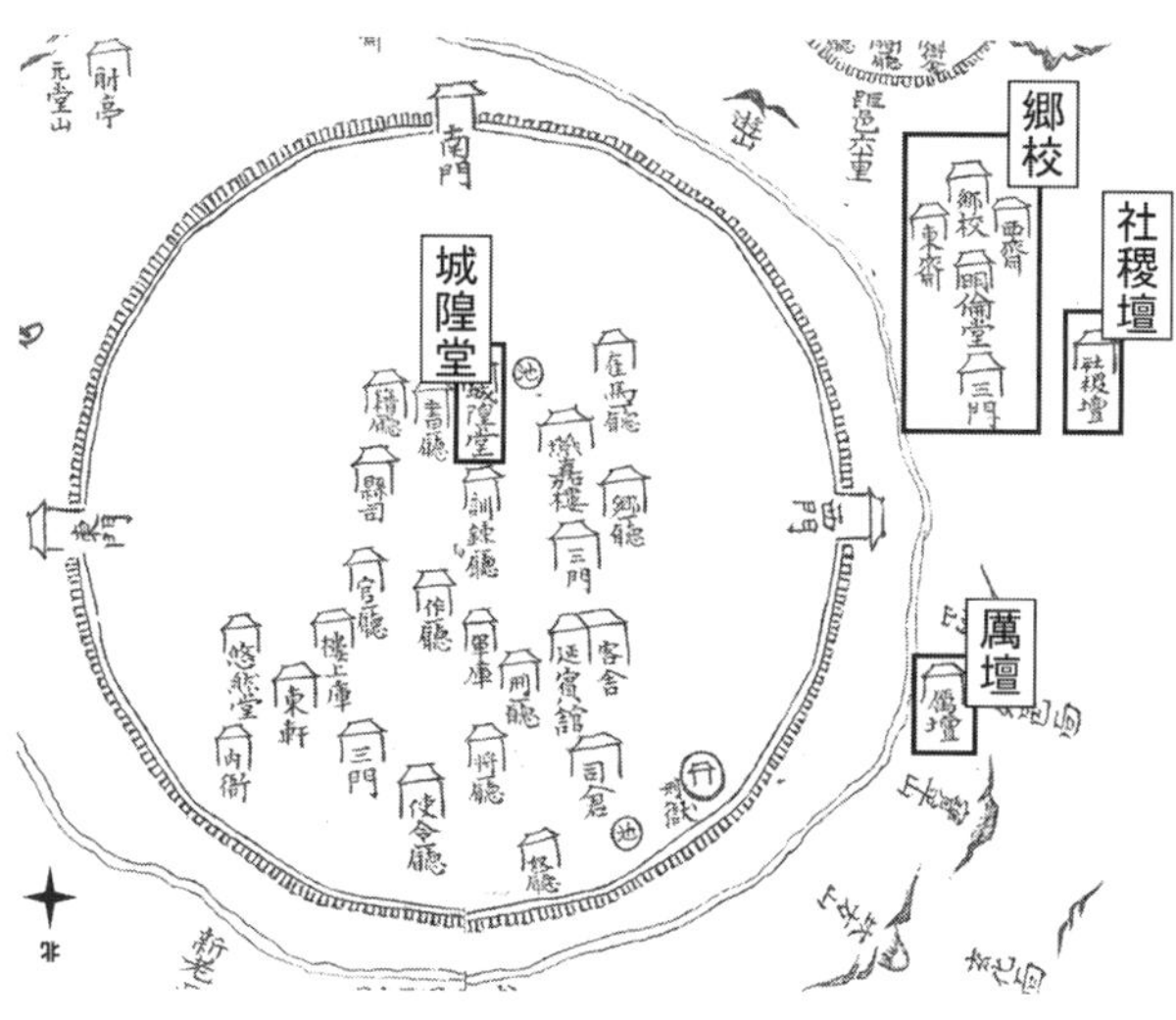

第4図　務安縣邑誌（部分）
（「湖南邑誌」のうち、『邑誌』4 全羅道 1　亞細亞文化社 1983 に加筆）

山誌」にみえる咸鏡道の咸山邑城の図では、社稷壇・郷校が城内に所在している（第5図）。同治十年の「平安道龜城府邑誌」に載る「龜城圖」（第6図）からは、社稷壇（社壇）・厲壇のほか、萬年寺なる寺院が城内に所在していることが看取される。このほか防禦施設的性格の強い山城には、寺院や城隍壇が含まれる場合があり、村落を含み込む場合もあった（例えば「湖南邑誌」所載「南固山城圖形」）。

以上のように、朝鮮の地方城市には〝聖地〟を城外に配置するものと城内に内包する両様の形態が認められた。だ

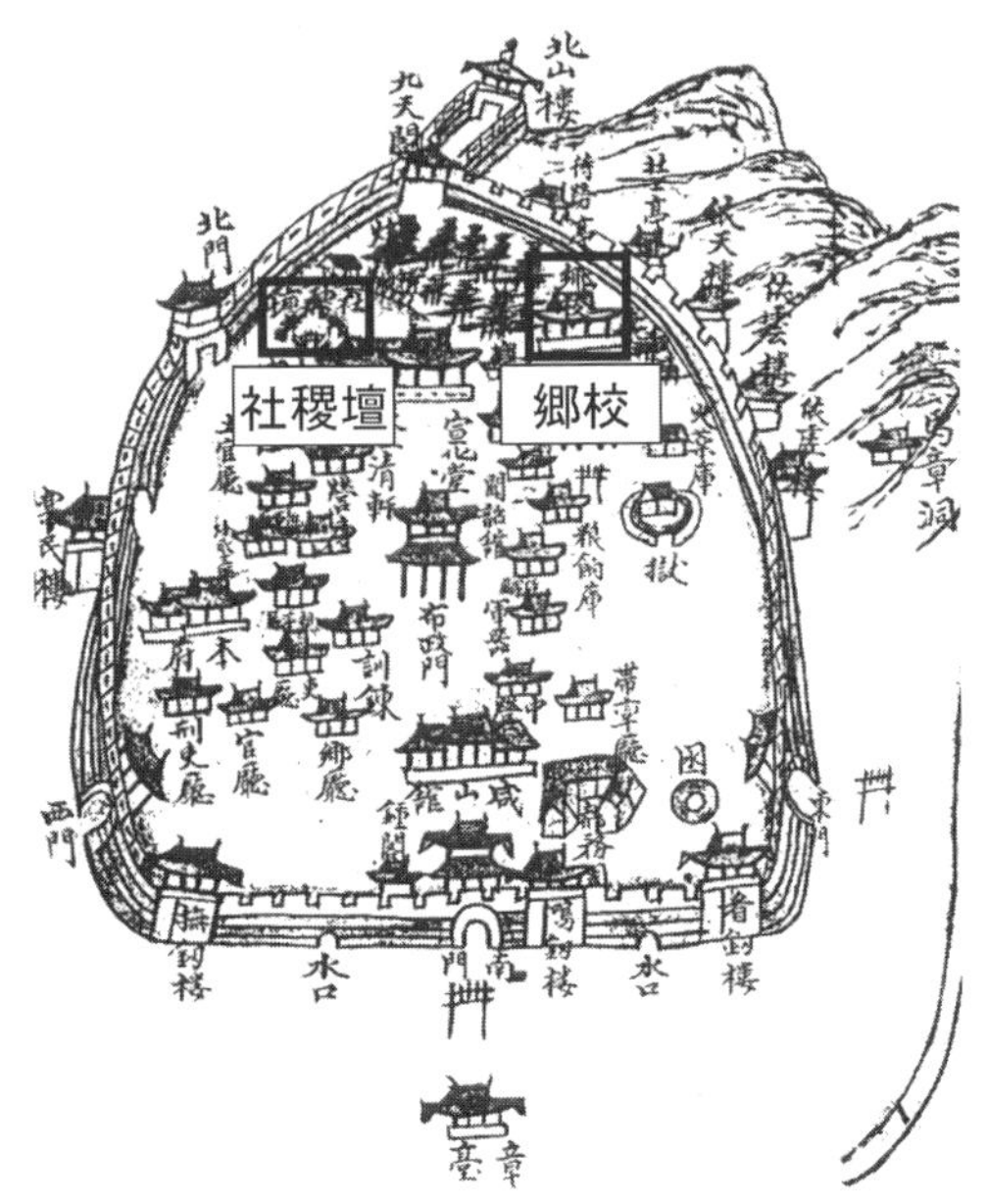

第5図　咸山誌（部分）
（「北關邑誌」のうち、『邑誌』13 咸鏡道　亞細亞文化社 1986 に加筆）

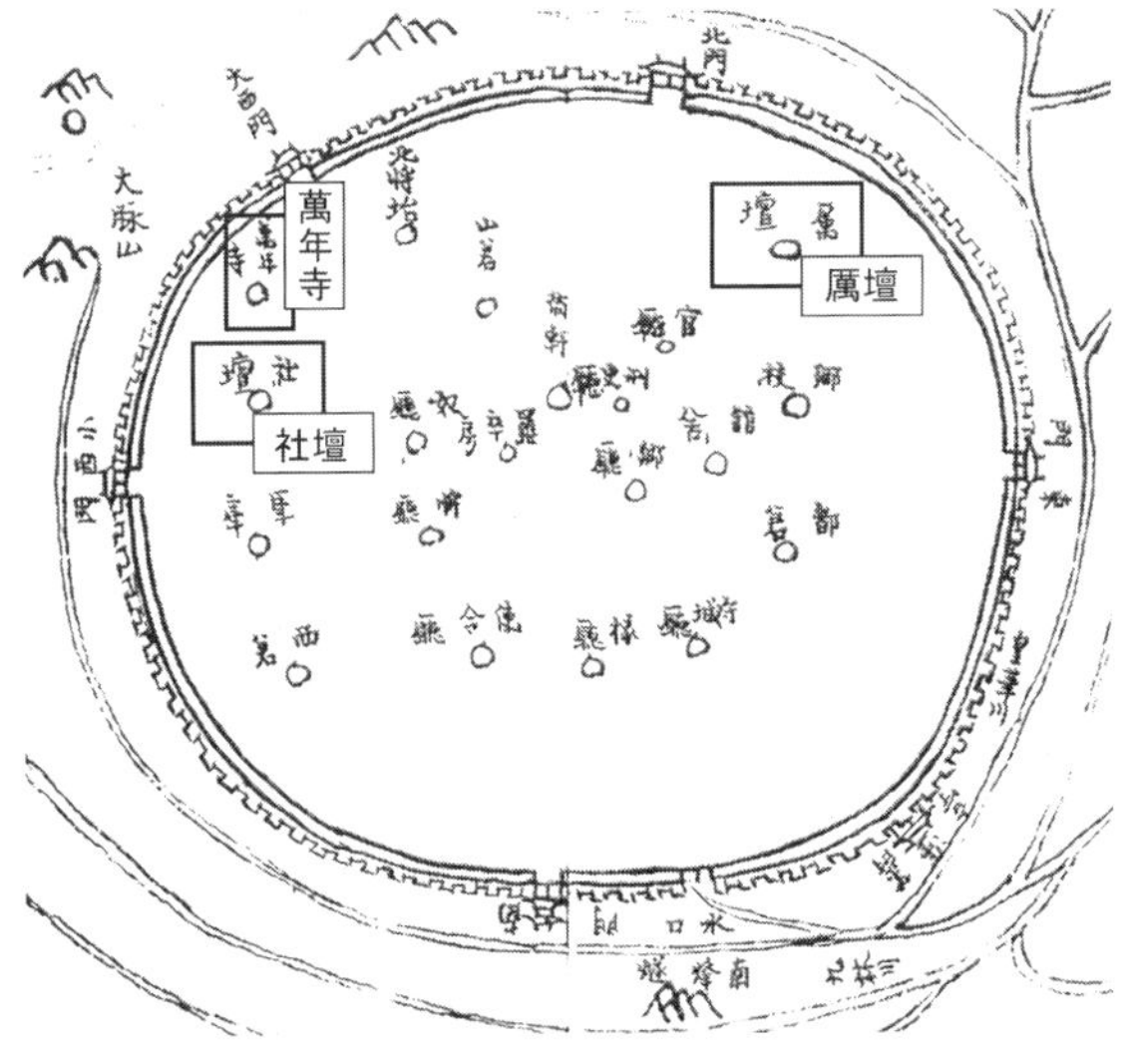

第6図　平安道龜城府邑誌（部分）
（「關西邑誌」のうち、『邑誌』14 平安道2　亞細亞文化社 1986 に加筆）

表1　社稷壇の位置

道名	城外	城内	計
咸鏡	18	4	22
平安	37	1	38
黄海	23	0	23
京畿	31	3	34
江原	25	0	25
忠清	50	0	50
慶尚	71	0	71
全羅	49	1	50
済州島	3	0	3
計	307	9	316

表2　厲壇の位置

道名	城外	城内	計
咸鏡	18	1	19
平安	38	1	39
黄海	21	0	21
京畿	31	1	32
江原	25	0	25
忠清	50	0	50
慶尚	70	0	70
全羅	50	0	50
済州島	3	0	3
計	306	3	309

表3　城隍壇の位置

道名	城外	城内	山城内	計
咸鏡	15	3	0	18
平安	29	2	0	31
黄海	20	0	0	20
京畿	22	1	1	24
江原	23	1	0	24
忠清	43	1	2	46
慶尚	67	3	0	70
全羅	44	4	0	48
済州島	2	0	0	2
計	265	15	3	283

（典拠：『邑誌』1.4.6.7.10-15.18　慶尚道1　全羅道1　忠清道1　京畿道1.2　黄海道　平安道1.2　咸鏡道　江原道1　済州道　亜細亜文化社 1982-86）

が、朝鮮の地方城市全体を総覧すると、圧倒的に祭祀施設は城外にあることが多い。教育施設としての性格を具えた郷校（文廟）を除き、社稷壇・厲壇・城隍壇が城内・城外どちらに存在するかを道別に集計したのが表1～3である。城隍壇については、邑城でなく山城の中に所在するものがあるので、それについては別に項を立てた。いずれも、九割を優に上回る割合で、これらの壇廟が城外にあることが理解される。「城外」には、城を有さない行政拠点の例も含むが、それを割り引いても城内に〝聖地〟を内包する事例は、例外的であったといえる。

首都漢城　次に首都漢城について検討する。京城内外の祭祀施設を、一七五〇年代に成立した「京都五部・北漢山城附」によって示す（第7図）。京城内には、宗廟・永禧殿・社稷・大報壇・宣武祠・毓祥廟・孝章廟・成均館（文廟）がみえるほか、禮曹の西に纛神廟があることが記される。宗廟は国王の祖先祭祀のための施設で、その祭祀は国家祭祀の「大祀」に分類される最重要祭祀である。社稷は、宗廟と並んで「大祀」に位置づけられる。ただ、社稷と軍旗の神である纛神廟の他は、宗廟を含め全て人鬼の祭祀施設である。すなわち、国

①宗廟・永寧殿　②永禧殿　③社稷壇　④大報壇　⑤纛神廟
⑥関王廟（東・南）　⑦宣武祠　⑧毓祥廟　⑨孝章廟
⑩文廟（成均館）　⑪山壇（南壇）　⑫先農壇　⑬先蚕壇

第７図　京都五部・北漢山城附（部分）
（「海東地圖」のうち、許英桓『定都600年ソウル地圖』汎友社 1994に加筆）

王の御真を奉安する永禧殿、英祖の母淑嬪崔氏を祀る毓祥廟、英祖の子孝章世子を祀る孝章廟、以上は国王家の追思のための施設で、一七五〇年代に王位に在った英祖に関するものが目立つ。大報壇は明の皇帝を、宣武祠は壬辰倭乱時に明の援軍を率いた将をそれぞれ祭享する施設で、宗主国の人鬼の顕彰施設である。また、城内に寺院が認められないのは、王朝の排仏の方針からである［鎌田 一九八七］。

一方、城外に目を転じると、関王廟（東・南）・南壇（風雲・雷雨・山川・城隍）・先農壇・先蚕壇など、天神地祇あるいは関羽など人鬼でも吉凶禍福をもたらす力を持つと認識されるものが祀られている。図中には見えないが、本図の周囲に、霊星壇（在南郊）・老人星壇（在南郊）・司寒壇（在南郊）・雩祀壇（在東郊）・馬祖先牧（在東郊）・馬社（在東郊）・馬歩壇（在東郊）・厲壇（在北郊）・禡祭壇（在東郊）などの所在地が記されており、いずれも城外に配置されていたことが諒解される。これらは『国朝五禮儀』で中祀・小祀に列せられた国家祭祀の対象であった。

以上のような検討を踏まえれば、朝鮮においては京城・地方城市を通じて城内に〝聖地〟を包括する姿勢は希薄であったことが理解される。

(2) 越南―排除と包含―

地方城市　近世期、越南には後黎朝大越国、西山党蜂起による混乱期を経て、阮朝大南国（当初は越南国）の二王朝が存在した。越南の城と〝聖地〟を検討するに当たって、比較的豊富な素材を得ることができるのは阮朝大南国である。したがってまずは、阮朝期の地方城市から検討しよう。

阮朝大南国の地方城市は、社稷壇・先農壇・山川壇・城隍廟・会同廟・文廟を具える場合が多かった。阮朝嗣徳年間（一八四八〜一八八三）の地誌『大南一統志』に掲載された全三十二の省道のうち、二十四に社稷壇が、二十一に先農壇が、二十に文廟が認められ、山川壇・城隍廟・会同廟は十九に設置されていた。

第8図は、阮朝同慶年間（一八八六〜一八八八）の地誌『同慶地輿志』に載る乂安省城の図である。城は内堀に囲まれ、さらに外堀を擁する。稜堡式の城内には皇帝の行宮を中心に官衙が立ち並び、内堀と外堀の間には軍用の厩舎や

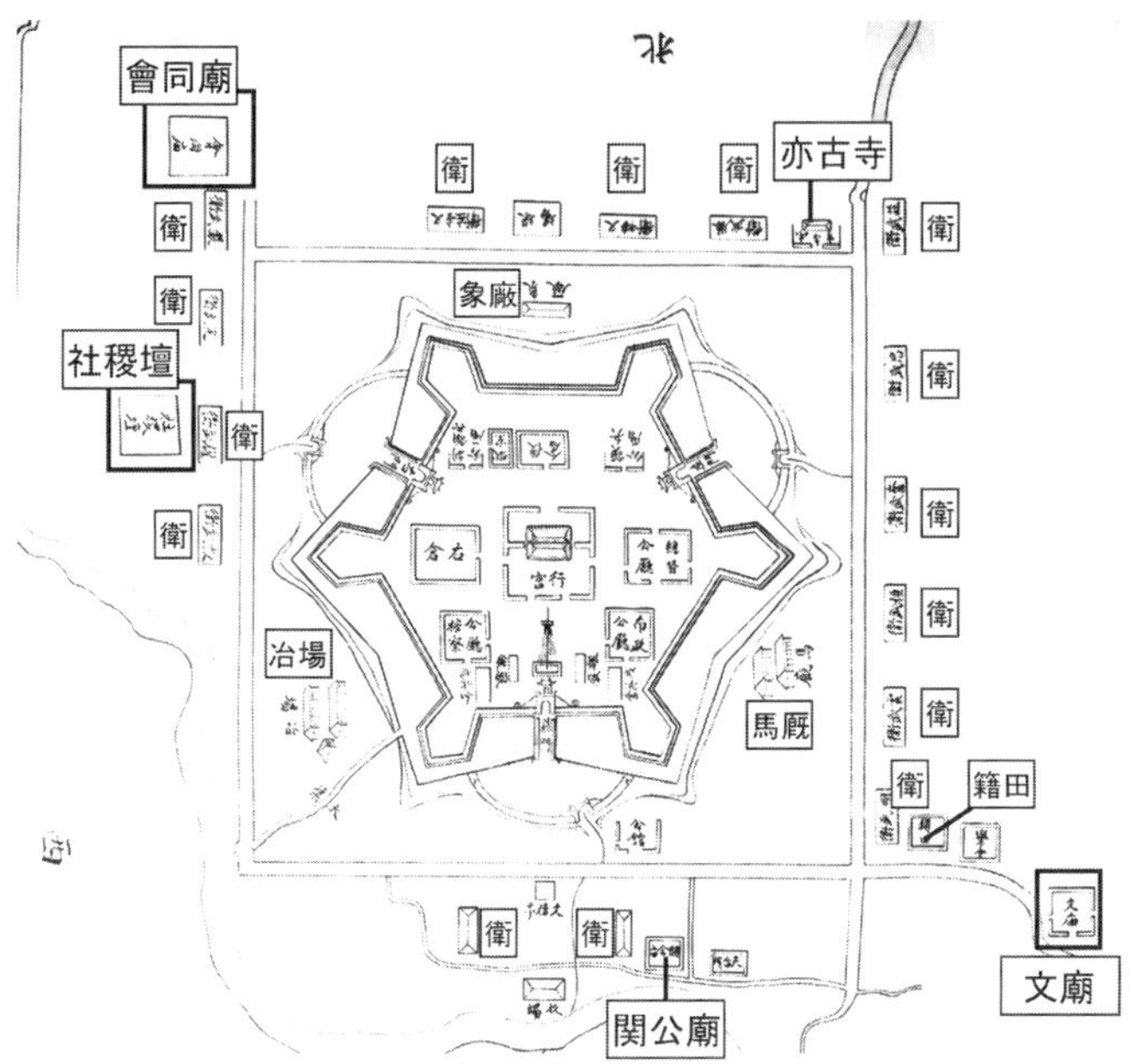

第８図　乂安省城圖（部分）
（『同慶地輿志』のうち、Nhà Xuất Bản Thế Giới（世界出版社）2003 に加筆）

第９図　清化省圖（部分）
（『同慶地輿志』のうち、Nhà Xuất Bản Thế Giới（世界出版社）2003 に加筆）

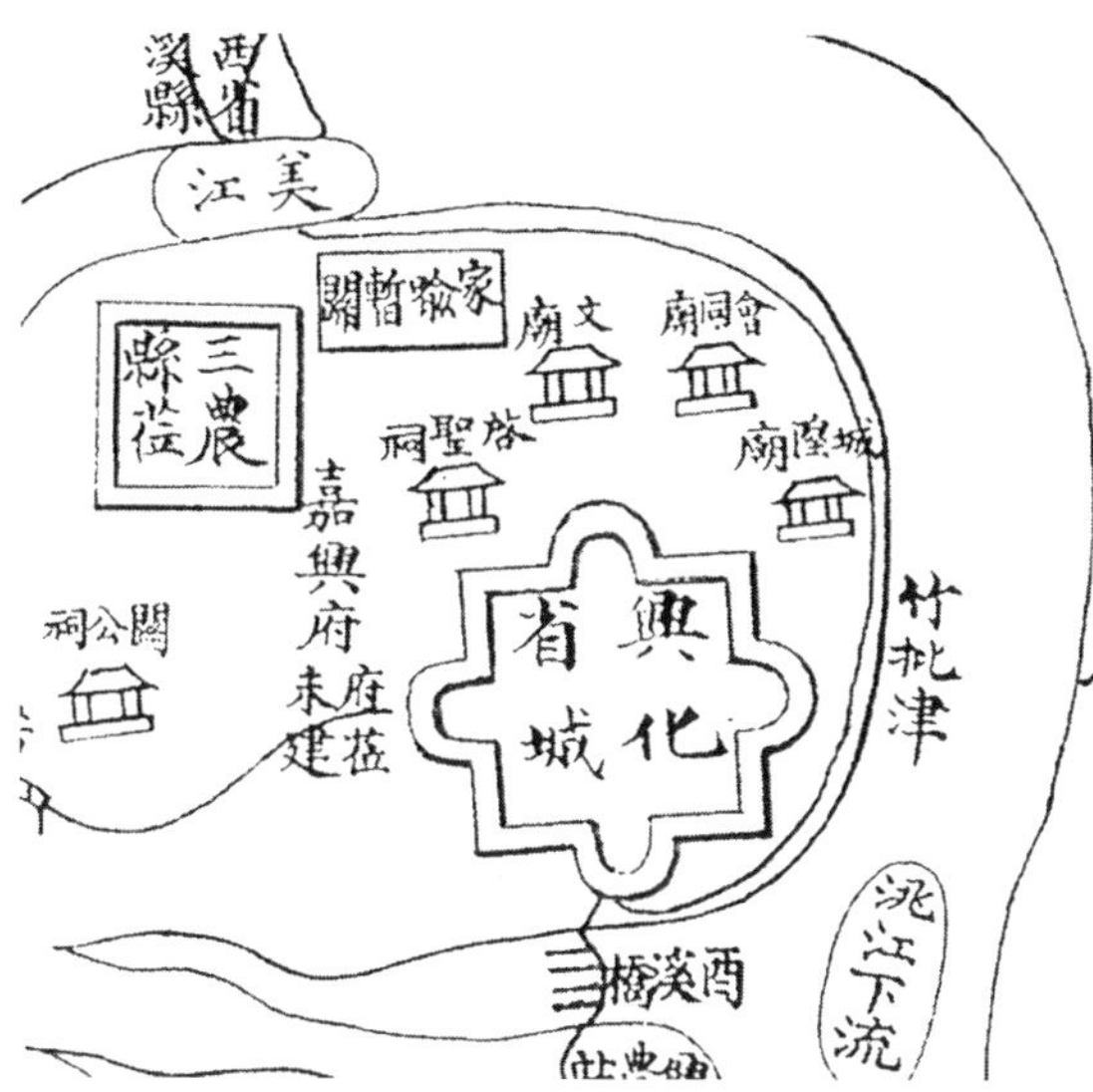

第10図　興化省圖（部分）
（『同慶地輿志』のうち、Nhà Xuất Bản Thế Giới（世界出版社）2003）

写真2　北寧省城跡
Thành phố Bắc Ninh, Tỉnh Bắc Ninh, Việt Nam（越南北寧省北寧城舗）（撮影：井上智勝）

象廠、金属の鋳錬場などがみえる。外堀の外には諸衛が配置されており、軍事要塞としての性格が濃厚であったことが諒解される。諸衛の外側に、社稷壇・会同廟・文廟・関公廟が見え、北側には諸衛と並んで寺がある。掲出部分の南東には、山川壇と三座廟も描かれる。

第9図の清化省城にも同様の傾向が認められる。稜堡式の城を囲む外郭の外に廣武・義武などの諸衛が記され、それに並ぶように城隍壇・先農壇・武廟が配置されている。さらに外縁に、社稷壇・山川壇・会同廟・文廟が見えてい

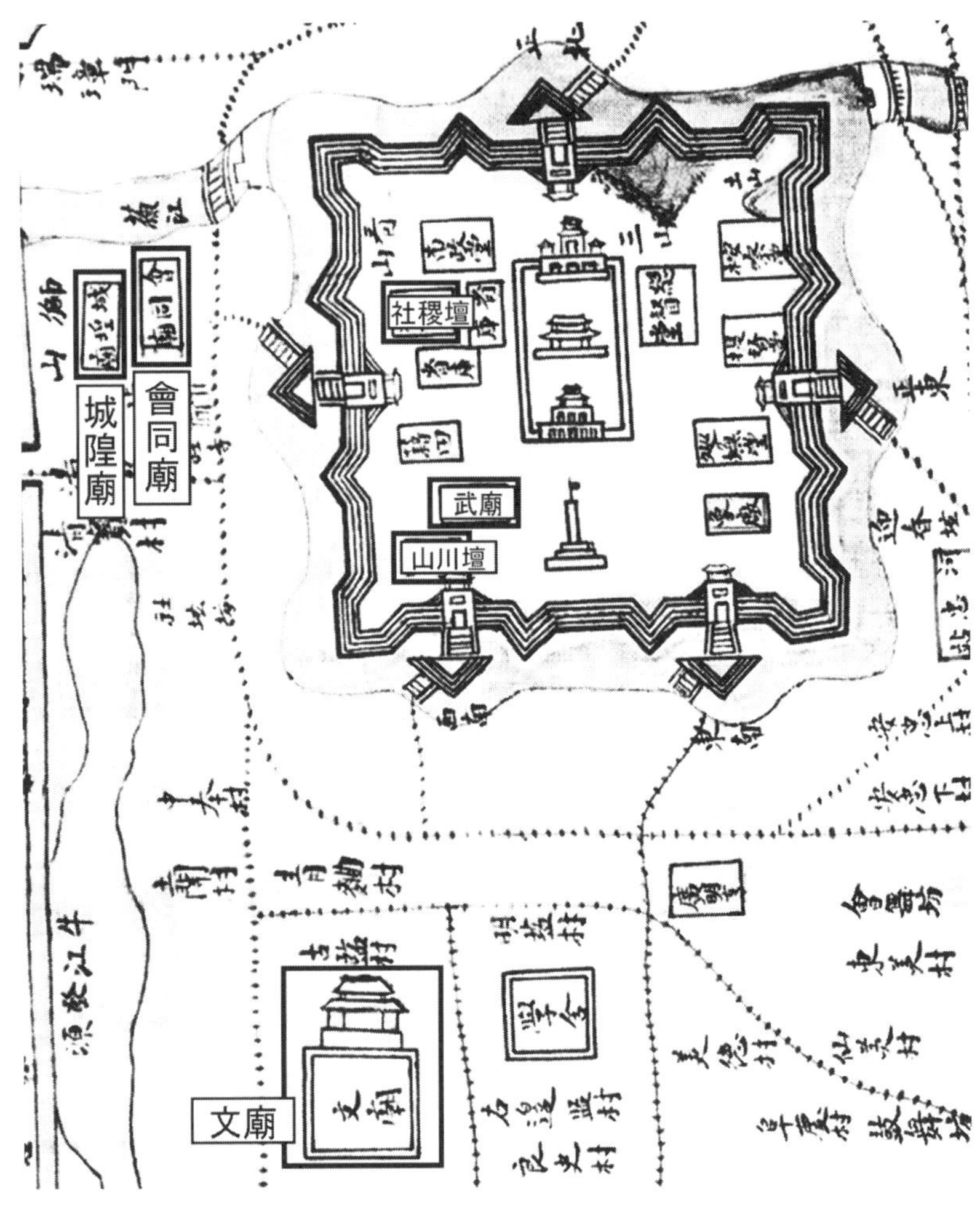

第 11 図　壽昌永順二縣圖（部分）
（『同慶地輿志』のうち、Nhà Xuất Bản Thế Giới（世界出版社）2003 に加筆）

る。その他、北寧・興化(第10図)・太原などの各省にも同様の傾向が認められる。

越南阮朝大南国の省城は、朝鮮同様〝聖地〟を内包しない様式が基本であった。また、日本同様、軍事拠点としての性格が強かった点も注目される。このような性格は現在にも継承されており、例えば北寧省城跡は現在、ベトナムの軍関係施設となっている。日本の城が、近代に軍隊の施設となる場合が少なくなかったことを想起すれば、かかる点でも日本の城と越南の城には近似性が感じられる。

このように、越南の地方城市が〝聖地〟を内包しない中にあって、河内省城にはやや異なる状況が認められる(第11図)。会同廟・城隍廟・文廟は省城の外に所在するものの、社稷壇・山川壇・武廟は省城に内包されている。『大南一統志』は山川壇を「省城外之西」に在ると記載するが、社稷壇を「省城内之西」、先農壇を「省城之内之西南」としており、省城内に〝聖地〟を含み込む点では変わりはない。このように、阮朝大南国の省城には、〝聖地〟をその内部に包含するものがあった。

しかし、〝聖地〟を城内に包含するのは『大南一統志』に載る三十二の省道のうち河内省のみで、むしろ例外的な事例といえる。これは同省城が前王朝である後黎朝大越国の京城昇龍城を継承・発展させたことに由来すると考えねばならない。

旧都昇龍・首都順化　十五世紀末に成立したと考えられる「洪徳版図」(東洋文庫蔵)では、後黎朝大越国都昇龍城は京城に皇城が内包される形で描かれる。皇城内に太廟(宗廟)が確認されるほか、京城内に看山寺と霊震祠の二つの祭祀施設がみえている。城内への〝聖地〟の内包は、後黎朝大越国段階において、すでに認められたのである。文廟(国子監)、南郊壇は、京城外南部に記されている。南郊壇は、天壇と地壇を併せた施設で、国家祭祀の最重要施設であった。明初の制にならったものであるが、明は後にこれを天壇と地壇に分離した。

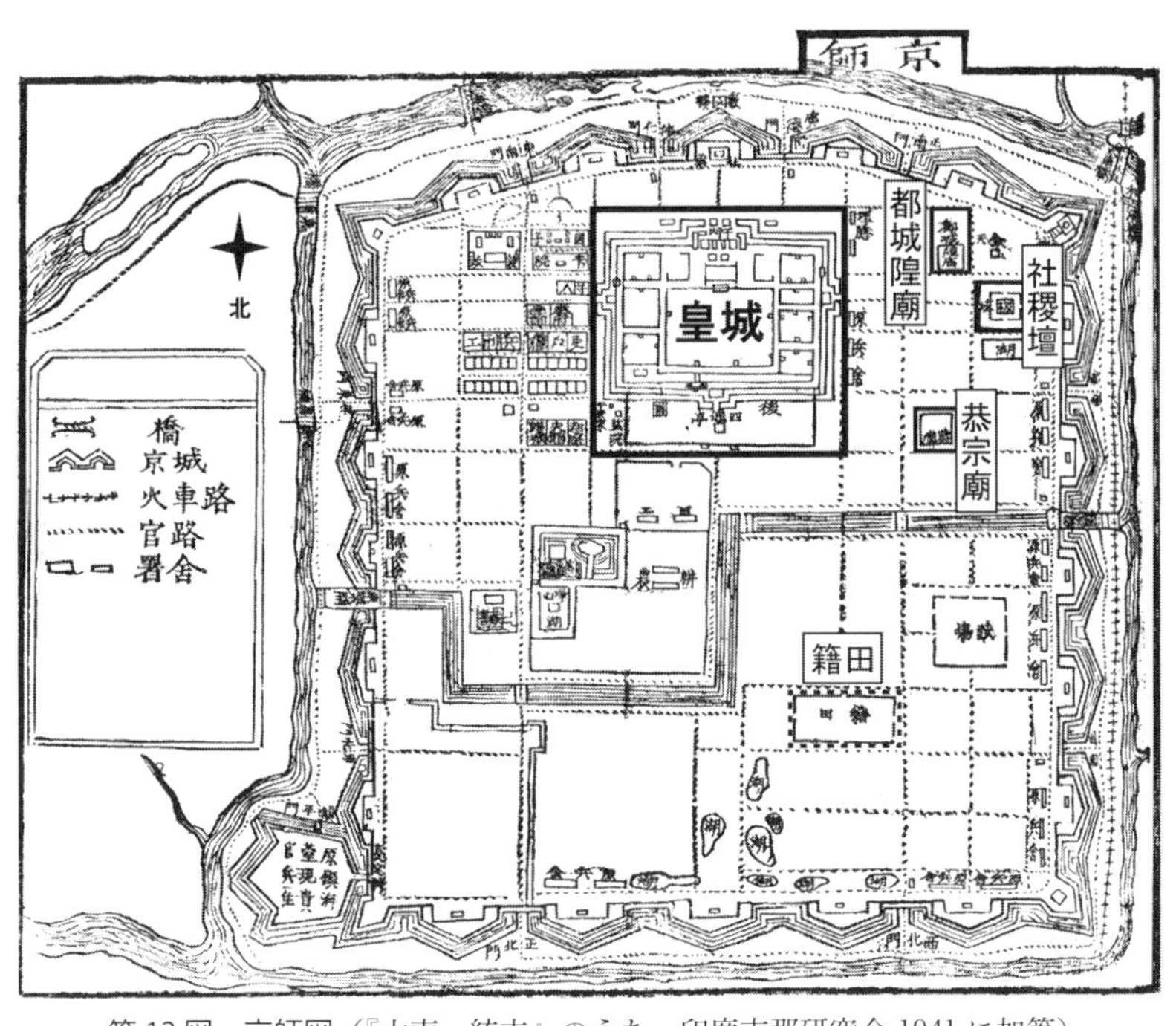

第12図　京師図（『大南一統志』のうち、印度支那研究会 1941 に加筆）

南郊壇を京城の南郊に置き、城内にいくばくかの〝聖地〟を内包することは、阮朝大南国の首都順化でも同様であった。第12図は、『大南一統志』に載せる順化の京城図である。中央に皇城が、その西側に都城隍廟・社稷壇と恭宗廟がみえている。同書の記載によれば西北部に先農壇があるはずであるが、図にはみえない。ただ、同図には皇城の西北部に籍田が描かれているから、これに隣接してあったことは推察できる。そのほか、京城内には寺院（覺王寺）と道観（靈佑観）が各々一宇ずつ存在したことが『大南一統志』の記載から知られる。

皇城内には、後黎朝の昇龍城同様、宗廟が置かれていた。宗廟は、世廟・太廟・興廟・肇廟から成り、他に原廟である奉先殿があった。原廟とは、重複して設けられた宗廟の意で、国家祭祀の対象である表向きの宗廟に対して、皇帝一族が日常的に参拝することのできる内向きの祖先祭祀施設のことである。ほか、皇城内の北部に北方の守護神と考えられる鎮北安神祠が設置されていた。

以上、越南の城と〝聖地〟の関係性を検討した。これを通じて、越南の地方省城では、朝鮮同様、〝聖地〟は城内に内包されない形が一般的であったことが諒解された。ただ、河内や順化など、首都性を有する都城においては、京城内に〝聖地〟が内包される場合があった。また、皇帝の祖先祭祀施設である宗廟は、後黎朝・阮朝を通じて、皇城内に設置されていたことも確認された。

築城と〝聖地〟　河内の昇龍城については、城の築成に当たって〝聖地〟が意識されたのか否かを窺わせる記述が『大越史記全書』に見られる。順天元年（一〇一〇）、李朝の太祖は都を華閭城から、かつて唐の高駢が拠点を置いた大羅（昇龍）城に移した。以降、陳朝・後黎朝と踏襲される京城の誕生である。その時の遷都詔は、次のようなものであった。

> 高王の故都大羅城、天地區域の中に宅り、龍蟠・虎踞の勢を得、南北東西の位を正す、江山向背の宜に便す、其の地廣くして坦平、厥の土高くして爽塏、民居昏墊の困蔑く、萬物蕃阜の豐を極む、遍く越邦を覽るに、斯れ勝地たり、誠に四方輻輳の要會、萬世京師の上都たり、朕此の地利に因り、以て厥の居を定めんと欲す（『大越史記全書』本紀二）

李太祖がこの地に都を定めた理由が、「龍蟠・虎踞の勢」を得た「四方輻輳の要會」という「地利」であったことが明瞭に示されている。この遷都詔に〝聖〟的なものへの意識は全く認められない。ここから、越南においては築城の際に〝聖地〟を取り込むという意識は希薄で、形勢上の優秀さや実際的な利便性が重視されていたことが推察される。

〝聖〟性は、むしろ「地利」を規準に定められた城に、後付けで付与された。

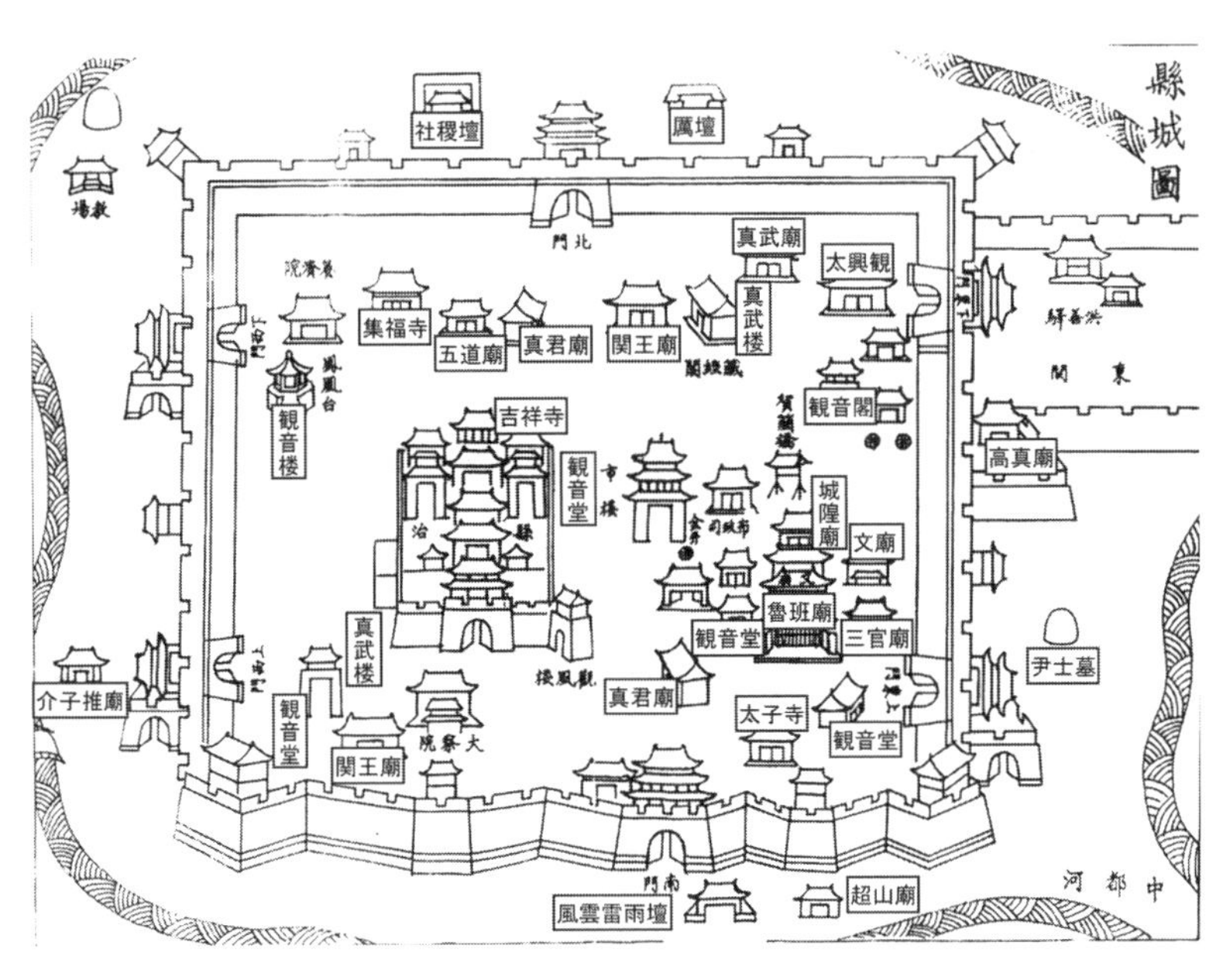

第 13 図　平遥縣城圖（明代）（『平遥古城志』中華書局 2002 所載に加筆）

秋七月、帝、華閭城より都を京府大羅城に徙す、暫く城下に泊り、黄龍を御舟に見る、因りて其城を改めて昇龍城と曰う（中略）、遂に昇龍京城之内に宮殿を起造し、（中略）城隍を治め（中略）城内に天御寺を起興す（「大越史記全書」本紀二）

李太祖は奠都の後、船から皇帝を表す黄色い龍を目にし、京城の内に宮殿を造営し、城隍神を祀り、寺院を設けている。すなわち、奇瑞は都の治定に先行しておらず、城隍神の祭祀や寺院の設置は宮殿の造営に遅れていた。先行して当所に築城した高駢の時も、築城後に城隍神が現れ、これを祀ったという逸話が伝わっている（「嶺南摭怪列傳」〔乙本〕蘇瀝江神傳）。築城に際してその土地が〝聖地〟か否かは問われることはなく、〝聖〟性は後付けで付与されていたことが諒解されよう。

(3) 中華―〝聖地〟の百貨店―

地方城市　中華王朝の地方城市の例を検討しよう。まず、現在でも明代の城壁に囲繞されることで知られる山

写真３　五道廟

写真４　太平興国観（清虚観）

写真５　城隍廟

写真６　文　廟

写真３～６　平遥の宗教施設の現状（撮影：井上智勝）

西省平遙縣城を例に挙げる。第13図は、明代の平遥縣城を鳥瞰的に描いた図である。北門の外には、社稷壇と厲壇が認められる。中華王朝明・清でも、朝鮮同様、社稷壇・厲壇は、地方城市にほぼ必ず具備される祭祀施設であった。これらが城外に所在する点でも、朝鮮と一様である。中華の地方城市は、やはり朝鮮と同じく、城隍廟・文廟も具えた。だが第13図からは平遥縣城の場合、朝鮮の城市と異なり、これらが城内に所在したことも諒解される。そればかりではない。平遥の城内には、「観」「廟」「寺」などの文字が付された建物、すなわち道観・廟宇・寺院が夥しく認められるのである。城内には、「縣治」「布政司」などの官衙もあるが、むしろ寺観や廟堂に埋没している観すらある。儒教道徳の中心であるはず中華の地方城市の内部は、朝鮮や越南と

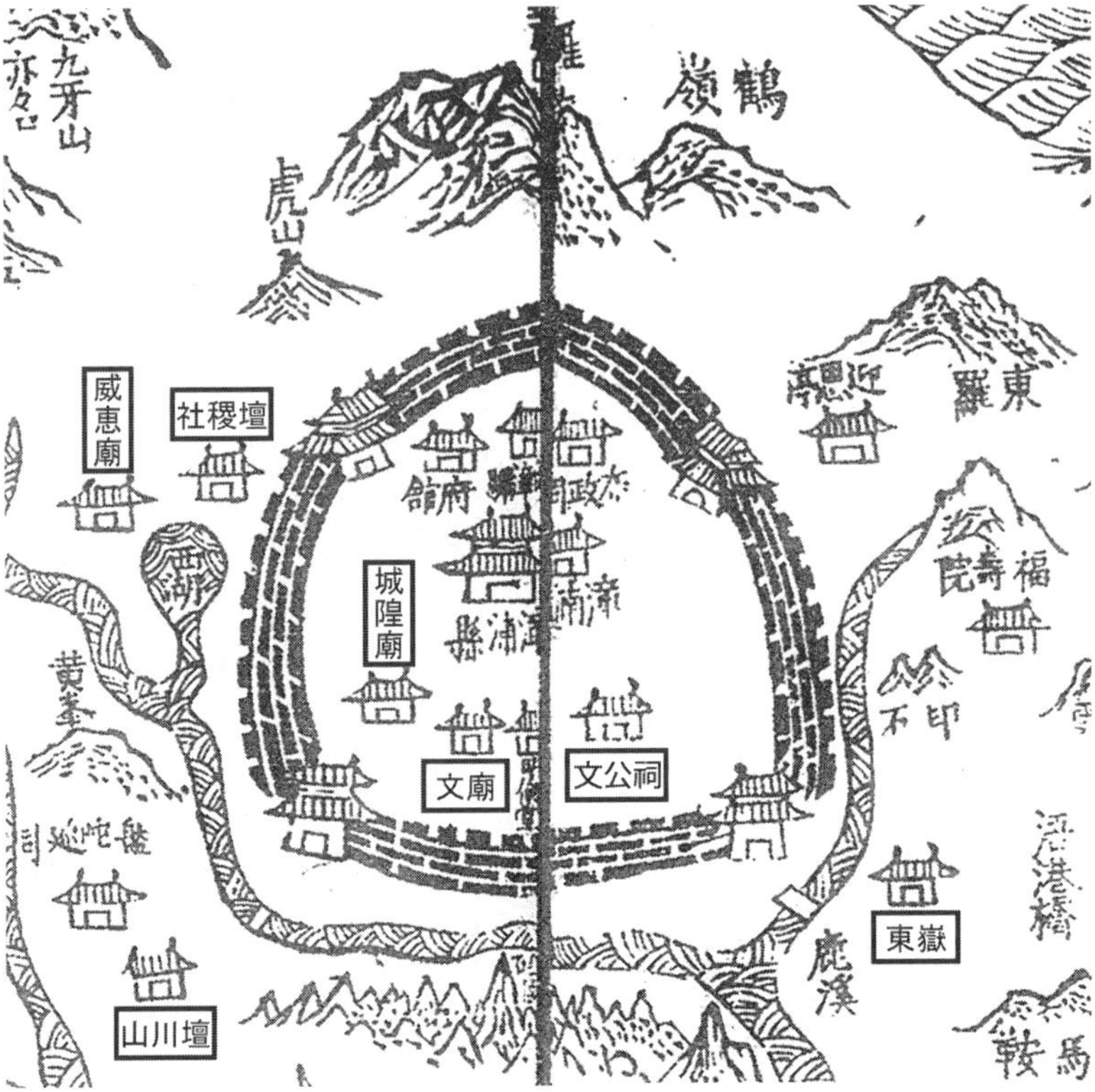

第 14 図　漳浦縣城圖
（「萬暦癸丑漳州府志」のうち、『漳州府志』厦門大学出版社　2012 に加筆）

写真 8　城隍廟

写真 7　威恵廟

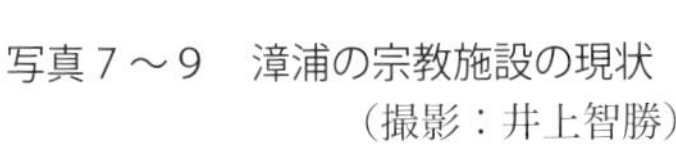

写真 7 ～ 9　漳浦の宗教施設の現状
（撮影：井上智勝）

写真 9　文　廟

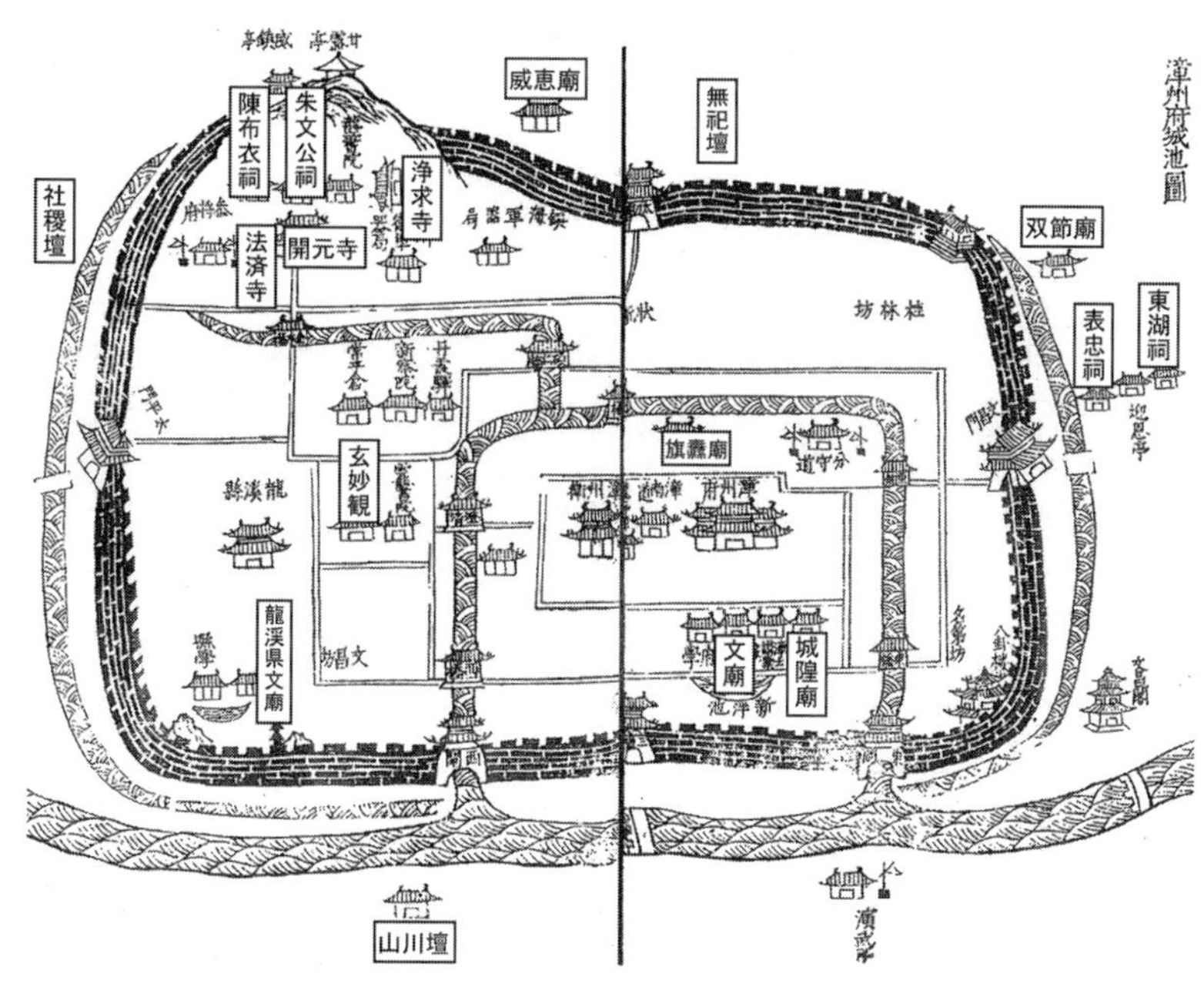

第15図　漳州府城池圖
（「萬暦癸丑漳州府志」のうち、『漳州府志』厦門大学出版社　2012に加筆）

は異なり、多くの〝聖地〟で溢れていた。

このような状況は、平遥縣城のみではない。南方に目を転じ、福建省漳州府管下漳浦縣城をみてみよう。第14図は、萬暦四十一年（一六一三）の『漳州府志』に載る漳浦縣城の図である。社稷壇・山川壇などの壇、威恵廟・東嶽廟などの壇廟が城外にあるが、城内には官衙の他に城隍廟、文廟、文公（朱子）祠がみえている。漳浦縣を管轄する漳州府城でもこの傾向は同様で、社稷壇・無祀壇（厲壇）・山川壇や東湖祠・表忠祠などが城外にみえるが、城内にも官衙のほかに道観や寺廟がみえている（第15図）。地方城市は城外にも壇や祠廟を置くものの、城内にも多くの〝聖地〟を内包していた様子が窺えよう。

首都北京　次いで、首都北京についてみてみよう（第16図）。北京は宮城・皇城・内城・外城の四重構造から成る城郭都市であった。まず、城外の主要祭祀施設に目を遣れば、地壇・日壇・月壇が

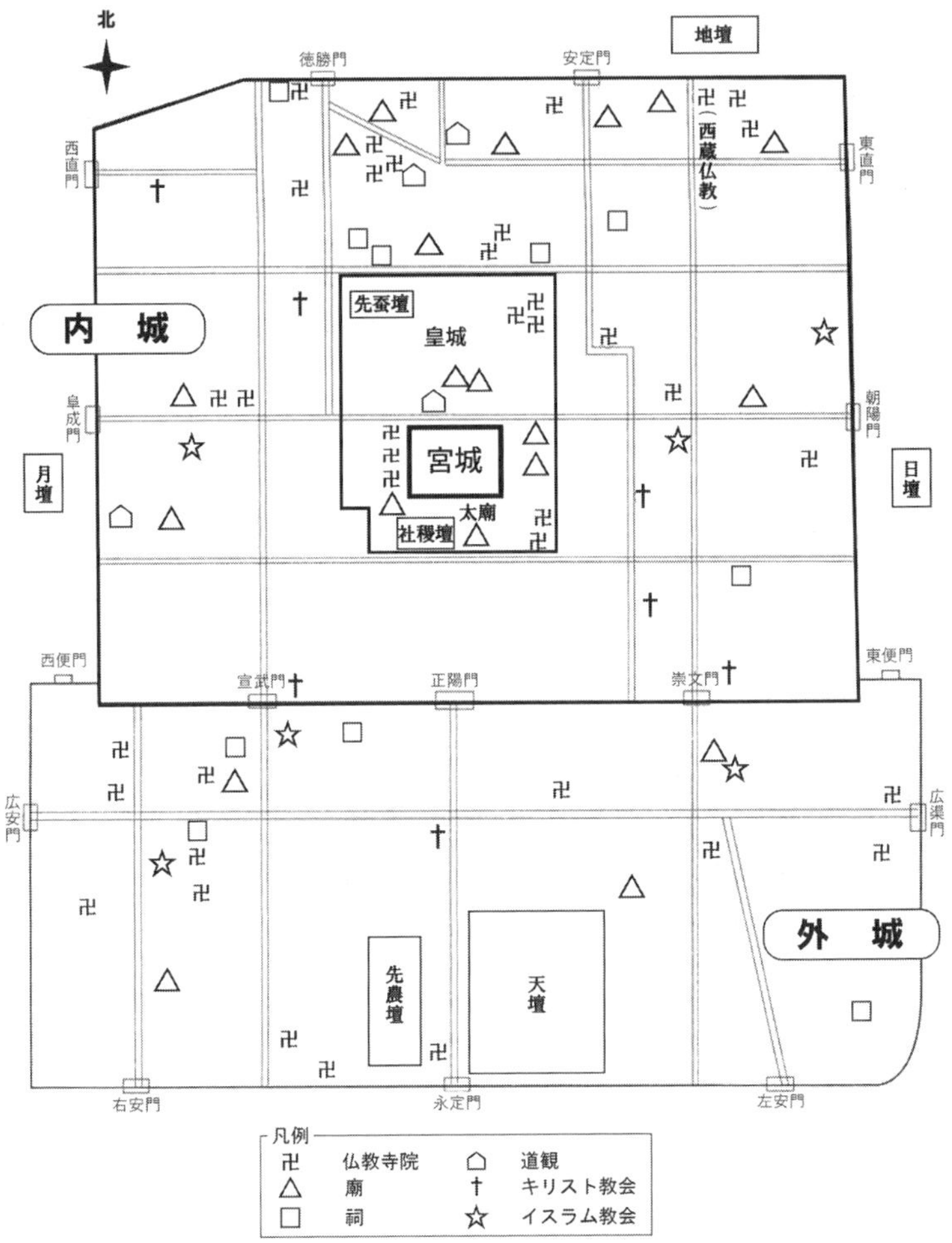

第16図　明清北京城内部寺廟位置図
(原図：「明清北京城内部分寺廟位置図」王同禎『北京寺廟』文物出版社 2009 所載図二十)

城外に所在していた。天壇・先農壇は外城の南端に所在していた。社稷壇は皇城南端西側に、同じく南端東側に設けられた宗廟と対称の位置に設置された。外城は嘉靖三十二年（一五五三）増設された部分で、祭祀施設はそれに先行して設置されており、先蚕壇も嘉靖十年以前は城外北方にあったから、社稷壇以外の壇は当初は城外にあったことになる。これは朝鮮と同じ傾向といえるが、朝鮮が明制にならったのである。

ただ、北京の場合、城内に儒・仏・道はもとより、キリスト教・イスラム教に至る、さまざまな宗教施設が数多存在していた。このことは、朝鮮との大きな差異である。中華帝国の都、北京城は天・地・日・月・先農の諸壇に囲まれ、宮城は宗廟・社稷と寺廟群によって取り巻かれる、宗教色の極めて濃厚な都城であった。そこには、あらゆる〝聖〟性を総動員して、城市を安泰ならしめようとする意図すら感じられる。中華王朝は、淫祀を認めない厳格な儒教祭祀の形を垂範する立場にありながら、城市はその像からはほど遠い〝聖地〟の百貨店であった。

大陸部諸国の総括　以上、大陸部諸国の城と〝聖地〟についての検討を終えた。ここで得られた知見を簡単に総括しておこう。

城と〝聖地〟の関係性については、中華・越南・朝鮮で異なった。朝鮮では、首都・地方城市を通じて概して〝聖地〟は城外に配置された。越南では、地方城市では〝聖地〟は城外に配置されたが、首都や旧都においては城内に包含される〝聖地〟もあった。城は〝聖地〟の存在を前提に築かれるものではなく、築城後に〝聖〟なるものの顕霊によって〝聖地〟が内包される場合があった。中華においては、地方城市・首都ともに、種々の〝聖地〟を含み込んでいた。

大陸部三国は、近世期にはひとしく儒教を国家イデオロギーに据え、儒教祭祀を国家祭祀の基幹としたが、名分のない祭祀を「淫祀」として避ける儒教の立場に対する徹底さでは差違があったことになる。それを最も忠実に遵守したのは朝鮮、次に越南であり、垂範すべきはずの中華王朝は、むしろ多様な〝聖〟性に対する寛容性を体現していた。

中華のかかる在り方は、当時の中華王朝が他の二国に較べ、西域をはじめとする多様な文化圏との交渉が密であったことの表れとみられる。

なお、皇帝・王の追想施設である宗廟が皇城や王宮の中や近辺に設けられたことは、三国に共通する点であった。朝鮮でも、宣武祠など人鬼の顕彰施設は城内に設けられていた。ただ、本稿ではこれらを〝聖地〟とみなさないことは、冒頭に述べたとおりである。

2　島嶼部諸国の城と〝聖地〟

(1) 琉球—〝聖地〟を囲い込むグスク(城)—

大陸諸国においては、ともに儒教イデオロギーに基づく国家祭祀を催行しながら、〝聖地〟を城市から排除する朝鮮、これを多数含み込む中華、その中間型である越南の様子が看取できた。次は、近世に儒教イデオロギーは共有しながらも、その国家祭祀への浸透度が低かった島嶼部諸国、つまり琉球と日本の検討に移りたい。まずは、琉球からである。

琉球は、三山鼎立時代から中華帝国の冊封を受けていたが、当初から儒教を国家イデオロギーの中核に据えていたわけではない。琉球が儒教国家化の志向をみせるのは、十八世紀中頃以降であった〔豊見山二〇〇四〕。しかしそれでも、大陸諸国のごとき儒教祭祀が全面的に受容されることなく、在来した御嶽(うたき)祭祀を主軸とした国家祭祀が展開されていた。儒教国で最も重視される宗廟・社稷祭祀についてみれば、宗廟と称するものの内実は寺院であり、社稷壇は設けられなかった。閩人三十六姓の裔が住む久米村の文廟祭祀がほぼ唯一の儒教祭祀である点は、近世日本に似る。

古琉球時代に成立した「おもろさうし」に次の「おもろ」がある（「おもろさうし」第二十　こめすおもろの御さうし）。

石原たうぐすく　良かるたうぐすく　神てだの　守りゆわるぐすく

「石原たうぐすく」は、「神てだの守り」を受けるグスクであるというのである。

琉球のグスクには「城」の字が宛てられるが、グスクを日本や大陸の「城」と同列に認識してよいかについては議論が必要である。グスクをめぐっては、これを聖域とみる説、按司と呼ばれた在地領主の居所説、集落説など、論争がある［来間 二〇一三］。かかるグスク論争は未だ決着を見るに至っていないが、聖域から城砦へと転じたという説が有力視されている。いずれにせよグスクは、城の字を宛ててグスクと呼ばれているのであり、軍事的機能を果たしたものが少なからずあったことも確かである。「石原たうぐすく」もまた、その一つであった。先の「おもろ」には、次の記載が続いている。

又　石原世の主の　げらへたる御ぐすく　又　軍寄せるまじ　敵寄せるまじ

ここからは、「石原たうぐすく」が敵軍からの防御施設としての性格を色濃く具えていたことが明瞭である。神に守られる要塞「石原たうぐすく」には、当然、神由縁の〝聖地〟が内包されていたはずである。実際、グスクには、御嶽という在来宗教の〝聖地〟が包含されている場合が多かった。例えば、琉球国の王城首里城中心部「下の御庭」には、首里森御嶽（すいむい）がある。

写真 10　首里森御嶽（撮影：井上智勝）

琉球の場合、〝聖地〟を城に内包する形は中華の諸城市や越南の旧都・首都に似るが、グスクが聖域から城砦へ発展したという議論を念頭に置けば、越南昇龍城とは反対に〝聖地〟が先行して存在し、そこに「神」の「守り」を期待して城が置かれたという成立過程を辿ったとの理解が成立し得る。

(2) 日本―排除と包含―

最後に、以上の東アジア諸国の検討結果を踏まえ、日本における城と〝聖地〟という問題を如何に理解すべきであるかを検討しよう。

中澤は、日本には城への〝聖〟性の内包という実態と、反対に城からの〝聖〟的なものの排除との、両様の局面があることを指摘している［中澤 二〇一六］。〝聖〟性の内包とは、既存の神社などの〝聖地〟を包摂したり、城主の故地から新たに神を勧請することによって、城内に〝聖〟なる場所が形成されることである。中澤は前者の例として、築城に当たって町場の鎮守であった天王社を域内に取り込んだ尾張名古屋城の例を、後者の例として出羽久保田藩、但馬出石藩などを挙げている。それらの多くは城内鎮守として祀られていた。江戸城内紅葉山や尾張名古屋城内東照社に代表される城郭内に設置される家廟が、かかる城内の〝聖地〟の存在によって霊威を増すことも説かれる。

城内に家廟が設けられることは、江戸城や名古屋城に限らない。岡山城本丸の西に、葬礼を仏式から儒式に改めた池田光政によって設置された「宗廟」、萩城内に設けられた毛利元就の菩提寺洞春寺などの例が、さしあたり想起されるが、つぶさに調べれば他にも多数の例を得ることができよう。東アジア諸国に照らせば、家廟の城内への包摂は共通してみられた。だが、これは不可知な不思議な力を有する〝聖〟性というよりも、祖先崇拝の論理に則るもので、そこに〝聖〟性を認めることは難しい。かかる〝聖〟性を欠く家廟が、〝聖〟性をまとうために既存の〝聖地〟の霊威を借りようとしたとする点で、中澤の論理は首肯できるところである。ただ、それらの家廟が、その後〝聖〟性を認知されてゆくかについては、別途検討を要する。

次に〝聖〟性の排除についてみてみよう。中澤はその例として、江戸城・松江城・姫路城の例を挙げている。江戸城においては、天正十八年(一五九〇)徳川家康の江戸入部に際して紅葉山に移された山王社が、慶長十二年(一六〇七)本丸拡張に伴いさらに半蔵門の外に移された。この時、江戸城内にあった天神社も平河に遷座させられている。また、松江城では堀尾吉晴の築城に当たって若宮八幡を除いて寺社が城下各地に移され、姫路城はその計画地姫山の地主神刑部明神社を城下の外れに移して築城されたという。刑部明神はその後祟りをなすとして、城主池田輝政が城内に社殿を建てて祀ったという逸話があった。〝聖地〟の移転を伴う築城が当事者に精神的な圧迫を加えたことは、築城にあたって〝聖地〟に手を加えた武将が「祟」を危惧したり、「不快」の症状を訴える例[中澤二〇一五]があるところからみて確かなことであった。

〝聖〟性の内包・排除という問題を考える場合、大坂城もまた留意されるべき例であろう。豊臣大坂城の築成に伴って、城域に当たる場所に鎮座していたため域外に移転させられた、との由緒を伝える神社がある。生國魂神社と座摩神社である。このうち、生國魂神社は、証如の「天文日記」や「義演准后日記」などの記載から、城域内に存在したものを移転させたと考えてよい(日本歴史地名体系『大阪府の地名』平凡社)。ただ、その正確な位置は明らかではない。現在、大手口の南側にその旧地を表す碑が立てられているが、この位置は豊臣大坂城の三の丸の内に相当する。一方、座摩神社については、移転は江戸期の口碑の域を出るものではない。しかし、旧地とされる石町の御旅所は、豊臣大坂城の惣構の内に相当する。

ほかに、豊臣大坂城三の丸の東南端に相当する場所には、現在豊津稲荷社が鎮座する。当社には、慶長八年(一六〇三)の銘を持つ豊臣秀頼寄進と伝える石鳥居が現存し、江戸時代には徳川大坂城の域外ながら、その鎮守と認識されるようになる。しかし、もともとは現社地の十町ほど南西に所在し、寛永八年(一六三一)に現社地に移転したとの説があり、豊臣期において城内に包摂され、鎮守の機能を期待されていたかについては確証を欠く。
ただ、徳川家によって接収され、大規模な修築を受けた大坂城には〝聖地〟が包含されていた。承応三年（一六五四）、城内山里丸から八幡宮と山王権現社が豊津稲荷社に移転されている（「摂陽奇観」十四『浪速叢書』二）。これら両社の鎮座が豊臣期に遡りうるものなのか、徳川期の勧請なのかは詳らかにし得ないが、大坂城においても〝聖地〟の包含と排除はなされていた。近世日本の城は、〝聖〟性を内包する方向性と排除する二つの方向性を有していた。

結

以上、近世における東アジア諸国の城と〝聖地〟の関係性について検討してきた。それらとの比較において近世日本の城と〝聖地〟の関係性を位置づけるなら、次のようになろう。近世日本の城は、城内から〝聖〟性を排除する方向性を有する点で、中華や琉球と異なり、朝鮮、および越南の地方城市と同様の性質を有する。しかし一方で〝聖地〟を内包する方向性を持つ点で、朝鮮、および越南の地方城市よりも中華や琉球に近い。このような双方の方向性を有するのは、越南の旧都・首都の例であり、この例が東アジアにおいて近世日本の城と〝聖地〟の関係性の様態に最も近似している、ということになろう。

城が〝聖〟性をまとうか否かという問題は、日本の武家が宗教性をまとうか否かという議論に逢着する。日本における城と〝聖地〟という問題は、城内に〝聖地〟を包含するか否かという状況証拠だけでなく、近世日本の政権掌握者が〝聖〟なるものに対してどのように対峙しようとしていたかという点からも考究されねばならない。

城と〝聖地〟の関係性において近世日本との近似性をみせた近世越南は、軍事指導者が皇帝を傀儡化した政治形態をとった点においても近似していた。しかし、後黎朝後期の政権掌握者が皇帝の祭祀権を奪取しようとしていたことと対照的に、日本の政権担当者すなわち豊臣氏・徳川家は祭祀権の掌握を志向せず、国家祭祀は天皇・朝廷によって担われた［井上 二〇一五］。徳川政権は途絶した国家祭祀のいくつかを再興したが、大陸の社稷祭祀に擬すべき重要祭祀祈年祭は、朝廷からの再々の要請にもかかわらず、遂に再興を許さなかった。かかる点からは、近世日本は〝聖〟性に重きを置かない、俗的な社会であったとの理解が導かれよう［井上 二〇一二］。

近世武家の〝聖〟性の軽視を示す例として、城域からの〝聖地〟の移転や、豊臣秀吉が稲荷明神を恫喝していることも挙げられよう［北川 二〇〇五］。これらの例は確かに、近世の武家が神をも恐れぬ、きわめて俗的な感覚を具えていたことを表すかにみえる。しかし、〝聖地〟を移転させた武家は「不快」を感じて朝廷神祇官の高官吉田兼見に対処を依頼しており［中澤 二〇一五］、秀吉の恫喝も兼見の存在を前提にしてのものであった。武家が俗的でいることを可能ならしめるのは、その背後にある〝聖〟性を管掌する朝廷の存在であった。

これらの例は、武家の〝聖〟性というものがあるとすれば、それは何に由来するのかを問うことの重要性を示している。近世日本の武家領主による「心意統治」と呼ばれる祭祀的行為を担保するのは何か。その前提ともなる国司の勧農機能・寺社修造の権限はどこに正統性を持つのか。このような問いに答える試みは未だ多くはないが［井上 二〇〇七］、近世日本における城と〝聖地〟の関係性という問題に対しては、かかる点を踏まえた検討が要請されるように思う。

参考・引用文献

井上智勝　二〇〇七「一七世紀中後期の領主権力と一宮・式内社」『日本宗教文化史研究』一一―二

井上智勝　二〇一〇「近世期の東アジア諸国における国家祭祀」『東アジアの思想と文化』三

井上智勝　二〇一二「近世日本の国家祭祀」『歴史評論』七四三

井上智勝　二〇一五「近世日越国家祭祀比較考」清水光明編『「近世化」論と日本』勉誠出版

落合延孝　一九九六『猫絵の殿様』吉川弘文館

鎌田茂雄　一九八七『朝鮮仏教史』東京大学出版会

北川　央　二〇〇五「大坂城と狐」『朱』四八

来間泰男　二〇一三『グスクと按司』下　日本経済評論社

孫遜・鄭克孟・陳益源主編　二〇一〇『越南漢文小説集成』一　上海古籍出版社

高野信治　一九九七『近世大名家臣団と領主制』吉川弘文館

陳荊和編校　一九八四『校合本大越史記全書』上　東京大学東洋文化研究所附属東洋学文献センター刊行委員会

豊見山和行　二〇〇四『琉球王国の外交と王権』吉川弘文館

中澤克昭　二〇一五「戦国・織豊期の城と聖地」齋藤慎一編『城館と中世史料』高志書院

中澤克昭　二〇一六「城郭と聖地再考―中世から近世へ―」岩下哲典・「城下町と日本人の心」研究会編『城下町と日本人の心性』岩田書院

中野豈任　一九八八『祝儀・吉書・呪符　中世村落の祈りと呪術』吉川弘文館

外間守善・西郷信綱校注　一九七二『日本思想大系十八　おもろさうし』岩波書店

執筆者一覧

中澤克昭（なかざわ かつあき） 一九六六年生れ、上智大学文学部教授。［主な著書］『中世の武力と城郭』（吉川弘文館）、『真田氏三代と信濃・大坂合戦』（吉川弘文館）、『肉食の社会史』（山川出版社）

高橋 修（たかはし おさむ） 一九六四年生れ、茨城大学人文社会科学部教授。［主な著書］『中世武士団と地域社会』（清文堂出版）、『信仰の中世武士団 湯浅一族と明恵』（清文堂出版）、『鎌倉街道中道・下道』（共編著・高志書院）

齋藤慎一（さいとう しんいち） 一九六一年生れ、公益財団法人東京都歴史文化財団 東京都江戸東京博物館学芸員。［主な著書］『中世東国の道と城館』（東京大学出版会）、『中世武士の城』（吉川弘文館）、『日本城郭史』（吉川弘文館）

岡寺 良（おかでら りょう） 一九七五年生れ、九州歴史資料館学芸員。［主な論文］「山寺の考古学」（『季刊考古学』第150号）、「九州における山岳霊場遺跡研究の現状と課題」（『七隈史学』第19号）、「戦国城郭成立前史：南北朝期の山城・山寺」（『季刊考古学』第139号）

中井 均（なかい ひとし） 一九五五年生れ、滋賀県立大学人間文化学部教授。［主な著書］『信長と家臣の城』（角川選書）、『城館調査の手引き』（山川出版社）、『歴史家の城歩き』（共著・高志書院）

山下 立（やました りつ） 一九五九年生れ、滋賀県立安土城考古博物館主任技師。［主な論文］「武将の神格化と新たな神像の誕生―秀吉の神格化と豊国大明神像成立の意義を中心に―」（赤松徹眞編『日本仏教の受容と変容』永田文昌堂）、「鉈彫と神像彫刻の交差―富山・二上射水神社男神坐像の造形―」（『滋賀県立安土城考古博物館紀要』二三号）、「円空仏への途―神像彫刻史から見た円空作品の位相―」（矢島新編『近世の宗教美術』竹林舎）

井上智勝（いのうえ ともかつ） 一九六七年生れ、埼玉大学教養学部教授。［主な著書］『近世の神社と朝廷権威』（吉川弘文館）、『吉田神道の四〇〇年』（講談社）、『近世の宗教と社会2 国家権力と宗教』（共編著・吉川弘文館）

中世学研究 3
城と聖地－信仰の場の政治性－

2020 年 9 月 25 日第 1 刷発行

編　者　中世学研究会
発行者　濱　久年
発行所　高志書院

〒 101-0051 東京都千代田区神田神保町 2-28-201
TEL03 (5275) 5591　FAX03 (5275) 5592
振替口座　00140-5-170436
http://www.koshi-s.jp

印刷・製本／亜細亜印刷株式会社

ISBN978-4-86215-211-4

中世学研究

❖中世学研究会編❖

1	幻想の京都モデル	A5・246頁／2500円
2	琉球の中世	A5・200頁／2400円
3	城と聖地	A5・250頁／3000円

九州の中世　全4巻

❖大庭康時・佐伯弘次・坪根伸也編❖

I	島嶼と海の世界	2020.2.10刊	A5・186頁／2200円
II	武士の拠点　鎌倉・室町時代	2020.3.10刊	A5・296頁／3000円
III	戦国の城と館	2020.4.10刊	A5・360頁／3800円
IV	神仏と祈りの情景	2020.5.10刊	A5・200頁／2500円

中世史関連図書

中世の北関東と京都	江田郁夫・簗瀬大輔編	A5・300頁／6000円
戦国期文書論	矢田俊文編	A5・360頁／7500円
戦国民衆像の虚実	藤木久志著	四六・300頁／3000円
平泉の考古学	八重樫忠郎著	A5・300頁／6500円
中尊寺領骨寺村絵図読む	入間田宣夫著	A5・360頁／7500円
中世石造物の成立と展開	市村高男編	A5・450頁／10000円
中世墓の終焉と石造物	狭川真一編	A5・250頁／5000円
石塔調べのコツとツボ【２刷】	藤澤典彦・狭川真一著	A5・200頁／2500円
中世武士と土器	高橋一樹・八重樫忠郎編	A5・230頁／3000円
博多の考古学	大庭康時著	A5・250頁／5500円
中世石工の考古学	佐藤亜聖編	A5・270頁／6000円
中世瓦の考古学	中世瓦研究会編	B5・380頁／15000円
板碑の考古学	千々和到・浅野晴樹編	B5・370頁／15000円
国宝　一遍聖絵の全貌	五味文彦編	A5・250頁／2500円
新版中世武家不動産訴訟法の研究	石井良助著	A5・580頁／12000円
十四世紀の歴史学	中島圭一編	A5・490頁／8000円
城館と中世史料	齋藤慎一編	A5・390頁／7500円
中世城館の考古学	萩原三雄・中井　均編	A4・450頁／15000円
貿易陶磁器と東アジアの物流	森達也・徳留大輔他編	A5・260頁／6000円
陶磁器流通の考古学	アジア考古学四学会編	A5・300頁／6500円
治水技術の歴史	畑　大介著	A5・270頁／7000円
遺跡に読む中世史	小野正敏他編	A5・234頁／3000円

［価格は税別］